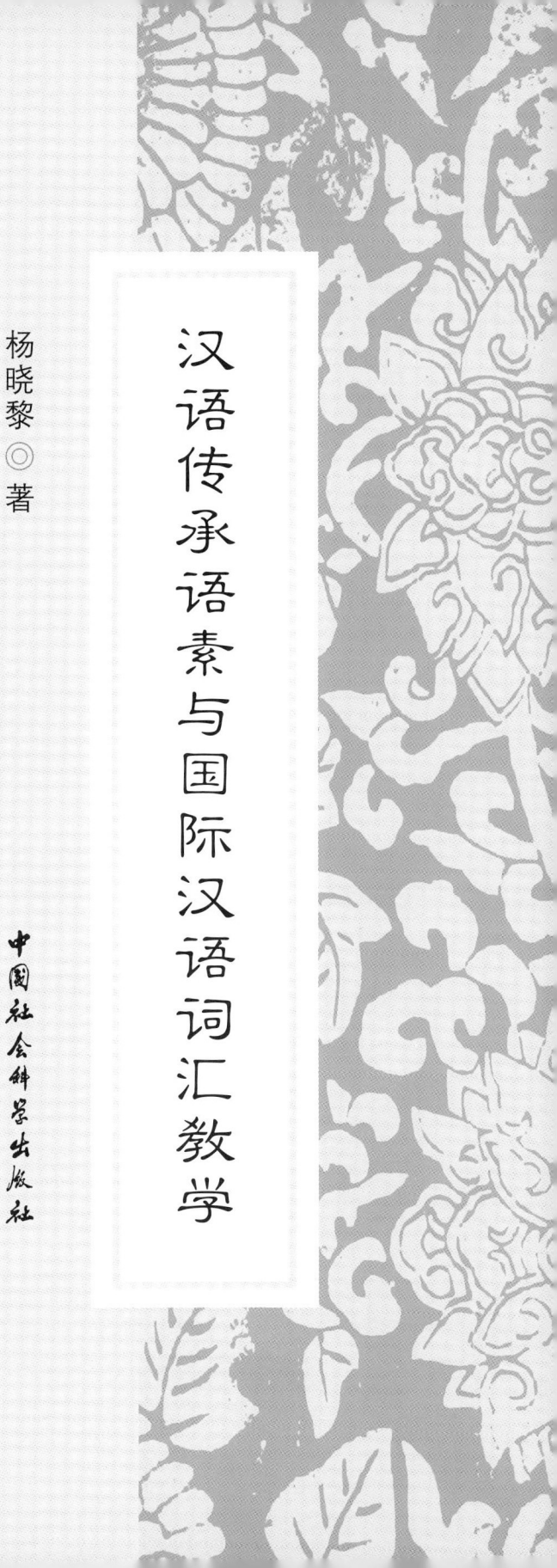

汉语传承语素与国际汉语词汇教学

杨晓黎 ◎ 著

本书为国家社科基金项目"现代汉语传承语素研究"
（项目批准号：10BYY064）资助成果

中国社会科学出版社

图书在版编目(CIP)数据

汉语传承语素与国际汉语词汇教学/杨晓黎著.—北京：中国社会科学出版社，2018.10

ISBN 978-7-5203-3486-0

Ⅰ.①汉… Ⅱ.①杨… Ⅲ.①汉语-语素-研究②汉语-词汇-对外汉语教学-教学研究 Ⅳ.①H14②H195.3

中国版本图书馆 CIP 数据核字(2018)第 247874 号

出 版 人	赵剑英
责任编辑	任　明
责任校对	石春梅
责任印制	李寡寡

出　　版	中国社会科学出版社
社　　址	北京鼓楼西大街甲 158 号
邮　　编	100720
网　　址	http://www.csspw.cn
发 行 部	010-84083685
门 市 部	010-84029450
经　　销	新华书店及其他书店

印刷装订	北京君升印刷有限公司
版　　次	2018 年 10 月第 1 版
印　　次	2018 年 10 月第 1 次印刷

开　　本	710×1000　1/16
印　　张	17.5
插　　页	2
字　　数	291 千字
定　　价	75.00 元

凡购买中国社会科学出版社图书，如有质量问题请与本社营销中心联系调换
电话：010-84083683
版权所有　侵权必究

目　录

第一章　绪论 …………………………………………………………（1）
　第一节　汉语语素及其分类的文献调查 ……………………………（1）
　　一　汉语学界关于语素的研究与分类 ……………………………（1）
　　二　国际汉语教学界关于语素的研究与分类 ……………………（10）
　第二节　关于汉语语素分类情况的思考 …………………………（15）
　第三节　传承语素及其划分的意义 ………………………………（17）
　　一　传承语素是基于历时层面的划分 ……………………………（17）
　　二　传承语素划分的意义 …………………………………………（18）

第二章　语素化与传承语素的形成 …………………………………（21）
　第一节　汉语词汇的发展与语素化 ………………………………（21）
　第二节　词的语素化及其形成的条件 ……………………………（22）
　第三节　关于语素化普遍发生的时段 ……………………………（23）
　第四节　作为语素化发生主体的传承语素 ………………………（26）

第三章　面向国际汉语词汇教学的传承语素考察 …………………（29）
　第一节　《汉语水平词汇等级大纲》中的传承语素 ………………（29）
　　一　《等级大纲》全部语素的考察 …………………………………（29）
　　二　《等级大纲》传承语素的考察 …………………………………（34）
　第二节　《汉语国际教育用音节汉字词汇等级划分》中的
　　　　　传承语素 …………………………………………………（61）
　　一　《等级划分》普及化等级词汇全部语素的考察 ……………（62）
　　二　《等级划分》普及化等级词汇中传承语素的考察 …………（64）
　第三节　传承语素的分级处理与描写 ……………………………（75）
　　一　《等级大纲》传承语素的分级处理 ……………………………（75）

二　传承语素的分级及其依据 ……………………………………… (90)

第四章　传承语素与语素义的传承 ………………………………… (98)
第一节　传承语素义对上古义的继承与发展 ……………………… (98)
第二节　传承语素义与词义的关系 ………………………………… (99)
第三节　单义语素与多义语素 ……………………………………… (101)
第四节　反义语素与同义语素 ……………………………………… (105)
　　一　反义语素及其特点 ………………………………………… (105)
　　二　同义语素的语义类型与替换 ……………………………… (111)

第五章　汉字与传承语素的关系 …………………………………… (115)
第一节　字、词字与语素字 ………………………………………… (115)
　　一　《等级大纲》与《等级划分》用字的基本情况 ………… (115)
　　二　词字与语素字 ……………………………………………… (118)
第二节　传承语素与汉字的一般关系 ……………………………… (119)
第三节　汉字字形与传承语素的复杂关系 ………………………… (120)
　　一　字形分化形成的复杂关系 ………………………………… (121)
　　二　字形简化和调整形成的复杂关系 ………………………… (122)
　　三　字义系统变化调整形成的复杂关系 ……………………… (123)
第四节　同音语素与同形语素 ……………………………………… (123)
　　一　同音语素 …………………………………………………… (124)
　　二　同形语素 …………………………………………………… (125)

第六章　传承语素的主要特点 ……………………………………… (144)
第一节　传承语素的稳定性 ………………………………………… (144)
第二节　传承语素的能产性 ………………………………………… (146)
第三节　传承语素的聚合性 ………………………………………… (148)

第七章　传承语素在国际汉语词汇教学中的应用 ………………… (152)
第一节　传承语素教学的层次观 …………………………………… (152)
　　一　功能与作用层次 …………………………………………… (152)
　　二　基于《等级大纲》和《等级划分》的语素层次 ………… (153)

三　构词能力层次 …………………………………… (153)
　　四　纲内与纲外层次 ………………………………… (154)
　第二节　利用传承语素理解汉语词语 …………………… (155)
　　一　利用传承语素理解词义 ………………………… (156)
　　二　利用传承语素辨析同义词语 …………………… (163)
　　三　利用传承语素进行多义词教学 ………………… (166)
　　四　反义语素教学的相应策略 ……………………… (168)
　　五　同音语素教学的原则 …………………………… (170)
　第三节　利用传承语素拓展汉语词语 …………………… (172)
　　一　传承语素的拓展法探讨 ………………………… (172)
　　二　从语素的外部形式入手拓展相关词语 ………… (174)
　　三　从语素的语义内涵入手系联词语 ……………… (177)
　第四节　利用传承语素传播文化知识 …………………… (179)
　　一　文化语素与语素文化 …………………………… (179)
　　二　文化语素教学的方式 …………………………… (180)

第八章　传承语素的个案分析：性别语素 …………… (183)
　第一节　性别语素"男、女"构成的词语类别 ………… (183)
　　一　性别语素在前的 ………………………………… (184)
　　二　性别语素在后的 ………………………………… (186)
　第二节　"男、女"词语的结构和语义特点 …………… (187)
　　一　丰富多样的内部构造 …………………………… (187)
　　二　特征明显的语义构成 …………………………… (188)
　第三节　"男、女"词语的类推及其相关问题 ………… (190)
　　一　"男、女"性别语素词语的类推 ……………… (190)
　　二　教学中应注意的相关问题 ……………………… (191)

第九章　结语 ……………………………………………… (194)

附录一　《等级大纲》传承语素总表 ………………… (198)

附录二　《等级大纲》四级传承语素表 ……………… (223)

附录三　《等级划分》普及化等级词汇传承语素总表 …………（244）

附录四　基于国际汉语词汇教学的常用传承语素表 ……………（256）

参考文献 ………………………………………………………（265）

后记 ……………………………………………………………（274）

第一章

绪　论

第一节　汉语语素及其分类的文献调查

关于汉语语素研究及其分类情况，我们对汉语学界和国际汉语教学界两个领域进行了文献调查。

一　汉语学界关于语素的研究与分类

（一）关于语素的名称与内涵

"'语素'和'词素'都是 morpheme 的译名。"[①] morpheme 这个术语在美国结构主义创始人布龙菲尔德《语言论》中的解释是："跟别的任何一个形式在语音—语义上没有任何部分相似的语言形式是一个简单形式（simple form）或者叫做语素（morpheme）。比方 bird, play, dance, cran, -y, -ing 都是语素。"[②]

受中国传统语文学的影响，汉语中最小的语音语义结合体，一直用"字"来称说。黎锦熙《新著国语文法》[③] 等语法著作尽管已经注意了"字"和"词"的区分，但一般都是采用"字"来分析词的结构。

"语素"之名见于汉语，始于 20 世纪 30 年代末 40 年代初中国语言学家们的"文法革新"大讨论。傅东华在 1939 年 3 月 6 日出版的《语文周刊》上发表《给望道先生的公开信——论意见统一之不易及如何建立新词类》谈道："如果从历史上讲，中国语就只有'名'（可分动静）（se-

---

[①] 吕叔湘：《汉语语法分析问题》，商务印书馆 1979 年版，第 15 页。
[②] [美] 布龙菲尔德：《语言论》，商务印书馆 1980 年版，第 195 页。
[③] 黎锦熙：《新著国语文法》，商务印书馆 1924/1992 年版。

manteme or full-word）和'词'（morpheme or empty-word）两类可分。"①在同一期《语文周刊》上陈望道发表《回东华先生的公开信——论文法工作的进行、文法理论的建立和意见统一的可能》，指出："你在'词'和'名'两个字下注的morphème和sémantème两个词在一般文法学上译作'形态部'和'意义部'，那是带点形态论倾向的说法。假使为了中国语文的特殊性，大家同意不采用那种说法，似乎不如就用'关节部''体干部'两个词做替代。"②在1940年3月出版的《学术杂志》2辑《文法革新问题答客问》中，陈望道进一步指出："依据语汇学，这两种语（合成语compound words和推出语/派生语derived words，笔者注）的分别在构成新语的语素不同。假使构成新语的语素各个可以独立的，所成的语便是合成语；假使构成新语的语素，有一成素不能独立的，所成的语便是推出语。其实所谓独立，一经汇合，就已经成为不独立，就已经成为新语的一分子，不便再称为语，而当正名为语素。"③方光焘把"形态部"和"意义部"相结合的方式都叫形态，提出了"广义形态"的学说。④"不过，陈望道所说的'语'相当于'词'，而'语素'则相当于'词素'，并不就是后来译自morpheme的'语素'。"⑤

"morpheme有过三个译名：形素，词素，语素。三个译名都对，因为morpheme这个术语先后有过三种意义。（1）最早指一个词里边的形态成分，跟表示实在意义的semanteme相对。例如J. Marouzeau的《语言学名词词典》（1951增订三版）和J. Vendryes的《语言论》（英译本，1925）里边都用的是这个意义。这个意义的morpheme译做'形素'最合适。（2）稍后又用来指一个词的组成部分，不管它的意义是虚还是实。例如，苏联科学院出版的三卷本《俄语语法》（1953）里边就用的是这个意义。这个意义的morpheme译做'词素'最合适。（3）最后出现，现在最通行的意义是指最小的有音有义的语言单位，不管它是词还是词的部分。这个意义的morpheme译做'语素'最合适。（2）和（3）的意义似乎相差不多，实际不然。'词素'是从

---

① 陈望道等：《中国文法革新论丛》，中华书局1958年版，第112页。
② 同上书，第117页。
③ 同上书，第187页。
④ 同上书，第50页。
⑤ 杨锡彭：《汉语语素论》，南京大学出版社2003年版，第4页。

'词'分解出来的，没有'词'就谈不上'词的组成部分'。'语素'不以'词'为前提。完全可以设想有一种语言只有语素和它的各种组合，在一定条件下形成句子，没有'词'这样的东西。所谓'多重综合语'就接近这种状态。"① 对于吕叔湘提到的译名"词素"的含义，实际有两种不同的理解：一种是吕叔湘所谓"用来指一个词的组成部分，不管它的意义是虚还是实"的含义，这种理解与陈望道所说的"语素"的内涵比较接近；还有一种是指既可作为构词成分又可单独成词的最小的音义结合体，这种理解与译名"语素"的内涵基本一致。陆志韦等《汉语的构词法》②，孙常叙《汉语词汇》③，张寿康《略论汉语构词法》④ 等，对 morpheme 的理解都属于后种。

在目前的汉语词汇研究中，源自 morpheme 的语义内涵已渐趋一致，用来指称作为语音语义结合体存在的最小的一级语言单位。这级单位，既可作为构词成分，也可单独成词。但在如何称说上，仍有"词素"与"语素"两种不同的意见。"词素"说在吕叔湘（1979）《汉语语法分析问题》问世前比较流行，现在虽有坚持者，如葛本仪《现代汉语词汇学》⑤，孙银新《现代汉语词素研究》⑥，但大多采用"语素"一语。刘叔新《汉语描写词汇学》则主张两个术语同时采用，但各有分工："词的构造成分，一般提出的就是词素或语素。这两个说法，本来是 morpheme 先后不同的译名，传统语言学采用'词素'，结构主义语言学兴起之后较多采用'语素'。在选择了'语素'之后，'词素'仍可留下而派以新的用场。""词素应就词的构造成素，即一个词能够划分出的小于词的构成单位而言。它是词或词干的直接组成部分。语素的含义则广阔得多：指的是语言中一切最小的（本身不能再分成两个的）音义结合单位。"⑦

（二）语素分类的标准及类别

作为构词的单位，语素的研究一般都是限于构词的范围之内，其中尤

---

① 吕叔湘：《汉语语法分析问题》，商务印书馆 1979 年版，第 93 页。
② 陆志韦等：《汉语的构词法》，科学出版社 1957 年版，第 1 页。
③ 孙常叙：《汉语词汇》（重排本），商务印书馆 1956/2006 年版，第 21 页。
④ 张寿康：《略论汉语构词法》，《中国语文》1957 年第 6 期。
⑤ 葛本仪：《现代汉语词汇学》，山东人民出版社 2001 年版，第 49 页。
⑥ 孙银新：《现代汉语词素研究》，中国文史出版社 2003 年版。
⑦ 刘叔新：《汉语描写词汇学》，商务印书馆 1990 年版，第 64 页。

以基于构词时表现特征的语素分类成果较多。同其他语言单位的分类一样，语素分类由于所持标准的不同，划分的结果也呈现出种种不同的情况。

1. 语音形式标准

①单音节语素、双音节语素、多音节语素、非音节语素

根据语素所含音节的多少，将语素分为单音节语素、双音节语素和多音节语素。双音节语素包括联绵语素、音译语素、拟声语素等，多音节语素主要为音译语素。这种分类最没有异议，被普遍采用，如吕叔湘①，各大学现代汉语教材等。

此外，还可以分出非音节语素。"非音节语素是指不足一个音节所表示的语素。汉语中只有儿化的'r'。如'花儿 huār、鸟儿 niǎor、老伴儿 lǎobànr'中的'r'。"②

2. 组合能力标准

②成词语素、不成词语素

根据语素自身的构词能力，看语素能否单独构成一个词，将语素分为成词语素和不成词语素。能够单独成词的语素是成词语素，不能单独成词，只能作为构词成分使用的语素是不成词语素。采用这种分类的如吕叔湘③，朱德熙④，邢福义⑤，葛本仪⑥，黄伯荣、廖序东⑦等。

③定位语素、不定位语素

根据语素组合成词时位置是否固定，分为定位语素和不定位语素。组合时位置固定的是定位语素，如"老师、老虎"中的"老"只能前置，"杯子、桌子"中的"子"只能后置；位置不固定的是不定位语素，如"习"可以组合成"习俗、习惯"，也可以组合成"学习、实习"。采用

---

① 吕叔湘：《汉语语法分析问题》，商务印书馆1979年版，第15页。
② 高更生：《汉语语法研究》，山东人民出版社2001年版，第41页。
③ 吕叔湘：《汉语语法分析问题》，商务印书馆1979年版，第93页。
④ 朱德熙：《语法讲义》，商务印书馆1982年版，第11页。
⑤ 邢福义：《现代汉语》，高等教育出版社1991年版，第160页。
⑥ 葛本仪：《现代汉语词汇学》，山东人民出版社2001年版，第56页。
⑦ 黄伯荣、廖序东：《现代汉语》上册（增订四版），高等教育出版社2007年版，第217页。

这种分类的如朱德熙①、邢福义②、胡裕树③、邵敬敏④、张斌⑤等。

④自由语素、不自由语素（粘着语素）、半自由语素

根据语素是否可以单独运用，分为自由语素（free morpheme）、不自由语素（Bound morpheme，又叫粘着语素）、半自由语素。这类划分，各家在相同名称下往往有不同内涵。

A. 赵元任在汉语中首先引进了自由语素与粘着语素的概念："能单独说的是自由形式（F）。如'梨'。总是跟另一个语素一块儿说，并且中间无停顿的，是粘着形式（B）。如：凤梨、梨园。差不多所有自由语素都能这样跟别的语素结合，所以，一个自由语素只是有时候自由，而一个粘着语素是永远粘着。"⑥

B. 朱德熙⑦认为："能单独成句的语素叫做自由语素，不能单独成句的语素叫做粘着语素。"邵敬敏⑧也持有类似观点。

C. 胡裕树⑨的"自由语素"和"不自由语素"相当于"成词语素"和"不成词语素"。

D. 张斌指出："能够独立成词，但一般不能同别的语素构成合成词的单音节语素，尤其是一些表示语气和感叹的语素，可以称之为半自由语素。比如：吗、吧、哩。"⑩

E. 杨亦鸣认为："a. 自由语素指既能独立成词，又可以同别的语素自由组合成词的语素……b. 半自由语素，可分为两类。一类是不能独立成词，但可以同别的语素自由组合成词……另一类是能独立成词，但一般不与别的语素组合成词，或者虽可以与别的语素组合成词，但要受到位置的限制……c. 不自由语素指不仅不能独立成词，而且在同其他语素组成

---

① 朱德熙：《语法讲义》，商务印书馆1982年版，第10页。
② 邢福义：《现代汉语》，高等教育出版社1991年版，第160页。
③ 胡裕树：《现代汉语》（重订本），上海教育出版社1995年版，第200页。
④ 邵敬敏：《现代汉语通论》，上海教育出版社2001年版，第115页。
⑤ 张斌：《新编现代汉语》，复旦大学出版社2002年版，第155页。
⑥ 赵元任：《汉语口语语法》，商务印书馆1979年版，第80页。
⑦ 朱德熙：《语法讲义》，商务印书馆1982年版，第9—11页。
⑧ 邵敬敏：《现代汉语通论》，上海教育出版社2001年版，第115页。
⑨ 胡裕树：《现代汉语》（重订本），上海教育出版社1995年版，第200页。
⑩ 张斌：《新编现代汉语》，复旦大学出版社2002年版，第154页。

词时也是不自由的。"①

⑤可替换语素、不可替换语素（剩余语素）

根据语素组合成词的替换能力，张斌将语素分为可替换语素和不可替换语素两类。不可替换语素的"构词能力极其有限，只能同某个特定的语素组合。譬如苹、槐、渤，只能同果、树、海组合。由于这类语素不适宜替换法，只好采用剩余法来确认此类语素，就是将一个可以自由运用的语言片段（也就是单词）中可替换的语素提取，剩下的部分虽然不能替换，但只要它有音有义，具有表义作用，就应该认定也是语素——不可替换的语素，或者叫剩余语素"②。

3. 意义标准

⑥实义语素、虚义语素、弱化语素

符淮青把进入合成词的语素分为三大类："表名物、动作行为、性状等有实义的语素叫实义语素，如：人、民、火、车"，"原用作虚词而进入合成词的语素，同实义语素相对而称之为虚义语素，如：并、且、自、从"。"弱化语素的情况多种多样，共同的特征是意义弱化。普遍认为是词缀的'第~''初~''阿~''老~'（原称前缀）'~子''~儿''~头'（原称后缀）等就是弱化语素。"③

⑦实词素、虚词素（实素、虚素）

张寿康谈道："按词素在词中所含意义的虚实，可以给词素分成实词素和虚词素。……实词素可以分成两类：一类是可以单独成词的词素，名为'独用词素'；一类是不能单独成词的词素，名为'非独用词素'。……虚词素也可以分成两类：前加虚词素（老、阿，等等），后加虚词素（儿、子、头、性、化，等等）。"④

陈望道指出："词素又分实素与虚素两种。例如'桌子'一词中'桌'是实素，'子'是虚素。一个词可以没有虚素（看、玻璃、语言），但不能没有实素。实素与虚素可用元音、辅音相比较，实素犹如元音，虚素犹如辅音，实素能单独存在，虚素不能单独存在。"⑤

---

① 杨亦鸣：《有关语素教学的几个问题》，《语文学习与研究》1985年第4期。
② 张斌：《新编现代汉语》，复旦大学出版社2002年版，第156页。
③ 符淮青：《现代汉语词汇》（增订本），北京大学出版社2004年版，第32—33页。
④ 张寿康：《略论汉语构词法》，《中国语文》1957年第6期。
⑤ 陈望道：《文法简论》，上海教育出版社1978年版，第20页。

⑧表义语素和别义语素（化石语素）

张斌根据语素在单词中所起的作用，将语素分为表义语素和别义语素。"别义语素的语素义在该语素构成的单词的词义中基本上没有反映，但仍具有一定的别义作用。譬如'国'和'国家'的意义差异就是靠'家'区别的。一般说来，别义语素在该单词形成之初曾经表过义，随着词义的变化，现在尽管也能区别一点语义，但总的来看，只剩下一个形式，只起到构词作用，相当于一块化石，所以又可以叫化石语素。此类语素所构成的单词都是偏义复词。"①

⑨单义语素和多义语素

"只有一个意义的语素是单义语素，……有两个或两个以上意义的语素是多义语素，……汉语中多义语素大都是常用语素，是较为活跃的语素。"②

4. 意义/功能标准

⑩词根词素、词缀词素、词尾语素

胡裕树谈道："根据词素所表示的意义和它在构词中所起的作用，首先把词素分成主要成分和附加成分两种，主要成分是词的核心部分，也叫做词根；附加成分是词的辅助成分，也叫做词缀。同时，根据附加成分在词中所处的地位，可以把它分成前加成分（又叫前缀）和后加成分（又叫后缀）两种；根据它们所表示的意义和在构词中所起的作用，又可以把它们分成表示词汇意义的词缀和表示语法意义的词缀两种。"③

高名凯、石安石指出："在许多语言里，词素可以根据它们的作用分成两大类：（一）词根词素，它的意义是词的词汇意义的基本组成部分；（二）附加词素，它是依附于词根的词素，它的意义不是词的词汇意义的基本组成部分。例如汉语'第一''作者'的'一'和'作'是词根词素，'第'和'者'是附加词素。"④

叶蜚声、徐通锵根据语素在词中的不同作用把语素分成词根、词缀、词尾三类："词根是词的核心部分，词的意义主要是由它体现出来的。……词缀是只能黏附在词根上构成新词的语素，它本身不能单独构成

---

① 张斌：《新编现代汉语》，复旦大学出版社2002年版，第157页。
② 邢福义：《现代汉语》，高等教育出版社1991年版，第160页。
③ 胡裕树：《现代汉语》，上海教育出版社1962年版，第168页。
④ 高名凯、石安石：《语言学概论》，中华书局1963年版，第149页。

词。……除词根、词缀以外还有一种语素叫词尾。它加在词的末尾，只能改变一个词的形式，而不能构成新词。如英语的 book 加上 s 以后成为 books。""根据语素在词中的不同作用，我们可以把词根和词缀叫做构词语素，把词尾叫做变词语素。汉语中的语素绝大部分都是词根语素，词缀不多，没有词尾。这是汉语的一个特点。"①

葛本仪从分析词素的性质和表意功能入手，将词素分为词根词素和附加词素两种类型："词根词素通常也称作词根，它具有实在的词汇意义。""附加词素是附加在词根词素上表示语法意义和某些附加的词汇意义的词素。它又有词缀词素和词尾词素之分。"②

⑪基本语素、语助语素、构词语素、构形语素

德国美因兹大学柯彼德参照德语等语言中语素分类的方法，根据语素的各种性质列出了七条分类标准：A. 开放类和封闭类；B. 自由和粘着；C. 能产和不能产；D. 能否担任词根；E. 定位和不定位；F. 带声调和带轻声；G. 音节形式（单音和双音、多音）。在这七条标准的基础上划分了四类语素：基本语素（占全部语素的 96%以上）；语助语素（能够形成副词"就、很"一类的语素）；构词语素（如"~的、~地、~得、~不~"）；构形语素（如"-、门、~了、~着、~过"）。③

关于基本语素的研究，符淮青指出："有学者提出'基本语素'的研究，以语素为单位，不以字为单位。认为基本语素是语言词汇的基础，它的特点是：全民常用，历史稳固，构词能力强，大多数语素有比较多的义项。这些研究显然是用基本词汇这个概念所提出的特征，深入汉语语素的层面作统计分析，有明显的理论价值和应用价值。"④

据苑春法、黄昌宁⑤介绍：清华大学建立的汉语语素数据库，共有语素 10442 个，语素项 17470 个（一个语素的义项，即语素项，构成一个独立的记录）。其中单字语素 9712 个，占总数的 93%；二字及二字以上的语素 730 个，占 7%。在单字语素中还有 1959 个 0 义项语素，这些 0 义项

---

① 叶蜚声、徐通锵：《语言学纲要》，北京大学出版社 1997 年版，第 93—94 页。
② 葛本仪：《现代汉语词汇学》，山东人民出版社 2001 年版，第 58—59 页。
③ ［德］柯彼德：《试论汉语语素的分类》，《世界汉语教学》1992 年第 1 期。
④ 符淮青：《现代汉语词汇》（增订本），北京大学出版社 2004 年版，第 169 页。
⑤ 苑春法、黄昌宁：《基于语素数据库的汉语语素及构词研究》，《世界汉语教学》1998 年第 2 期。

语素是以现代汉语词义为参照，无现代汉语词义的语素就是0义项语素。0义项语素和其他语素构成的词一般为固定用法或典故，是汉语文化的历史产物，如0义项语素"瓦0"构成的"瓦全、弄瓦"中的"瓦"是古代汉语词义：陶器制品、纺锤，而无现代盖房用"瓦"义；"外0"构成的"员外"之"外"，也无现代的"外围"义。9712个单字语素去除1959个0义项语素后还有7753个，被称为"基本语素"。基本语素中名词性语素最多，其次是动词性和形容词性语素，三类合计占总数的89.8%。

5. 内部结构标准

⑫单纯词素、合成词素

根据内部结构，葛本仪将词素分为单纯词素和合成词素两种类型。只有一个成分构成的称为单纯词素，如：书、纸、逍遥、拷贝；具有两个或两个以上成分构成的称为合成词素，如"孩子头"中的"孩子"，"纸老虎"中的"老虎"。①

6. 与词类对应标准

⑬名词性语素、动词性语素、形容词性语素

根据与词类对应标准，张志公②将语素分为名素、动素、形素等。高更生③则把语素分为13个小类，包括：名语素、动语素、形语素、数语素、量语素、代语素、副语素、叹语素、拟声语素、介语素、连语素、助语素、语气语素等。

7. 来源标准

⑭原生词素、移植词素、移用词素

孙银新提出："如果将人、目、立、休这样的词素看作是汉语中的原生词素，那么啤、卡、吧这样的词素就可以借用生物学上的术语形象地表述为移植词素。跟原生词素、移植词素不同的是另外一些词素，如阿、拎、渍，这些成分本来并不见于汉语普通话系统，而只是存在于汉语方言系统，……可以将它们视为一种移用词素。"④

---

① 葛本仪：《现代汉语词汇学》，山东人民出版社2001年版，第56页。
② 张志公：《谈汉语的语素》，《语言教学与研究》1981年第4期。
③ 高更生：《汉语语法研究》，山东人民出版社2001年版，第44页。
④ 孙银新：《现代汉语词素研究》，中国文史出版社2003年版，第63—64页。

8. 其他

高更生①按构成语素的材料,将语素分为语段语素和超语段语素两种。语段语素包括前面谈到的各种,超语段语素则包括句调语素、重音语素和停顿语素等。如"小王看电影。"是陈述句调语素。

杨锡彭将语素分为句法性语素和非句法性语素:"句法性语素在构词或独立成词时能与另一语素、另一句法单位形成句法结构关系。""非句法性语素是不能与句法性语素形成句法结构关系的语素。非句法性语素大都是定位语素。非句法性语素分为成词语素与不成词语素。非句法性成词语素是构形语素,非句法性不成词语素是构词语素。"②

王艾录、司富珍③从被认识的难易度上,将语素分为生字语素、熟字语素、义项不对号语素三类。其中熟字语素又分为熟字熟义语素、熟字生义语素两种。

此外,还有"高频词素、低频词素、中频词素"等分类,如孙银新④等。

二 国际汉语教学界关于语素的研究与分类

作为构词单位的语素,既是词汇单位,也是语法单位。现行国际汉语教学语法体系是在 1958 年出版的《汉语教科书》的基础上建立起来的⑤,该书安排的 196 个语法项目中没有出现语素。国家汉办 1996 年推出的《汉语水平等级标准与语法等级大纲》中虽然出现了语素这一级单位,但"在现行的对外汉语教学语法体系中,语素一般不独立作为教学的基本单位"⑥。

词汇教学一直被视为国际汉语教学中的薄弱环节⑦。为了改进词汇教学落后的现状,不少学者提出了进行语素教学的建议。盛炎⑧曾呼吁:"我认为,要大力提倡适合汉语特点的语素法,可以提高汉语词汇教学的

---

① 高更生:《汉语语法研究》,山东人民出版社 2001 年版,第 46 页。
② 杨锡彭:《汉语语素论》,南京大学出版社 2003 年版,第 210—211 页。
③ 王艾录、司富珍:《语言理据研究》,中国社会科学出版社 2002 年版,第 187—194 页。
④ 孙银新:《现代汉语词素研究》,中国文史出版社 2003 年版,第 196—197 页。
⑤ 吕文华:《对外汉语教学语法体系研究》,北京语言文化大学出版社 1999 年版,第 1 页。
⑥ 邢红兵:《〈(汉语水平)词汇等级大纲〉双音合成语素统计分析》,《世界汉语教学》2006 年第 3 期。
⑦ 胡明扬:《对外汉语教学中语汇教学的若干问题》,《语言文字应用》1997 年第 1 期。
⑧ 盛炎:《语言教学原理》,重庆出版社 1990 年版,第 328 页。

效率。"1999 年,吕文华在第六届国际汉语教学讨论会上提出《建立语素教学的构想》:"语素教学对外国人学习汉语很有必要。语素教学除了有助于汉字的认记、消除错别字以外,其主要作用是可以大大提高学习词汇、掌握词汇、扩大词汇以及正确运用词汇的能力。"① 吕文华认为,解决词语难的途径是建立语素教学。理由是:一、汉语中约占 97% 的语素是单音节的,它们组合成新词的能力极强;二、多数语素与汉字是一对一的关系,学习语素有利于建立汉字音、形、义的联系,从而加强汉字的记忆及减少错别字;三、汉语是理据性高的语言,复合词的意义一般可由其组成成分去推求。②

要进行语素教学,首先要有一个可以参考的大概数量和范围。1990 年纳入国家汉办科研规划、1992 年推出、2001 年修订的《汉语水平词汇与汉字等级大纲》③(以下简称《等级大纲》),曾作为我国初、中、高等汉语水平考试【简称 HSK(初中等)、HSK(高等)】的命题依据,长期以来被作为国际汉语词汇教学的纲领性文件,也是学界进行语素研究的重要参照。

《等级大纲》共收词语 8822 个,其中甲级词 1033 个,乙级词 2018 个,丙级词 2202 个,丁级词 3569 个。吕文华④以《等级大纲》中的甲级词为例作语素分析,检查出 1033 个甲级词中共有语素 921 个,其中成词语素 285 个,不成词语素 636 个,同时提出了语素教学的步骤(语素的选择;合成和分解)、操作(制定"字词表";注释或小结;练习)和分级(初级阶段主要是合成和分解;中高级阶段作词义分析)。

李开先生《对外汉语教学中的词汇教学与设计》⑤,也对《等级大纲》中的 1033 个甲级词汇进行了语素分析。"该文从宏观上就对外汉语词汇教学提出总体设计,以其中 HSK 词汇大纲中的 1033 个甲级词作为分

---

① 吕文华:《对外汉语教学语法体系研究》,北京语言文化大学出版社 1999 年版,第 75 页。

② 同上书,第 76 页。

③ 国家汉语水平考试委员会办公室考试中心:《汉语水平词汇与汉字等级大纲》(修订本),经济科学出版社 2001 年版。

④ 吕文华:《对外汉语教学语法体系研究》,北京语言文化大学出版社 1999 年版,第 77 页。

⑤ 李开:《对外汉语教学中的词汇教学与设计》,《语言教学与研究》2002 年第 5 期。

析对象和分析系统，强调语素和构词法，以语素层级说构词法，根据构成语素的不同对词汇进行分类，从而决定词汇教学的次序。"① 该文"把 1033 个甲级词汇中凡是可以作为语素构成复音节甲级词（词组）的单音节词称为甲种语素，其余则称为乙种语素。结果有 458 个单音节词是甲种语素，由两个甲种语素构成的复合词 132 个，由一个甲种语素构成的复音词 223 个。如果我们用同样的方法分析《汉语水平词汇等级大纲》中的乙级、丙级、丁级词汇，便可以为对外汉语教学的词汇教学提供一个合理的教学顺序。汉语复合词是由语素依照一定的构词规律结合而成的，只有理解了词中每个语素的意思，才能准确理解和把握整个词义。词汇教学一定要充分重视构词语素教学，这是明摆着的道理"②。

朱志平③重点考察了《等级大纲》甲乙丙双音复合词中的实词。据该书统计，《等级大纲》甲乙丙共有词汇 5251 个，其中双音节词 3474 个，双音节实词 3251 个。在 3251 个双音节实词中，语素总数为 1882 个，其中自由语素 622 个，非自由语素 1260 个。邢红兵④建立了《等级大纲》中全部双音节词数据库，并对双音节词的语素按义项进行了标注，进而建立了语素数据库。据该文提供的统计数据，在《等级大纲》6396 个双音节词中，按义项分列的语素共 5393 个。李如龙、吴茗将《等级大纲》甲乙两级共 1859 个双音词，2494 个义项分为直义、转义、偏义、无关四类，统计出《等级大纲》甲乙两级词汇中只有 120 个即 4.81% 的词（义项），词义与语素义无关。"可见，通过语素分析推进词义教学，提高词汇学习的效率，从而培养学生的自学能力和语言生成能力是完全可行的。"⑤同时在文中提出了区分频度原则和语素分析原则，强调在区分频度的基础上推进语素分析教学法。

此外，由国家汉办/孔子学院总部、教育部社会科学司、教育部语言

---

① 刘智伟、任敏：《近五年来对外汉语词汇教学研究综述》，《云南师范大学学报》（对外汉语教学与研究版）2006 年第 4 卷第 2 期。

② 李如龙、杨吉春：《对外汉语教学应以词汇教学为中心》，《暨南大学华文学院学报》2004 年第 4 期。

③ 朱志平：《汉语双音复合词属性研究》，北京大学出版社 2005 年版，第 3、60 页。

④ 邢红兵：《〈（汉语水平）词汇等级大纲〉双音合成词语素统计分析》，《世界汉语教学》2006 年第 3 期。

⑤ 李如龙、吴茗：《略论对外汉语词汇教学的两个原则》，《语言教学与研究》2005 年第 2 期。

文字信息管理司提出，国家语言文字工作委员会语言文字规范（标准）审定委员会审定，教育部、国家语言文字工作委员会于 2010 年 10 月 19 日发布、2011 年 2 月 1 日起正式实施的《汉语国际教育用音节汉字词汇等级划分》[①]（以下简称《等级划分》），作为新形势下推出的面向全球汉语教学的国家标准，也正在引起越来越多的学者关注，对语素教学与研究带有显见的指导作用。

刘英林、马箭飞强调，《等级划分》不是对《等级大纲》所作的简单修订，而是在对外汉语教学出现重大转变的时代背景下，"从汉语国际推广的战略目标出发，立足于大力破解'汉语难学'的瓶颈问题，立足于汉语国际教育的通俗化、大众化、普及化，立足于构建新标准、新模式、新体系，立足于自主创新、高科技手段的运用并与未来长远发展接轨"[②]。翟颖华认为《等级划分》与《等级大纲》比较，在词表研制上体现了四个方面的新进展，包括语料选取的跟进、对口语语料的关注、严格控制人工干预以及对基本框架的改进，特别是最低入门等级的设定，为《等级划分》的一大亮点，是词表科学性和现实性的体现。[③]

需要指出的是，《等级划分》一改《等级大纲》"汉字跟着词汇走"的二维基准模式，创建了以汉字为核心，汉语音节、汉字、词汇三要素并行的三维基准体系。其中一级（普及化等级）、二级（中级水平）、三级（高级水平）各包括 900 个汉字，加上附录 300 个汉字，共 3000 个汉字，组成了《等级划分》的 11092 个词、1110 个音节。"汉字生成词汇这是汉语的一个非常重要的特点。""在这个体系中，汉字是汉语的'根'，处于轴心地位，是连接音节和词汇的纽带。""新型汉字与词汇课程，一定要特别关注汉语的生成规律，打通汉字教学与词汇教学的通道，开创汉字与词汇一体化精品课程。"[④]《等级划分》所创设的汉语三要素基本框架，为

---

① 中华人民共和国教育部、国家语言文字工作委员会：《汉语国际教育用音节汉字词汇等级划分》，北京语言大学出版社 2010 年版。

② 刘英林、马箭飞：《研制〈音节和汉字词汇等级划分〉探寻汉语国际教育新思维》，《世界汉语教学》2010 年第 1 期。

③ 翟颖华：《对外汉语词表研制的新进展——简评〈音节和汉字词汇等级划分〉词汇部分》，《江汉大学学报》2011 年第 6 期。

④ 刘英林、马箭飞：《再论汉语国际教育新思维——解读和应用〈等级划分〉的若干问题》，载《第十届国际汉语教学研讨会论文选》，万卷出版公司 2012 年版，第 410、415 页。

汉语国际教育的新理念和新途径。其所视为轴心地位的汉字，我们也可以在一定程度和范围上理解为汉语五级语言单位（语素、词、词组、句子、句群）之一的语素。因为按照汉语学界的一般认识，词的下级单位为语素，语素组成词语，而《等级划分》用"汉字生成词汇"取代"语素构成词语"的传统认识，我们认为是研制者为了最大限度地使汉语易学易教而作的突破汉语学界术语樊篱的全新尝试。

国际汉语教学界关于语素的分类，主要采用语言学界的研究成果，如成词语素和不成词语素[①]；单音节语素、双音节语素和多音节语素[②]等。

此外，也有学者从国际汉语教学的实际出发，提出了一些限于教学领域内使用的分类方法，如偏误语素和目标语素，单用语素、自由语素和粘着语素等。

邢红兵[③]通过对北京语言大学"汉语中介语语料库系统"中留学生出现的全部520条偏误合成词的统计分析，将留学生出现在中介语语料库中而汉语中没有的合成词叫作偏误合成词，而将汉语中与偏误合成词对应的词语叫作目标合成词。同时把偏误合成词中和目标词相比错误的语素或字形叫作偏误语素，正确的语素叫作目标语素。如"鸡羽"和"鸡毛"分别为偏误合成词和目标词，与此相应，"羽"和"毛"则为偏误语素和目标语素。

另外，邢红兵[④]限于《等级大纲》词汇，结合语素单用和构词两方面的属性，将语素分为单用语素、自由语素和粘着语素。单用语素在《等级大纲》"等级词汇"范围内只能单独成词，不参与构词，如"五"；自由语素在"等级词汇"范围内可以单独成词也可以参与构词，如"无"的第一个义项在"等级词汇"范围内共构成16个词语，同时又可以在甲级词中独立成词；粘着语素是在"等级词汇"范围内只能参与构词、不能单独成词的语素，如"武"的第一个义项在等级词汇中构成了3个词，但不能单用。

---

① 吕文华：《对外汉语教学语法体系研究》，北京语言文化大学出版社1999年版，第77页；赵金铭：《对外汉语教学概论》，商务印书馆2004年版，第374页。
② 刘座菁：《国际汉语词汇与词汇教学》，高等教育出版社2013年版，第12页。
③ 邢红兵：《留学生偏误合成词的统计分析》，《世界汉语教学》2003年第4期。
④ 邢红兵：《〈(汉语水平)词汇等级大纲〉双音合成词语素统计分析》，《世界汉语教学》2006年第3期。

第二节　关于汉语语素分类情况的思考

我们较为全面地考察了汉语语素的分类情况，汉语学界和国际汉语教学界关于汉语语素的分类大概包括九类二十余种（见表 1-1），分类不可谓不详尽细致。

表 1-1　　　　　　　　汉语语素分类情况

分类标准	语音形式	组合能力	意义	意义/功能	内部结构	与词类对应	来源	国际汉语教学	其他
1	单音节语素、双音节语素、多音节语素、非音节语素	成词语素、不成词语素	实义语素、虚义语素、弱化语素	词根词素、词缀词素、词尾语素	单纯词素、合成词素	名素、动素、形素等	原生词素、移植词素、移用词素	偏误语素、目标语素	语段语素、超语段语素
2		定位语素、不定位语素		实词素、虚词素	基本语素、语助语素、构词语素、构形语素			单用语素、自由语素、粘着语素	句法性语素、非句法性语素
3		自由语素、不自由语素（粘着语素）、半自由语素	表义语素、别义语素（化石语素）					成词语素、不成词语素	高频词素、低频词素、中频词素
4		可替换语素、不可替换语素（剩余语素）	单义语素、多义语素					单音节语素、双音节语素、多音节语素	生字语素、熟字语素、义项不对号语素

在所有分类中，成词语素与不成词语素的划分从目前看比较通行，汉语学界和国际汉语教学界对此都有评述。

黄伯荣、廖序东认为："以语素的构词能力为标准的分类，最有实用价值。"[①] 吕文华也指出："在对外汉语教学中，语素学习的目的是掌握语

[①] 黄伯荣、廖序东：《现代汉语》上册（增订四版），高等教育出版社 2007 年版，第 217 页。

素的语法功能,即它的构词能力,从而迅速扩大词汇量和正确理解词义,所以我们划分语素是按语素的语法功能,把语素分为成词语素和不成词语素两类。"①

然而,在对所有分类进行了仔细分析以后,我们发现这些分类大都局限于共时的层面,从历时层面所作的分类基本没有,这是明显的不足。孙银新"原生词素、移植词素、移用词素"的分类②,注意到了语素的不同历史来源,包括产生于汉民族共同语系统内部、从其他民族语言移入、从汉语方言系统中引进三种。但这种分类所关注的并不是语素本身的历时发展,而是语素的"出身"或曰区域。另外,汉语共同语系统与汉语方言系统,作为一脉相承的同根语言,在悠久的语言运用过程中很多已水乳交融,是否有厘清的必要和可能也需要讨论。

在现代汉语词汇系统中,语素大多数是由上古汉语的词演变而来的。当我们观照这样一个庞杂的词汇系统并企图揭示构成这个系统基础的语素的特点与规律时,仅仅采取惯常使用的静态的、共时描写的方式显然是不够的,我们需要有一种历史发展的眼光。而国际汉语教学界近年来为解决汉语词语难教难学的问题,提倡进行语素教学③,帮助学生理解词义。张博在 2002 年国际汉语教学研讨会上谈道:"《现代汉语词典》对'盘子'和'碟子'的形状特点进行了描述和比较,对照两个词条的释语,留学生都会以为'浅'是'盘子'和'碟子'的共同特点,它们的主要区别在于盘子大,碟子小。而在实际交际中,留学生常常弄不明白,为什么中国人有时可以管大的叫碟子,管不太大的也可以叫盘子?小孩儿玩的在空中抛来抛去的圆片形玩具,比盛菜的盘子大得多,为什么叫'飞碟'而不叫'飞盘'?空中的圆形不明飞行物更大,为什么也能叫'飞碟'?他们之所以产生这类疑惑,往往是因为词典释义未能抓住同义近义词意义的主要差异。同义词最为主要的意义区别究竟是什么?有时需要考察词语的本义或词源义才能找到答案。……'碟'的词源义当为薄,而'盘'的

---

① 吕文华:《对外汉语教学语法体系研究》,北京语言文化大学出版社 1999 年版,第 77 页。
② 孙银新:《现代汉语词素研究》,中国文史出版社 2003 年版,第 63—64 页。
③ 参见吕文华《对外汉语教学语法体系研究》,北京语言文化大学出版社 1999 年版,第 77 页;邢红兵《(汉语水平)词汇等级大纲双音合成词素统计分析》,《世界汉语教学》2006 年第 3 期;李开《对外汉语教学中的词汇教学与设计》,《语言教学与研究》2002 年第 5 期。

得名之义当为'圆',因'盘'引申出盘旋义。""以上两个例证显示,词源义和本义的某些语义特征犹如生物体的遗传基因,在词语孳生和意义引申的过程中既绵延不绝,又渐次失落隐晦,因此,如果局限于孳生词或后起义,往往不能真切地观察到词语的语义特征,但是,如果纵向地分析多义词的引申义列,尤其是追溯到它的本义,或者系联声近义通的多个词语以抽绎其词源义,则会比较容易地发现被概念意义覆盖的某些基因型的语义特征。"①

这种"基因型的语义特征",产生于上古汉语的词转变身份成为语素的构词之初,只有通过对语素的历时考察才能发现。"事实上,本义的追溯不仅能使我们对形义相关的语素认识得更为清楚,也能帮助我们对那些形义无关的或形义关系难寻的语素有一个明确认识,使这些词在第二语言教学中受到关注。当这些成为语言教师的理念时,语言教学才会上升到理性化的高度。"②

鉴于已有的语素分类无法概括并解决国际汉语词汇教学中出现的这一类常见问题,而某些因语义古今有别产生的"问题语素",又明显呈现出带有一定规律性的共同特征,这就很值得我们在认真总结已有经验教训的基础上,另辟蹊径,以历史来源为标准对汉语语素进行新的分类。

第三节 传承语素及其划分的意义

一 传承语素是基于历时层面的划分

从历时层面对汉语语素进行考察,我们认为可以划分出传承语素和后起语素两类。所谓传承语素,是指从上古汉语的词发展而来、在现代汉语中作为构词成分而存在的语素。与传承语素相对应的是上古以后出现的后起语素。后起语素源于中古直至现代的词语③,比如东汉中后期出现的

---

① 张博:《本义、词源义考释对于同义词教学的意义》,载赵金铭主编《汉语口语与书面语教学——2002年国际汉语教学学术研讨会论文集》,北京大学出版社2004年版,第183—184页。
② 朱志平:《汉语双音复合词属性研究》,北京大学出版社2005年版,第37页。
③ 关于中古汉语起讫时间的界定,根据学术界一般的说法,我们采用从东汉至隋朝。参看董志翘、王东《中古汉语语法研究概述》,《南京师范大学文学院学报》2002年第2期。

"打",最早见于晋朝的"袋"①,当代新出现的"打的、的哥"中的"的"等,相对于先秦即已产生的"人""民"等,都是后起语素。

传承语素源于上古词语。所谓上古词语,根据一般的说法,即上自先秦下至西汉出现的词语。上古汉语词汇以单音节为主,现代汉语词汇系统的主体就是在先秦或上古汉语词汇系统的基础上,经过一个双音节化的历史进程而形成的。由上古汉语单音节词为主向双音节词为主过渡,这个过程与语素的形成应该是同时发生的。没有双音节化,就不可能有语素这个要素的产生,也就没有必要从西方引入语素的概念以取代中国传统语言学中的"字"。因为只有当一部分单音节词的功能转换成有结合能力的构词成分的时候,语素的形成才具备相应的基础和条件。将传承语素的源头限于上古词语,一方面与汉语词汇发展的历史阶段相一致,另一方面也符合从来源的角度分析汉语语素的实际。

传承语素在现代汉语中是作为构词成分而存在的。本书不采用成词语素与不成词语素的通行说法,是基于这样的认识:所谓"成词",很多为上古汉语单音词的延续使用,而且"成词"的多为现代汉语中的基本词,如"人、手、马"等。这种延续反映的只是其本来面貌,表现了汉语历史悠久和古今传承的特点。如果某个词既可以延续使用,又可以作为语素构词,只是表明这个词的功能拓展了,即作为语素而融入现代汉语构词体系,获得了新的生命力。我们认为,就传承语素而言,我们可以将其分为两个亚类:(1)双重功能的,即作为语素构词后,仍延续词的功能不变的;(2)单一功能的,即只作为语素出现,原有作为词使用的功能消失的。

二 传承语素划分的意义

传承语素是我们对汉语语素从历时层面所作的分类,不同于目前广泛采用的共时分析。传承语素源于上古,服务于现代,其本身所携带的在历史上曾经具有的意义和功能,进入到现代汉语词汇系统以后,可能会发生变化,也可能没有变化。在现实语言生活中,因为这种变化或者没有变化的因素,既给我们的词语理解与运用带来一定的困扰,特别是对缺乏语感的外国学生群体,同时又给我们国际汉语词汇教学带来巨大的拓展空间。

---

① 汪维辉:《东汉—隋常用词演变研究》,南京大学出版社2000年版,第197、74页。

传承语素在现代汉语中很多都有相对应的同义（近义）语素或词语存在。有相对应的同义语素或词语，是学生出现类推错误的一个重要原因。这是因为，利用同义的常用词或语素对应解释词语中某个带有文言色彩的语素，是汉语教师经常采用的简便易行的词语教学方法。而恰恰在这个看似有助于学生词语理解的环节，出现了许多令汉语为母语的教师始料不及的问题，需要我们认真探索其中的规律。

比如"衣"和"服"。我们可以说"丧衣—丧服""孝衣—孝服""军衣—军服""便衣—便服""睡衣—睡服""布衣—布服""戏衣—戏服""潜水衣—潜水服"等，但"上衣、毛衣、线衣、大衣、风衣"等却不能用同义语素"服"替换。这是什么原因呢？答案可以从语素义的传承和发展方面找出。"衣"和"服"上古有区别："衣"的本义即为"上衣"，后泛指衣服；"服"最早为动词，用于衣物，指"穿戴、佩带"的意思。尽管"衣"和"服"构成的词语都可以指服装，而且二者联合还构成了"衣服"，但上古传承的语义却根深蒂固地影响着词语构造，并顽固地抵御着来自相近语素的侵扰。既然"上衣、毛衣、线衣、大衣、风衣"等都是表示上身穿的衣服，表示一般服装义的"服"就不能换用；而"军衣—军服""丧衣—丧服"等为全身的服饰，不仅仅是上衣，所以换用就可行。当然，我们指的是一般情况，并不排除一些约定俗成的语言现象，如"量体裁衣"的"衣"就不可改换为"服"。

再如"题目"。在国际汉语词语教学中，学生通常很难理解"题目"一词的构成。要理解"题目"这个词的构成，传承语素的梳理就至关重要："题""目"是两个上古词语，"目"是眼睛，眼睛是心灵的窗户，是人标志性的东西，而"题"是额头，也是标志性的。因为放在文章上面的是标志性的要点，所以采用并列构词的方式，将两个同样表示标志性的语言成分合在一起，这样就有了"题目"一词，类似词语如"醒目、纲目、标题、题头、问题"等。以上各例都说明，词语教学时抓住传承语素、顺藤摸瓜、追溯源流，对我们理解词语语义、解释疑难问题，意义十分重大。

综上所述，从语素的来源入手对现代汉语的语素进行分类考察，是一个值得关注的重要角度。

第一，汉语词汇系统源远流长，而传承语素是古今联系的纽带，是我们理解现代汉语词汇时无法绕开、不得不解的"结"。

第二，作为从上古汉语的词发展而来的传承语素，进入词语的构成要素层面后意义发生了或多或少的变化，而这个变化造成了古今理解的差异，只有厘清这种变化的情况，才能使我们真正认识并把握现代汉语的词汇系统。

第三，传承语素富有深厚的历史文化底蕴，从源头上入手揭示汉语语素的形成过程、探究汉语语素的历史发展，与第二语言教学既是语言教学又是跨文化教学的特点十分吻合。

第四，传承语素数量庞大，是构成基本词汇与常用词汇的基础。掌握了传承语素，便掌握了开启词汇宝库的钥匙，对汉语词汇教学具有重大意义。

第五，对传承语素的研究，可以使我们的词汇教学有理可据，挖掘汉语的"有理性"和"科学性"，从而有效避免回答学生提问时常以"这是汉语习惯"来搪塞这类尴尬。

传承语素在国际汉语词汇教学中处于独特的地位。对传承语素的分析，是掌握词语构成、理解和辨析词义、确定词语语法功能的基础。而传承语素又是一个非常复杂的语言单位。传承语素从其历史发展看，它既传承了古代汉语的语义信息，又在运用和发展过程中衍生出新的内涵，而在词语构造的层面传承语素义往往会发生结构性变异。分析传承语素的相关特征、传承语素义的发展、词语构成中传承语素义与词义的关系、传承语素与书写形式（汉字）的深层关系，都是我们深入认识语素，提高词汇教学水平所必须研究的问题。

第二章

语素化与传承语素的形成

第一节 汉语词汇的发展与语素化

陆俭明先生在谈到当前汉语词汇研究滞后的原因时曾指出:"现代汉语词汇研究不能割断源流,必须跟考察词的历史发展紧密结合,必须很好总结和继承训诂学方面的合理因素和某些分析方法,而不像语音、语法,可以只进行纯共时平面的研究。"[①]

汉语词汇系统源远流长,词汇成员间的联系千丝万缕,或承续古往,或引自域外,或造于当代,当我们观照这样一个庞杂的词汇系统并企图揭示这个系统的特点与规律时,仅仅采取惯常使用的静态的、共时描写的方式显然是不够的,我们需要用一种历史发展的眼光来审视这个系统。

我们知道,现代汉语词汇最显著的特点是词语构成的双音节化,而双音化并非自古如此,上古汉语词汇是以单音节词为主体的。汉语词语何时开始了它的双音化进程,学者们多有关注。我们认为,探讨这个问题的关键是对词语构成本身要素的认识,也就是对词的构成材料——语素形成的研究。语素作为现代汉语词语构成的最基本的要素,它的来源与形成的过程,与汉语词语双音化的过程相生相伴,密不可分。

在现代汉语词汇系统中,语素大多数是由上古汉语的词演变而来的。从上古汉语的词转换为语素的过程,也就是我们所讨论的语素化问题。语素化的发生是汉语词语双音化的自然结果。从某种意义上说,语素化问题是汉语词汇发展研究最根本的问题。从语素化着手研究汉语词汇的发展,有利于更

[①] 曹炜:《现代汉语词汇研究·序》,北京大学出版社 2004 年版,第 1 页。

好地认识汉语语素的特点,有利于揭示汉语词汇发展和构成的规律。

第二节　词的语素化及其形成的条件

探讨语素化问题,首先要明确的是作为构词成分的语素应该具备哪些基本特征。我们认为,合成词中典型的构词语素具备两个基本特征:第一,非独立性,即一般不单独使用,不具备单独充当句子成分的功能;第二,结合能力,合成词中语素的价值只在与其他成分结合时才能体现出来。至于语素中那种"能单用的,单用的时候是词,不单用的时候是构词成分"①,这类语素之所以能作为词单用,是由于它们原本就是传承下来的词,从这个意义上也可以说,单用时这类词实际上并没有经历语素化的过程,只是以它原来的形态使用着。只有某个词与其他语言片段组合并发展成为一个合成词时,这个词才真正进入语素化过程。因此,我们认为,作为构词成分的语素的"非独立性"与"结合能力",是在语素化过程中形成的:如果不失去独立性,它还是一个词,不是语素;如果某个成分虽然失去了独立性,却没有结合能力,它就不具备构词功能,只是一个因历史积淀而存在于某个词中的"惰性语素",就不具有构词语素的一般性特征或典型性特征。

那么,作为构词成分的语素的"非独立性"与"结合能力"是怎么产生的呢?我们认为,最早的环节可能就是短语的词化,即从一个短语慢慢变成一个凝固的词,在这个过程中逐渐让两个相结合的词互相依存,谁也离不开谁。如"民人"(《诗经·大雅·桑柔》)与"人民"(《诗经·大雅·抑》),"绍介"(《战国策·赵策》)与"介绍"(《礼记·聘义》),"朋友"(《论语·学而》)与"友朋"(《左传·庄公二十二年》),开始只是两个单音词的自由组合,前后也可以颠倒,类似现代汉语中的并列短语。经过若干时间的使用,两个成分慢慢互相依存,凝固性也随之加强,单独说"民""介""绍""友""朋"都不足以传达其相互依赖而形成的词义内容和色彩。正是随着短语凝固性的加强,组成短语的各个词的独立性渐弱,互相依存性增加,才得以完成由短语向合成词的转

---

① 吕叔湘:《汉语语法分析问题》,商务印书馆1979年版,第19页。

化。与此同时，原来作为短语构成要素的词也逐渐丧失其各自的独立性而获得了互相结合的能力，当这种能力在与别的词的互相结合中同样表现出来时，就使得原本是短语的构成要素的词实现了向语素的转变，语素的特征就是在这个过程中开始逐步显露的。也就是说，在词的结合过程中，当它发展到不仅和"原配"结合，而且以它为基本的元素，还可以同其他成分结合变成另外的词的时候，它的功能就凸显出来，变为一个典型的语素了，比如由"绍介"而到"媒介""介意"，由"民人"而到"民兵""民谣"等。

  董秀芳通过对汉语双音词的历时考察，得出了从古代汉语短语降格而来的双音词是汉语双音词的主要历史来源，大多数双音词的产生是短语词汇化结果的结论。① 董秀芳所谓"短语词汇化"的过程，实际就是语素形成过程，也就是语素化的过程。因为短语词汇化，表面看来是由一个短语凝固而形成一个词，是一个词化的过程，但透过现象我们可以发现，词化的过程实际就是短语中原来相互结合的各个词的身份降低，转换成语素的过程。短语之所以词化，是因为在长期凝固的过程中，构成短语的两个词各自的独立性丧失，互相依存性加强。词的独立性丧失，正是语素化的重要特征。因此，从某种意义上说，短语词汇化的说法，只适应对早期词汇发展现象的描写，它仅仅说明了汉语中部分词产生与发展的过程。我们认为，只有揭示短语词汇化过程中汉语词汇构成的最基本要素——语素的形成和发展，对汉语词汇发展史的研究才具有实质性的意义。

第三节　关于语素化普遍发生的时段

  语素化是一个动态的过程，它经历了原有语言单位作为词的功能的减弱直至退位，而作为一个构词成分功能的逐步增强直至定型的发展。从汉语词汇系统整体发展来看，要揭示这样一个过程，最重要的是对汉语词汇史上语素化现象普遍发生的时段的确定，也就是要确定在汉语词汇系统发展的过程中语素化是从何时开始大范围、普遍发生的。我们认为，从总体上看，汉语词汇双音节化大量出现的时期也就是语素化普遍发生的时段。

---

  ① 董秀芳：《词汇化：汉语双音词的衍生和发展》，四川民族出版社2002年版，第34页。

上古汉语词汇以单音节为主，现代汉语词汇系统的主体就是在先秦或上古汉语词汇系统的基础上，经过一个双音节化的历史进程而形成的。由上古汉语单音节词为主向双音节词为主过渡，这个过程与语素的形成应该是同时发生的。没有双音节化，就不可能有语素这个要素的产生。因为只有当一部分单音节词的功能转换成不能独立的构词成分的时候，语素的形成才具备相应的基础和条件。这个历史过程发生的时段，我们认为定在中古比较合适。也就是说，语素化的普遍发生应该在汉语发展史上的中古时期。

我们对汉语词汇系统中语素化普遍发生时段的确定，主要基于以下理由：

第一，汉语词汇双音节词的普遍出现是在中古时期。所谓双音节词的普遍出现，是指上古汉语的词由单音节转换为双音节这个现象的普遍发生。程湘清在对《尚书》《诗经》《论语》《韩非子》中的双音词进行考察后得出结论，汉语词汇从以单音词为主过渡到以复音词为主的变化，虽从先秦就已开始，但其总体还是以单音节为主，上古汉语双音形式的数量相对较少。据程湘清统计，去掉专词、虚词等，单以一般双音词计，《论语》180 个，占总词数的 12%，《孟子》333 个，占总词数的 14.9%。而到了东汉的《论衡》，总字数 21 万，全书复音词总数达到 2300 个；南朝宋人刘义庆的《世说新语》，全书 6 万余字，复音词总数达到 2126 个。[①] 可见从上古汉语到中古汉语，双音词的数量增长迅速，并成为词汇丰富与发展的主要渠道。需要指出的是，双音节化与双音词不是一个概念，上古汉语的双音组合，严格说来很多只是短语。潘允中指出上古复音词的三个特点：一是两个语素仍保持它们的独立性，如"恭敬"，可合用，又可单用；二是语素次序不很稳定，如"恭敬"又可说"敬恭"；三是复音单纯词有时可以单个字出现，如蝴蝶—蝶梦，这是少数。[②] 王力也指出："汉语大部分的双音词都是经过同义词临时组合的阶段的。这就是说，在最初的时候，只是两个同义词的并列，还没有凝固成为一个整体，一个单词。"[③] 同义词组合的不固定性，是先秦古籍中的常见现象，除上举诸例外，再如"心腹"（《左传·哀公十一年》）与"腹心"（《左传·成公十

[①] 程湘清：《汉语史专书复音词研究》，商务印书馆 2003 年版，第 87、105、182 页。

[②] 潘允中：《汉语词汇史概要》，上海古籍出版社 1989 年版，第 28—29 页。

[③] 王力：《古代汉语》（修订本）第 1 册，中华书局 1981 年版，第 86 页。

二年》）；"荡摇"（《左传·成公十三年》）与"摇荡"（《庄子·天地》），单音词之间的组合非常灵活。语素是构词的单位，上古汉语双音组合中的构成部分与我们所谈到的语素并不是一个概念。只有当双音组合逐渐凝固为词，其所构成的单位才可称得上语素。上述统计数据表明，这种由词向语素身份转变现象的普遍发生，应该是在中古时期。当一个单音词成为双音节词中的一部分，它的身份就发生了本质的变化，就完成了从词到语素的身份转换。总之，词语从单音节向双音节发展为语素化创造了契机，只有双音节化普遍发生，语素化才有得以形成的丰厚土壤。

第二，双音词的产生和发展经历了从以语音造词为主到以语法造词为主的阶段，以语法造词为主是语素化发生的前提条件。语音造词产生的一般为单纯词，包括叠音词和联绵词，是上古比较盛行的造词方式，如《诗经》中的"桃之夭夭，灼灼其华"（《周南·桃夭》），"参差荇菜，左右流之"（《周南·关雎》），"绸缪束薪，三星在天"（《唐风·绸缪》）。这类双音节的单纯词，无法进行构词分析，也就谈不到语素的概念。语法造词是使用虚词和语序这两种汉语的主要语法手段来构成双音合成词，是一种"合成"的构词方式。用虚词方式构成的如"有殷受天命，惟有历年"（《尚书·召诰》），"天油然作云，沛然下雨，则苗勃然兴之矣。"（《孟子·梁惠王上》），是指在单音实词前后附加上虚词成分而构成双音词；用词序方式构词在先秦主要是联合式和偏正式，如"诸侯不仁，不保社稷"（《孟子·离娄上》），"子曰：君子上达，小人下达"（《论语·宪问》）。"总的看来，由词的引申、转化、音变而产生新词，在上古是一种非常能产的构词方式，但到中古以后，就逐渐让位给合成这种方式了。这也是汉语词汇系统在历史发展中的一大变化。"①据程湘清的统计，《论衡》语法造词数占全书总词数的 95.61%，语音造词数只占 4.39%，同《论语》《孟子》相比，《论衡》的语音造词数所占比例分别下降了 50%和 64.9%。《世说新语》中全书复音词总数 2126 个，语音造词只有 129 个，语法造词 1784 个，用两种或两种以上构词方式合成的综合式 213 个。语法造词的比例增长迅速，从而为语素化提供了前提条件。②

---

① 蒋绍愚：《古汉语词汇纲要》，北京大学出版社 1989 年版，第 294 页。
② 程湘清：《汉语史专书复音词研究》，商务印书馆 2003 年版，第 177—178、182 页。

第三，从构词方式看，汉语的各种构词方式在中古时期已经基本具备，从而为利用语素构词提供了广阔的空间。先秦语法造词的方式以联合式和偏正式为主，只有极少数的动宾式和主谓式。而到了《论衡》中，现代汉语的各种构词方式已经基本具备，包括联合式、偏正式、补充式、动宾式、主谓式以及附加式、重叠式等。多样而完备的构词方式为语素化的进程奠定了坚实的基础，也充分显示了中古汉语在汉语词汇发展史上的关键性地位。当然，这几种造词方式的发展并不平衡，由两个同义词复合而凝固成的合成词在中古产生得很快。《论语》和《孟子》中的联合式分别占一般双音词总数的百分比为26.7%和34.5%，而《论衡》中的联合式造词却达到全书复音词总数的61.04%。[①] 联合式"这种词产生的原因，是随着语言的发展，汉语中同音词和一词多义的现象增加，同一个词的义位也逐渐增多。为了区分词义，就要用合成词把词义确定下来"。[②] 联合式合成词的大量增加，适应了汉语词汇意义发展的需要，使汉语词汇在中古得到了稳定而快速的发展。

第四节　作为语素化发生主体的传承语素

汉语词汇系统在中古发生了重大转变，传承语素作为承上启下的活跃成分在语素化进程中扮演了重要角色。

中古以后汉语词汇的发展有三个途径：一是上古汉语的词语传承；二是新造词；三是外来词，包括东汉以后随着佛教传入而输入的佛教词语，以及近代来自西洋、日本的词语等。但综观整个词汇发展的历史，上古词语的传承始终是汉语词汇发展的主体，一直作为词汇发展大潮中的主流在持续流淌，并因此形成了汉语词汇系统古今融合、无法分割的现状。但随之而来的一个问题是：主体没变又如何来适应语言的重大转变呢？我们以为，正是语素化的发生适应了语言变化的现实，而传承语素作为语素化发生的主体，贡献尤为显著。语素化构词，帮助汉语词汇完成了具有里程碑意义的转变，也确立了语素化本身在汉语词汇发展史

[①] 程湘清：《汉语史专书复音词研究》，商务印书馆2003年版，第89、179页。

[②] 蒋绍愚：《古汉语词汇纲要》，北京大学出版社1989年版，第295页。

上的重要地位。

中古以后的书面语系统，其主流形态始终是模仿上古文献而形成的文言文系统，这就使中古以后的每一个时代，上古汉语传承词的语素化，既具有历史的基础，又有着现实的条件。文言文是模仿上古汉语形成的一个独特的书面语系统，由于这个书面语系统一直是中国文人的主要的书面语言和书写体系，所以它一脉相承，延续不断，至今人们若写文言文，还是要模仿先秦。但现实语言生活从中古开始毕竟发生了巨大变化，于是，一个独特而重要的语言现象出现了：白话文系统与文言文系统并存。一方面，白话文系统中的语素化在充满生机地推进、发展，而另一方面，长期位于主流形态的书面语系统中的上古单音词却始终保持不变的身份，两个系统既有联系，又有区别，互相影响。两套系统的并存使得中古以后的语素化过程既能和历史紧密相连，又具有现实的语言根据和基础。这种变与不变的统一，就形成了从上古汉语到中古汉语，再到近代汉语、现代汉语既一脉相传又各具特色的丰富多彩的局面。

需要说明的是，虽然语素化的普遍发生时段我们定在中古，但作为一个具体的词，何时启动它的语素化进程，却有着各自不同的情况：或由于现实语言的变化，或由于记录事物的需要，或由于某部作品的流传，或由于某个名人的使用，都可能使某个词突然开始流行，并进入语素化过程，这是词汇发展的正常现象，所以我们不可能采取一刀切的方式来简单划定。因为任何词汇的演进都是渐变的，总体发生的过程与个体启动的时间不可能完全重合，我们在研究中也只能是总体把握其发展进程。毕竟，语素化的进程非常漫长，融入语素化进程的每个语素都曾经是独立、完整的个体，因此不可能出现齐步走的现象，有些可能发生在东汉末，有些可能发生在元明清，有些甚至到近代才开始汇入语素化大潮。而上古汉语的词之所以可以在五四运动前的任何时代根据语言发展的需要随时转换为语素，就是因为有一个传承久远的文言文系统一直在保持和延伸，从而使得这个进程的启动，在任何时候都有它的合理性。即使进入现代汉语，文言文不再作为交际工具使用，仍然有各种各样的可能再次激活上古汉语中的某一个词，让它转换成语素。因为中国文化具有生生不息的延续性，先秦经典一直在通过种种渠道代代传播，那些生活在当代的文化人，对先秦作品依然非常熟悉，随时都可以从死的语言中，挖掘出活的要素，如先秦汉语中常见的叠音词语和"～然"类词语在鲁迅小说中就大量使用。鲁迅曾说过，文学语言也可以"在旧文中取得若干资料，以供使役"①。这种传承，使得汉语词汇既有厚重的历史支撑，规范与影响着现代口语，同时又充满了鲜活的创造力。

  传承语素是构成现代汉语词汇系统的基干，具有基因性质，起着关键性作用，从本质上体现了汉语词汇的动态发展。在语素化过程中，两个语素（语素甲和语素乙）结合后意义往往会发生某些变化，这种变化大体可分为三种情况：（1）等于甲；（2）等于乙；（3）既不等于甲，也不等于乙，结合后产生了一个丙。要了解这些变化，只有了解语素化的历史进程，并且把上古词语的含义与语素化之后作为语素使用的语义进行比较，才能透彻地认识现代汉语词汇的构造及其词汇意义，了解它的特点和规律。

---

① 鲁迅：《鲁迅全集》第1卷，人民文学出版社1981年版，第286页。

第三章

面向国际汉语词汇教学的传承语素考察

　　我们的研究基于国际汉语词汇教学而展开，因此考察的范围首先选定《等级大纲》与《等级划分》所收的词语。我们对纳入《等级大纲》的全部 8822 条词语进行了穷尽性考察，同时对《等级划分》中的普及化等级全部 2245 个词汇、900 个汉字作了比较分析①，重点查测和研究词语中传承语素的呈现情况，同时根据研究之需作一定扩充。

第一节 《汉语水平词汇等级大纲》中的传承语素

一 《等级大纲》全部语素的考察

　　我们参照《等级大纲》与《现代汉语词典》②（以下简称《现汉》）的单字与词语编排方法，按语素、构词级别、单用级别、所出现的甲级词、乙级词、丙级词、丁级词顺序，首先建立了构成 8822 条词语的全部语素语料库。

　　语料库建立的基本原则和具体步骤如下（参见表 3-1）：

　　（1）语素的确定采取逐词分析的方式：《等级大纲》中以单用形式出现的条目，我们在语料库中设单用及其出现级别一栏予以标示，如"啊 ā"的单用级别为甲级，语料库中就标注为"甲"，"阿"的单用级别为乙

---

① 在对《等级大纲》和《等级划分》所收词语进行考察时，我们将《现代汉语词典》(2012)、《王力古汉语字典》(2000)、《说文解字》(2013)、《辞源》(1983)、《汉语大词典》(1997) 和《汉语大字典》(2010) 作为主要参考。

② 中国社会科学院语言研究所词典编辑室：《现代汉语词典》（第 6 版），商务印书馆 2012 年版。

级,语料库中就标注为"乙";《等级大纲》中以多字词出现的条目,我们则深入每个语词内部,条分缕析,逐一分解。如丙级词"逮捕",可以分析出"逮"和"捕"两个语素,而四字习用结构"不是…而是"则可以分解出"不""是""而"三个语素,另一字"是"因重复出现且语义无别而被剔除。至于"咖啡""徘徊",分别为音译词和联绵词,语料库中都作为一个语素列出。

表 3-1　　　　《等级大纲》全部语素语料库示例

序号	语素	构词级别	单用级别	甲级词	乙级词	丙级词	丁级词
1	啊 ā		甲				
2	阿	乙	乙		阿姨		
3	斑		丁				
4	捕	丙	乙			逮捕	捕捞、捕捉
5	餐	乙	丁		餐厅、西餐、中餐	餐车、快餐	就餐、晚餐
6	逮 dài	丙				逮捕	
7	方¹	甲	丙	方面、方向	东方、南方、西方、北方、地方、对方、一方面……一方面、双方	后方、前方、四面八方、比方	官方、四方、远方
8	方²	乙	乙		立方	大方	立方米
9	方³	甲		方法、方便	方案、方式、方针	药方、千方百计	处方、配方、想方设法
10	疯	丙	丙			疯狂	疯子
11	归	丁	丙				归根到底、归还、归结、归纳、改邪归正
12	剧¹	丙				剧烈	急剧、加剧
13	剧²	乙	丙		剧场、京剧	剧院、歌剧、话剧、戏剧	剧本、剧团、悲剧、连续剧
14	咖啡	甲		咖啡			
15	狂	丙	丙			狂风、疯狂	狂妄
16	徘徊	丁					徘徊
17	齐	甲	乙	整齐			齐全、百花齐放
18	子 zi	甲		杯子	包子	村子	爱面子

(2)语料库的语素按音序排列,一般不再标注语音。但对于《等级大纲》中分条标出,且有两读的语素,语料库标出了拼音。如"啊"在

《等级大纲》中有"啊 ā（叹，甲）"和"啊 a（助，甲）"两个词条，分别为同形异音的两个词；"陆 liù"与"陆 lù"，"横 héng"与"横 hèng"，也是同样情况，我们在语料库中均注出拼音。此外，一些特殊的读音，我们也予以标注，如"逮"一般读为第三声，但"逮捕"中的"逮"读为第四声，义同第三声的"逮"，且只用于"逮捕"这一个词中，我们在语料库中也标出了读音。

（3）构词级别的确定按甲乙丙丁四级词的出现顺序，从前往后予以确定。如"阿"在大纲中所构成的唯一的词"阿姨"出现在乙级词中，它的构词级别即为乙级；后缀"子"在《等级大纲》中构词73个，其中甲级词有"杯子、本子、儿子"等14个；乙级词有"包子、被子、脖子"等22个；丙级词有"村子、钉子、豆子"等17个；丁级词有"爱面子、班子、雹子"等20个，因其最先出现的级别为甲级，后缀"子"的构词级别即为甲级。

（4）本语料库是基于《等级大纲》的语素统计，因此，如果出现的单字词（语素）没有在《等级大纲》中构成其他词语，我们只将它作为单字词列出。如"斑"在《现汉》中可以构成"斑白、斑点、斑痕、斑纹、斑马、斑马线、雀斑"等词，但在《等级大纲》中没有呈现构词的情况，我们只将其作为单字词列出。但为了反映语素在现代汉语构词中的真实情况，我们另外补做了这部分语素构词的例表（详见表3-6：《等级大纲》中未参与构词的传承语素可拓展词语示例）。

（5）语料库严格按照语素构词的实际情况列词，因此，每个合成词在词表中的出现次数，都是根据其在所由构词的语素目下参与构词的情况确定的。如"疯狂"由"疯"和"狂"两个语素构成，那么在"疯"和"狂"两个语素栏中，都可以找到"疯狂"一词。再如"百花齐放"由"百""花""齐""放"四个语素构成，那么"百花齐放"一词在语料库中也会出现四次。

（6）《等级大纲》中的词语很多包含有一个字形相同的构词成分，而这些构词成分并不是同一个语素，如"剧"在《等级大纲》所示的单用条目中只有表示"戏剧"义的后起义"剧²"，即"剧"（名，丙），构成的词语也达10个。但"剧"还有"猛烈、厉害"的上古传承义，在《等级大纲》中出现的词语包括"剧烈、急剧、加剧"3个。再如"方"在《等级大纲》中有甲级词"方向、方法、方便"，乙级词"东方、立方、方式"，丙级词"后方、大方、药方"，丁级词"四方、立方米、处方"等 30 个词语，分别属于不同的语素。我们根据《王力古汉语字典》①（以下简称《王力古汉》）等提供的上古义项线索，参照《现汉》的条目安排，在语料库中分出了"剧¹"和"剧²"，"方¹""方²"和"方³"等同形异义的语素，并将相关词语归入适合的语素目下，这也是本语料库着力较多之处。

（7）《等级大纲》中的单字词，有一些为同形分列的。这些分条列出的单字词，有的是两个不同的语素，如"并"，在按音序排列的词汇大纲中分列为"424 并 bìng（副、连、乙）"和"425 并 bìng（动、乙）"，我们在语料库中也处理为"并¹"和"并²"，分别表示"一并、并且"和"合并"的意思；还有一些虽在《等级大纲》中分条列出，但从语源和语义上看，仍属于同一个语素，《等级大纲》分列的主要原因是考虑到其语法功能的不同，分列以方便学生掌握。我们综合《王力古汉》《辞源》（1983）等说明，参照《现汉》的条目安排，仍归入一个语素目下，如"包"，《等级大纲》中分列为"158 包 bāo（名、量、乙）"和"159 包 bāo（动、乙）"，但从语源上看，"包"的上古义为"裹"，量词、名词等用法都为其引申义，我们在语料库中仍作为一个语素列出，但在备注栏中予以注明，他如"报、遍、差 chà"等，在《等级大纲》中分列为"203 报 bào（名、甲）"和"204 报 bào（动、丙）""377 遍 biàn（量、甲）"和"378 遍 biàn（形、乙）""675 差 chà（形、乙）"和"676 差 chà（动、甲）"，我们也都归入一个语素栏下。

我们依据对《等级大纲》8822 条词语查测的最终结果，建立了由 3120 个语素构成的全部语素语料库。本语料库覆盖了所有出现于《等级大纲》中的语素，包括传承语素和非传承语素、参与构词的语素和未参与构词的语素、可以单独使用的语素和只具有构词功能的语素，是《等级大纲》语素的总汇。

对《等级大纲》语素的考察，引起我们特别注意的有以下几个方面。
（1）同形语素在语料库中占了很大比例。
在 3120 个语素中，同形语素 211 组，涉及语素 432 个，包括：啊、

---

① 王力：《王力古汉语字典》，中华书局 2000 年版。

挨、按、把、帮、奔、本、别、便、并、博、布、差、才、参、草、长、陈、称、处、畜、传、从、大、代、逮、待、担、当、倒、道、得、的、等、抵、地、调、端、断、恶、儿、法、凡、方、复、概、干、革、给、更、姑、谷、固、姑、怪、官、管、果、号、核、横、候、忽、华、会、纪、哄、花、划、晃、汇、伙、甲、假、间、教、结、禁、经、竟、纠、局、具、剧、卷、决、觉、卡、看、可、克、空、孔、控、款、况、拉、老、里、了、落、率、略、麻、没、美、米、面、明、命、模、哪、难、念、宁、偶、排、批、偏、漂、铺、强、切、且、曲、圈、任、日、容、如、若、塞、散、上、少、舍、生、盛、拾、使、输、署、数、似、肆、松、所、台、挑、头、吐、为、维、委、悉、下、相、向、项、象、削、效、兴、行、许、血、呀、要、仪、以、义、易、益、应、营、与、元、原、越、运、炸、站、载、脏、则、折、丈、着、阵、征、正、挣、之、支、只、志、质、致、中、种、重、注、转、庄、装、准、子、自、纵、足、钻。其中399个为两个一组，如"车站"的"站"与"站岗"的"站"，"器官"的"官"与"军官"的"官"；32个为3个一组，如甲级词"方向"、乙级词"立方"、丙级词"药方"就分由3个不同的语素构成，他如"果、可、略、生、征、把、麻、要、着"等；4个一组的很少，只见到"复"一组，如"复杂、反复、报复、复兴"中的"复"，就分别代表了4个语素。同形语素的语音多数相同，如上面举到的"站、官、方、复"等。也有不少异音的情况，如"哄hǒng"与"哄hòng""炸zhá"与"炸zhà"。同形语素之多，超出我们的预料，也从一个方面说明了学生发音不准、语义理解有误等常见问题的产生原因，提醒我们在国际汉语词语教学中要特别重视同形语素的教学。

(2) 可以作为单字词使用的语素比例相对较高。

在3120个语素中，有1833个语素可以作为单字词使用，其中甲级442个，乙级540个，丙级403个，丁级448个，占了语素总数的58.75%，这就为我们的语素教学奠定了很好的基础。教学中学生对老师介绍的语素构词往往有一种畏难情绪，有一种不能直接获取词语义的担忧。但当语素本身又可以作为单字词学习之后，这个问题便迎刃而解。如"边、上、天"是所有学生在开始阶段就要学习的甲级词，掌握了这些甲级词后，教学中便可以很自然地导入语素构词，如"边上、上边、天上、上天、天边"，既以滚雪球的方式扩大了词汇量，同时又可帮助学生对单字词的理解与掌握，可谓一举两得。

（3）构词级别呈现均匀分布的态势。

在3120个语素中，始出现于甲级构词的620个，始出现于乙级构词的711个，始出现于丙级构词的624个，始出现于丁级构词的731个，分别占语素总数的19.87%、22.79%、20.00%、23.43%，另有434个未在《等级大纲》中参与构词，占总数的13.91%，基本呈现一种均匀分布的态势。这种分布状况，很利于我们语素教学的循序渐进，也适于国际汉语教材的科学编写。

二 《等级大纲》传承语素的考察

（一）《等级大纲》传承语素语料库的构建

在建立了覆盖《等级大纲》8822条词语、总数为3120个语素的全部语素语料库基础上，我们对其中的传承语素进行了筛选，并进而建立了《等级大纲》全部传承语素语料库。

传承语素多为上古汉语中的常用词。对于上古汉语词的确定，《王力古汉》是我们研究的重要参考。王力先生写于1985年的《古汉语字典·序》曾谈到该词典的八个特点：一是扩大词义的概括性，从而减少义项，简明易懂；二是将古书上只出现一次的僻义归入备考栏，以避免与正常词义相混；三是树立历史观点，注意词义的时代性；四是标明古韵部，既便于读上古韵文，又便于辨认叠韵联绵字；五是注明联绵字，以帮助读者了解词义；六是提纲挈领，在每部的前面先写一篇部首总论（有些小部除外）；七是辨析同义词，对于意义相近的字提出来加以辨析；八是列举一些音近义通的同源字，给读者提供一些语源学知识。[①] 我们对传承语素的来源认定主要参照《王力古汉》和《辞源》（1983），同时也参考了《汉语大词典》（1997）、《汉语大字典》（2010）的词（字）源分析。语料库中传承语素的来源，主要见于《周易》《尚书》《诗经》《周礼》《仪礼》《春秋》《左传》《国语》《论语》《孙子》《老子》《列子》《墨子》《孟子》《庄子》《荀子》《楚辞》《尔雅》《韩非子》《商君书》《吕氏春秋》《山海经》《孙膑兵法》《战国策》《公羊传》《谷梁传》《礼记》《史记》《淮南子》《急就篇》《新语》《盐铁论》《方言》等出自西汉以前的作品，

---

① 见《王力古汉语字典》"序"第1—5页。

以及《说文》和《汉书》两部成书于东汉的作品。我们将较早见于《说文》和《汉书》的语素也作为传承语素，是因为《说文》虽成书于东汉，但对字义的解释却基本保存了上古的语义系统；而《汉书》也是专门记述西汉历史，很多词义或沿自西汉，或处于两汉过渡期，基本上可以反映上古语言风貌。当然，对传承语素的分析考察，仅仅依据这些工具书和上古文献有时是不够的，必须根据已有的线索，认真稽考上古汉语传世和新出土的文献资料，以保证立论的可靠性。

《现汉》和《现代汉语规范词典》（2004），是以记录普通话语汇为主的中型词典，在推广普通话、规范汉语教学方面都有广泛的影响与声誉，也是我们在确定现代汉语词语的词性、义项等方面的重要参考

我们对构成《等级大纲》的全部3120个语素进行了逐一考察，最后确定出传承语素总数目为2425个，占全部语素总数的77.72%（见附录一：《等级大纲》传承语素总表）；后起语素总数目为695个，占全部语素总数的22.28%。其中，未参与构词的传承语素241个，合成词中的传承语素2184个，所占比例分别为9.94%和90.06%。后起语素中未参与构词的208个，合成词中的487个，所占比例分别为29.93%和70.07%。

我们仿表3-1将《等级大纲》全部传承语素制作成语料库例表：表3-2。与表3-1比较，表3-2列传承语素13个，筛选掉的5个为后起语素，其中"啊""疯"是后起字，"咖啡"为音译词，"剧²"作为"戏剧"的含义，是后起义；"阿"作为名词词头，也是产生于中古时期。

表3-2　　　　《等级大纲》全部传承语素语料库示例

序号	传承语素	构词级别	单用级别	甲级词	乙级词	丙级词	丁级词	上古语义
1	斑		丁					杂色，斑点
2	捕	丙	乙			逮捕	捕捞、捕捉	捕捉
3	餐	乙	丁		餐厅、西餐、中餐	餐车、快餐	就餐、晚餐	吞，吃
4	逮dài	丙				逮捕		捉拿
5	方¹	甲	丙	方面、方向	东方、南方、西方、北方、地方、对方、一方面……方面、双方	后方、前方、四面八方、比方	官方、四方、远方	方向，方位，方面，地方
6	方²	乙	乙		立方	大方	立方米	方圆的方

续表

序号	传承语素	构词级别	单用级别	甲级词	乙级词	丙级词	丁级词	上古语义
7	方³	甲		方法、方便	方案、方式、方针	药方、千方百计	处方、配方、想方设法	药方，单方，方法，方略
8	归	丁	丙			归根到底、归还、归结、归纳、改邪归正		返回，归还
9	剧¹	丙				剧烈	急剧、加剧	剧烈
10	狂	丙	丙			狂风、疯狂	狂妄	疯癫
11	徘徊	丁					徘徊	往返回旋貌
12	齐	甲	乙	整齐		齐全、百花齐放		整齐
13	子 zi	甲		杯子	包子	村子	爱面子	儿女

需要说明的是，我们的语料库是基于《等级大纲》而建构的。如果一个语素在《等级大纲》构词中没有反映其上古传承的特征，即使在《现汉》中可以找到其作为传承语素构词的例证，我们仍然没有作为传承语素将其收入语料库，如"逗"。"逗"在上古为"停留"义（逗，止也）[①]，引申指句中的停顿。"逗引，招引"则为后起义，如唐李贺《李凭箜篌引》："女娲炼石补天处，石破天惊逗秋雨。""逗"的上古义与后起义，在《现汉》中标示为"逗¹"和"逗²"。"逗¹"在现代汉语中一般只作为构词语素存在，如"逗号、逗点、逗留"，《等级大纲》中列出的"逗"（乙级，动词）实际为"逗²"。根据基于《等级大纲》的原则，我们的传承语素语料库没有包括"逗"。"悉"也是同样情况。"悉"在《尚书》中有"全部"的意思，《现汉》"悉¹"即为传承语素，构成了"悉数、悉心"等词，但《等级大纲》中的"据悉""熟悉"的"悉"为《现汉》中的"悉²"，是后起义"知道"的意思，所以本语料库不作为传承语素收入。

另外，构建语料库时我们对语素来源所涉及的上古典籍，并不严格上溯其最早出现的文本，只要是源自上古时期的就作为传承语素界定的根据。这一方面是由于语义传承的线索有时难以确定，另一方面考虑到词语溯源并非我们建库的目的所在，我们的主要工作是围绕如何切实有效地服

[①] 许慎：《说文解字》，中华书局 2013 年版，第 35 页。

务于国际汉语词汇教学而展开的。

（二）《等级大纲》中未参与构词的传承语素

《等级大纲》中未参与构词的传承语素共241个，如表3-3所示：

表3-3　　《等级大纲》中未参与构词的传承语素语料库

序号	传承语素	单用级别	序号	传承语素	单用级别	序号	传承语素	单用级别
1	唉	丙	39	栋	乙	77	教 jiāo	甲
2	熬	丙	40	蹲	乙	78	嚼	丁
3	把²	甲	41	讹	丁	79	皆	丁
4	斑	丁	42	鹅	乙	80	浸	丙
5	瓣	丙	43	贰	丁	81	茎	丁
6	剥 bāo	丙	44	肺	乙	82	井	乙
7	薄 báo	乙	45	粪	丙	83	颈	丁
8	碑	乙	46	缝 fèng	丁	84	九	甲
9	扁	乙	47	扶	乙	85	旧	甲
10	丙	丙	48	俯	丙	86	鞠躬	丁
11	卜 bǔ	丁	49	腹	丁	87	锯	丁
12	布¹	甲	50	竿	丁	88	圈 juàn	丁
13	蚕	丙	51	秆	丁	89	君	丁
14	仓促	丁	52	缸	丙	90	糠	丁
15	槽	丁	53	梗	丁	91	慷慨	丁
16	拆	乙	54	弓	丙	92	炕	丁
17	缠	丁	55	拱	丁	93	坑	丙
18	蝉	丁	56	刮	甲	94	哭	甲
19	猖狂	丁	57	龟	丁	95	跨	乙
20	盛 chéng	丙	58	跪	乙	96	蓝	甲
21	秤	丁	59	喝	甲	97	累 lèi	甲
22	冲 chòng	丙	60	横 hèng	丁	98	梨	乙
23	踌躇	丁	61	烘	丁	99	犁	丁
24	臭	乙	62	虹	丁	100	淋	丙
25	疮	丁	63	壶	乙	101	玲珑	丁
26	捶	丁	64	湖	甲	102	六	甲
27	锤	丁	65	忌	丁	103	聋	丁
28	雌	丁	66	佳	丙	104	鹿	丁
29	葱	丁	67	颊	丁	105	驴	丙
30	丛	丙	68	嫁	丙	106	卵	丙
31	醋	乙	69	煎	丙	107	骂	乙
32	窜	丙	70	茧	丁	108	迈	丁
33	丹	丁	71	碱	丁	109	枚	丁
34	堤	丙	72	贱	丁	110	玫瑰	丁
35	垫	丙	73	溅	丙	111	每	甲，乙
36	钓	乙	74	江	甲	112	闷 mēn	丙
37	跌	乙	75	姜	丁	113	蒙	丙
38	丁	丙	76	僵	丙	114	眯	丙

序号	传承语素	单用级别	序号	传承语素	单用级别	序号	传承语素	单用级别
115	庙	乙	158	蒜	丁	201	哑	丁
116	亩	乙	159	穗	丁	202	轧	丁
117	乃	丁	160	笋	丁	203	盐	乙
118	鸟	乙	161	坛	丁	204	羊	甲
119	畔	丙	162	潭	丁	205	痒	丁
120	徘徊	丁	163	弹 tán	乙	206	窑	丙
121	棚	丙	164	汤	甲	207	壹	丁
122	坯	丁	165	蹄	丙	208	乙	丙
123	披	乙	166	剃	丁	209	倚	丙
124	匹	乙	167	艇	丁	210	亦	丁
125	篇	甲	168	铜	乙	211	鹰	丁
126	漂 piāo	丁	169	桶	乙	212	犹豫	丁
127	瞥	丁	170	凸	丁	213	曰	丁
128	坡	乙	171	秃	丁	214	晕	丙
129	颇	丁	172	吐 tǔ	乙	215	酝酿	丁
130	铺 pū	乙	173	吞	丙	216	宰	丁
131	骑	甲	174	屯	丁	217	枣	丁
132	敲	乙	175	丸	丙	218	灶	丁
133	翘	丙	176	汪洋	丁	219	贼	丁
134	切 qiē	乙	177	胃	乙	220	渣	丙
135	禽	丁	178	吻	丙	221	闸	丁
136	蜻蜓	丁	179	梧桐	丁	222	盏	丙
137	娶	丙	180	勿	丁	223	丈[1]	乙
138	犬	丁	181	稀	丙	224	兆	丁
139	熔	丁	182	溪	丁	225	遮	丙
140	揉	丙	183	锡	丙	226	郑重	丁
141	乳	丁	184	虾	丙	227	蜘蛛	丁
142	洒	乙	185	霞	丁	228	汁	丁
143	塞 sāi	丙	186	弦	丁	229	中 zhòng	丙
144	叁	丁	187	咸	丙	230	州	丁
145	纱	丙	188	巷	丙	231	舟	丁
146	删	丙	189	象	乙	232	洲	丁
147	珊瑚	丁	190	削 xiāo	丙	233	粥	丙
148	屎	丁	191	歇	乙	234	株	乙
149	瘦	乙	192	屑	丁	235	猪	甲
150	输[2]	甲	193	腥	丁	236	拄	丁
151	竖	丁	194	杏	丁	237	煮	乙
152	数 shǔ	甲	195	汹涌	丁	238	爪	丁
153	帅	丁	196	嗅	丁	239	撞	乙
154	霜	丙	197	穴	丁	240	啄	丁
155	谁	甲	198	血 xiě	乙	241	紫	乙
156	耸	丁	199	熏	丁			
157	艘	丙	200	崖	丁			

由表3-3统计,《等级大纲》中未参与构词的241个传承语素,在甲、乙、丙、丁四个词语级别中的分布情况分别为：甲级22、乙级46、丙级62、丁级112（见表3-4），其中"每"在《等级大纲》中分列两条：4385 每 měi（代,甲）和4386 每 měi（副,乙），我们依据前述的建库原则合并为一个，这样"每"便分别计算于甲级和乙级构词。

表3-4

未参与构词的传承语素	甲级词	乙级词	丙级词	丁级词
241	22	46	62	112
	9.13%	19.09%	25.73%	46.47%

统计显示,《等级大纲》中未参与构词的传承语素属于甲级的只有22个，占总数的9.13%，而属于丁级的有112个，高达46.47%。未参与构词的传承语素在《等级大纲》中主要呈现以下三种情况：

(1) 本身就不具备构词能力的，如表3-5所示：

表3-5

语素	把	艘	畔	剥	冲	壹	叁	颇	勿	曰	拄	徘徊	梧桐	蜘蛛	仓促	猖狂	酝酿
级别	甲	丙	丙	丙	丙	丁	丁	丁	丁	丁	丁	丁	丁	丁	丁	丁	丁
素性	量	量	名	动	动、介	数	数	副	副	动	动	动	名	名	形	形	动

我们所说的本身就不具备构词能力的语素，是指这类语素在现代汉语词汇系统中不具有构成合成词的能力，语素与词完全一致，这类情况约占7%。

(2) 在现代汉语词汇系统中参与构词的能力有限的：有些只能构成较为冷僻的专有词语，如"丙"构成的"丙部、丙丁、丙纶、丙种射线"，"茎"构成的"地上茎、地下茎"；有些只能构成相沿习用的熟语，如由"株"构成的"守株待兔、株守"，由"粥"构成的"僧多粥少、一锅粥"；有些只能与量词构成表示总称的名词，如"灯盏、布匹、马匹"；有些则随着词汇双音化的趋势而在单字后加上名词后缀"子、儿"等变为双音词，如"秆子、爪子、爪儿"，这类情况约占6%。

(3) 在现代汉语词汇系统中具有较强的构词能力，但受《等级大纲》

收词范围所限而没有呈现组词能力的。这类情况在整个未参与构词的传承语素中所占比例最大,大约为87%。如表示数目的"六、九",在现代汉语中可以构成"六神、六亲、六欲、六书、五颜六色、五脏六腑;九鼎、九泉、九霄、九泉、九牛一毛、九死一生"等;联绵语素在《等级大纲》传承语素中包括"仓促、踌躇、鞠躬、慷慨、玲珑、犹豫、蜘蛛、猖狂、玫瑰、徘徊、蜻蜓、汹涌、蓬勃、珊瑚、汪洋、梧桐、酝酿、郑重"等18个,除"蓬勃"外,在《等级大纲》中都未参与构词,但其本身大多具有构词能力,如双声的"踌躇(踌躇不前)、鞠躬(鞠躬尽瘁)、慷慨(慷慨激昂)、玲珑(小巧玲珑)、犹豫(犹豫不决)、郑重(郑重其事)";叠韵的"玫瑰(玫瑰紫、玫瑰红)、汪洋(汪洋大海)、汹涌(汹涌澎湃)、蜻蜓(蜻蜓点水)",以及"珊瑚(珊瑚虫、珊瑚岛、珊瑚礁)、汪洋(汪洋大海)"等。表3-6为我们根据《现汉》做出的《等级大纲》中未参与构词的传承语素可拓展词语举例。

表3-6 《等级大纲》中未参与构词的传承语素可拓展词语示例

序号	传承语素	语法性质	单用级别	《等级大纲》未收的可拓展词语举例
1	唉	叹	丙	唉声叹气
2	熬	动	丙	熬夜、熬年头儿、熬煎
3	斑	名	丁	斑白、斑点、斑痕、斑纹、斑马、斑马线、雀斑
4	瓣	名	丙	花瓣、蒜瓣
5	薄 báo	形	乙	薄饼、薄脆
6	碑	名	乙	碑记、碑刻、碑林、碑文、碑志、碑座、丰碑、口碑、墓碑、界碑、纪念碑、里程碑、有口皆碑
7	扁	形	乙	扁担、扁豆、扁桃体
8	丙	名	丙	丙部、丙肝
9	卜 bǔ	动	丁	占卜、问卜、预卜、卜卦、存亡未卜
10	布¹	名	甲	布料、布艺、布展、帆布、抹布、麻布、棉布、幕布、尿布、绒布、纱布、台布、土布、桌布、遮羞布
11	蚕	名	丙	蚕丝、蚕食
12	槽	名	丁	槽子、河槽
13	拆	动	乙	拆除、拆穿、拆东墙,补西墙、拆分、拆毁、拆建、拆解、拆借、拆零、拆卖、拆迁、拆墙脚、拆散、拆台、拆洗、拆字
14	蝉	名	丁	蝉联、噤若寒蝉

续表

序号	传承语素	语法性质	单用级别	《等级大纲》未收的可拓展词语举例
15	缠	动	丁	缠绑、缠绵、缠绕、缠人、缠身、缠手、缠足、胡搅蛮缠、纠缠、难缠
16	秤	名	丁	秤锤、秤杆、秤钩、秤盘子、秤砣、磅秤、台秤、弹簧秤
17	踌躇	动/形	丁	踌躇不决、踌躇满志
18	臭	形	乙	臭虫、臭豆腐、臭烘烘、臭名、臭棋、臭味相投、狐臭、口臭
19	疮	名	丁	疮疤、疮口、百孔千疮、冻疮、痔疮、挖肉补疮
20	捶	动	丁	捶打、捶胸顿足
21	锤	动/名	丁	锤炼、锤子
22	雌	形	丁	雌性、雌雄
23	葱	名	丁	葱花、葱头、大葱、小葱、洋葱
24	丛	名	丙	丛林、丛生、丛山、丛书、丛刊、草丛、树丛
25	醋	名	乙	醋坛子、醋意、半瓶醋、吃醋、陈醋、添油加醋
26	窜	动	丙	窜逃、流窜
27	丹	名	丁	丹顶鹤、丹青、丹心
28	堤	名	丙	堤岸、堤坝、河堤
29	垫	动	丙	垫底儿、垫付、垫肩、垫脚石、垫子、靠垫、坐垫
30	钓	动	乙	钓竿、钓钩、钓具、垂钓、沽名钓誉
31	跌	动	乙	跌价、跌跤、跌落、下跌
32	丁	名	丙	丁部、丁是丁，卯是卯
33	栋	量	丁	栋梁、汗牛充栋、雕梁画栋
34	蹲	动	乙	蹲点、蹲伏、蹲守、蹲班
35	鹅	名	乙	鹅黄、鹅卵石、鹅毛、鹅绒、企鹅、天鹅
36	讹	动	丁	讹传、讹误、讹诈、以讹传讹
37	贰	数	丁	贰臣、贰心
38	肺	名	乙	肺病、肺腑、肺活量、肺结核、肺炎、狼心狗肺
39	粪	名	丙	粪便、粪肥、粪坑、粪土、大粪
40	缝 fèng	名	丁	缝隙、缝子、夹缝、裂缝、天衣无缝
41	扶	动	乙	扶持、扶贫、扶手、扶梯、扶正、扶植、扶助、搀扶
42	俯	动	丙	俯冲、俯瞰、俯视、俯拾皆是、俯首、俯卧撑、俯仰

续表

序号	传承语素	语法性质	单用级别	《等级大纲》未收的可拓展词语举例
43	腹	名	丁	腹背受敌、腹地、腹稿、腹泻
44	竿	名	丁	竿子、钓竿、竹竿、日上三竿、百尺竿头，更进一步
45	秆	名	丁	秆子、秸秆
46	缸	名	丙	缸子、浴缸
47	梗	名	丁	梗概、花梗
48	弓	名	丙	弓子、弹弓、左右开弓
49	拱	动	丁	拱桥、拱手、拱让、拱卫、众星拱月
50	刮	动	甲	刮鼻子、刮脸、刮目相看、搜刮
51	龟	名	丁	龟甲、龟缩、乌龟、海龟
52	跪	动	乙	跪拜、跪射
53	喝	动	甲	喝闷酒、吃吃喝喝
54	横 hèng	形	丁	蛮横、强横、凶横、专横
55	烘	动	丁	烘箱、烘烤
56	虹	名	丁	彩虹
57	壶	名	乙	暖壶、喷壶、水壶
58	湖	名	甲	湖光山色、湖滩、湖泽、淡水湖、咸水湖、人工湖
59	忌	动	丁	忌妒、忌讳、忌口、忌嘴、忌日、猜忌、妒忌、顾忌
60	佳	形	丙	佳话、佳节、佳境、佳丽、佳期、佳人、佳肴、佳音、佳作
61	颊	名	丁	面颊
62	嫁	动	丙	嫁接、嫁妆、出嫁、改嫁、婚嫁、陪嫁、再嫁、为人作嫁
63	煎	动	丙	煎熬、煎饼
64	茧	名	丁	蚕茧
65	碱	名	丙	碱土、茶碱、汗碱、水碱
66	贱	形	丙	贱骨头、贱货、卑贱、下贱、贫贱
67	溅	动	丙	溅落、飞溅、喷溅
68	僵	形	丙	僵持、僵化、僵局、僵尸、僵死、僵硬、僵直
69	姜	名	丁	姜黄、生姜
70	江	名	甲	江湖骗子、江郎才尽、江南、江山、长江、沿江
71	教 jiāo	动	甲	教书、教书匠

续表

序号	传承语素	语法性质	单用级别	《等级大纲》未收的可拓展词语举例
72	嚼	动	丁	嚼舌、嚼舌头、嚼子
73	皆	副	丁	皆大欢喜、有口皆碑、尽人皆知、比比皆是
74	浸	动	丙	浸泡、浸透、沉浸
75	茎	名	丁	地上茎、地下茎
76	井	名	乙	井底之蛙、井水不犯河水、水井、天井
77	颈	名	丁	长颈鹿、颈项、颈椎、头颈
78	九	数	甲	九牛二虎之力、九泉、九死一生、小九九
79	旧	形	甲	旧病、旧地、旧交、旧居、旧梦、旧情、旧式、旧俗、旧址、陈旧、话旧、怀旧、念旧、仍旧、守旧、照旧、喜新厌旧
80	鞠躬	形/动	丁	鞠躬尽瘁
81	锯	名/动	丁	锯子、拉锯
82	圈 juàn	名	丁	圈养
83	君	名	丁	君王、君主、君子、君子兰
84	慷慨	形	丁	慷慨激昂、慷慨解囊、慷他人之慨
85	糠	名	丁	稻糠、糟糠之妻
86	炕	名	丁	炕头、炕桌儿、炕席、火炕
87	坑	名/动	丙	坑道、坑坑洼洼、粪坑、泥坑、火坑
88	哭	动	甲	哭鼻子、哭哭啼啼、哭泣、哭穷、哭诉、哭笑不得、痛哭
89	跨	动	乙	跨度、跨栏、跨年度、跨越
90	蓝	形	甲	蓝领、蓝图、蓝莹莹、景泰蓝、天蓝、青出于蓝
91	累 lèi	形	甲	劳累、受累
92	梨	名	乙	梨膏、梨园、梨园子弟
93	犁	动/名	丁	犁铧、犁镜、步犁
94	淋	动	丙	淋浴、淋漓尽致、日晒雨淋
95	玲珑	形	丁	玲珑剔透、小巧玲珑、八面玲珑
96	六	数	甲	六神无主、五脏六腑、六亲不认、七情六欲
97	聋	形	丁	聋子、聋哑人、震耳欲聋
98	鹿	名	丁	鹿角、鹿茸、鹿死谁手、长颈鹿、梅花鹿
99	驴	名	丙	驴唇不对马嘴、驴肝肺、驴年马月、驴子、毛驴
100	卵	名	丙	卵石、卵子、杀鸡取卵、危如累卵

续表

序号	传承语素	语法性质	单用级别	《等级大纲》未收的可拓展词语举例
101	骂	动	乙	骂街、骂骂咧咧、骂名、叫骂、破口大骂
102	迈	动	乙	迈步、迈进、豪迈
103	玫瑰	名	丁	玫瑰红、玫瑰紫
104	枚	量	丁	不胜枚举
105	每	代/副	甲	每每、每况愈下
106	闷 mēn	形/动	丙	闷气、闷热、闷声闷气、闷头
107	蒙	动	丙	蒙蔽、蒙混、蒙昧、蒙受、蒙冤、承蒙、启蒙
108	眯	动	丙	眯缝、笑眯眯
109	庙	名	乙	庙会、庙主、宗庙、文庙、武庙
110	亩	量	乙	田亩、英亩
111	乃	动/副	丁	乃至、乃至于
112	鸟	名	乙	鸟瞰、鸟枪换炮、鸟兽散、鸟语花香、候鸟、益鸟
113	棚	名	丙	棚户、棚子、彩棚、工棚、凉棚、天棚、窝棚
114	坯	名	丁	坯子、毛坯、土坯
115	披	动	乙	披风、披挂、披肩、披麻戴孝、披头散发、横披
116	匹	量	乙	布匹、马匹
117	篇	量	甲	篇幅、篇目、篇页、篇章、连篇、诗篇、遗篇
118	漂 piāo	动	丁	漂泊、漂动、漂荡、漂浮、漂流、漂洋过海、漂游
119	瞥	动	丁	瞥见、一瞥
120	坡	名	乙	坡道、坡地、坡度、陡坡、滑坡、山坡、斜坡
121	铺 pū	动	乙	铺床、铺垫、铺盖、铺路、铺设、铺天盖地、铺张
122	骑	动	甲	骑兵、骑虎难下、骑警、骑马找马、骑手、骑术
123	敲	动	乙	敲边鼓、敲打、敲定、敲门砖、敲诈、敲竹杠、推敲
124	翘	动	丙	翘首、翘望
125	切 qiē	动	乙	切除、切分、切入、切磋琢磨
126	禽	名	丁	禽流感、禽兽、飞禽、家禽、猛禽、珍禽
127	蜻蜓	名	丁	蜻蜓点水
128	娶	动	丙	娶亲、迎娶
129	犬	名	丁	警犬、猎犬、丧家之犬
130	熔	动	丁	熔化、熔炉、熔岩
131	揉	动	丙	揉搓

续表

序号	传承语素	语法性质	单用级别	《等级大纲》未收的可拓展词语举例
132	乳	名	丁	乳白、乳黄、乳牛、炼乳
133	洒	动	乙	洒泪、洒落、洒脱、喷洒、飘洒、潇洒、洋洋洒洒
134	塞 sāi	动	丙	塞车、塞子、耳塞
135	纱	名	丙	纱布、纱窗、乌纱帽、窗纱、面纱
136	珊瑚	名	丁	珊瑚虫、珊瑚岛、珊瑚礁
137	删	动	丙	删除、删改、删繁就简
138	屎	名	丁	耳屎、眼屎
139	瘦	形	乙	瘦长、瘦猴儿、瘦弱、瘦小、瘦子、干瘦、面黄肌瘦
140	输²	动	甲	输理、输赢、服输、认输
141	数 shǔ	动	甲	数不上、数得上、数一数二、数不胜数
142	竖	动/形	丁	竖立、横竖
143	帅	形	丁	帅才、元帅、统帅
144	霜	名	丙	霜冻、霜降、冰霜、风霜、冷若冰霜、雪上加霜
145	谁	代	甲	谁人、谁谁
146	耸	动	丁	耸肩、耸立、耸人听闻、高耸
147	蒜	名	丁	蒜瓣儿、蒜泥、蒜头、装蒜
148	穗	名	丁	穗子、吐穗
149	笋	名	丁	竹笋、石笋、雨后春笋
150	坛	名	丁	花坛、祭坛、讲坛、论坛、体坛、文坛
151	潭	名	丁	泥潭、龙潭虎穴
152	弹 tán	动	乙	弹簧、弹力、弹射、弹性、弹奏、老调重弹
153	汤	名	甲	汤面、汤圆、米汤、迷魂汤
154	蹄	名	丙	蹄筋、蹄子、马不停蹄
155	剃	动	丁	剃刀、剃度、剃光头、剃头
156	艇	名	丁	救生艇、潜艇、游艇
157	铜	名	乙	铜牌、铜臭、青铜
158	桶	名	乙	饭桶、马桶、抽水马桶
159	秃	形	丁	秃顶、秃头、秃子、光秃秃
160	凸	形	丁	凸起、凸显、凸现、挺胸凸肚
161	涂	动	乙	涂改、涂料、涂写

续表

序号	传承语素	语法性质	单用级别	《等级大纲》未收的可拓展词语举例
162	吐 tǔ	动	乙	吐口、吐气、吐露、谈吐、吞吞吐吐
163	吞	动	丙	吞并、吞灭、吞没、吞食、吞云吐雾、狼吞虎咽
164	屯	动/名	丁	屯聚、屯守
165	汪洋	名	丁	汪洋大海
166	胃	名	乙	胃口、反胃、开胃
167	吻	名/动	丙	吻别、吻合、接吻、亲吻
168	勿	副	丁	勿谓言之不预
169	稀	形	丙	稀饭、稀罕、稀客、稀少、稀有
170	锡	名	丙	锡匠、锡纸
171	溪	名	丁	溪流、溪水
172	虾	名	丙	虾兵蟹将、虾酱、虾米、虾皮、虾仁、虾子、对虾、龙虾
173	霞	名	丁	霞光、彩霞、晚霞、朝霞
174	咸	形	丙	咸菜、咸津津
175	弦	名	丁	弦外之音、弦乐器、扣人心弦、续弦
176	巷	名	丙	巷战、巷子、大街小巷
177	象	名	乙	象牙、象牙之塔
178	削 xiāo	动	丙	削面、削球、刮削、切削
179	歇	动	乙	歇班、歇乏、歇伏、歇工、歇后语、歇脚、歇凉、歇气、歇手、歇腿、歇息、歇夏、歇业、间歇、停歇
180	血 xiě	名	乙	血糊糊、血淋淋、杀人不见血、吐血、一针见血
181	屑	名/动	丁	不屑、琐屑
182	腥	形	丁	腥臭、腥气、血腥
183	杏	名	丁	杏红、杏黄、杏仁、杏眼、杏子、银杏
184	汹涌	动	丁	汹涌澎湃
185	嗅	动	丁	嗅觉
186	穴	名	丁	穴头、穴位、走穴、洞穴、虎穴、太阳穴
187	熏	动	丁	熏陶、熏染、熏制
188	崖	名	丁	崖画、崖刻、摩崖、山崖、悬崖、云崖
189	哑	动	丁	哑巴、吃哑巴亏、哑语、哑然无声、沙哑
190	轧	动	丁	轧马路、倾轧

续表

序号	传承语素	语法性质	单用级别	《等级大纲》未收的可拓展词语举例
191	盐	名	乙	盐分、盐湖、盐花、椒盐、精盐、食盐
192	羊	名	甲	羊羔、羊毛、羊毛出在羊身上、羊绒、山羊、顺手牵羊
193	痒	形	丁	痒痒、技痒、隔靴搔痒
194	窑	名	丙	窑洞、窑坑、砖窑
195	倚	动	丙	倚靠、倚赖、倚仗、倚老卖老、倚马可待、不偏不倚
196	乙	名	丙	乙部、乙方
197	亦	副	丁	亦步亦趋、亦庄亦谐、反之亦然、人云亦云
198	鹰	名	丁	鹰犬、老鹰、猫头鹰
199	犹豫	形	丙	犹豫不决、犹犹豫豫
200	晕	动	丙	晕倒、晕乎、晕厥、晕头转向、晕头晕脑
201	宰	动	丁	宰客、宰人、宰杀、屠宰、主宰
202	枣	名	丁	枣红、枣泥、枣子、蜜枣
203	灶	名	丁	灶具、灶王爷、灶神、太阳灶、小灶
204	贼	名	丁	贼喊捉贼、贼眉鼠眼、贼头贼脑、盗贼、窃贼
205	渣	名	丙	渣子、渣滓
206	闸	名	丁	闸门、电闸、水闸
207	盏	量	丙	灯盏
208	丈[1]	量	乙	丈量、一落千丈
209	遮	动	丙	遮藏、遮丑、遮挡、遮盖、遮羞布、遮掩、遮阳镜、遮阳帽
210	郑重	形	丁	郑重其事
211	汁	名	丁	豆汁、果汁、脑汁、乳汁
212	中 zhòng	动	丙	中标、中毒、中奖、中暑、中选、中意、看中、百发百中
213	舟	名	丁	龙舟、木已成舟、顺水推舟、破釜沉舟
214	州	名	丁	九州、神州、自治州
215	洲	名	丁	洲际、洲际导弹、绿洲、五洲四海
216	粥	名	丙	僧多粥少、腊八粥、一锅粥
217	株	量	乙	守株待兔、株守
218	猪	名	甲	猪排、野猪
219	煮	动	乙	煮豆燃萁、煮沸、煮鹤焚琴

续表

序号	传承语素	语法性质	单用级别	《等级大纲》未收的可拓展词语举例
220	爪	名	丁	爪儿、爪子
221	撞	动	乙	撞车、撞击、撞见、撞墙、撞锁、顶撞、横冲直撞、莽撞
222	啄	动	丁	啄木鸟、啄食
223	紫	形	乙	紫菜、紫红、紫罗兰、紫砂、紫外线、紫药水

经逐一考察，《等级大纲》中未参与构词的 241 个传承语素，在现代汉语中真正不具有构词能力的实际只有 18 个，包括"把、剥 bāo、仓促、猖狂、盛 chéng、冲 chòng、徘徊、畔、颇、叁、艘、梧桐、壹、曰、酝酿、兆、蜘蛛、拄"等，仅占该类总数的 7.47%。若放入整个传承语素考察，《等级大纲》中不具构词能力的只为全部传承语素总数的 0.74%，传承语素的构词能力由此可见一斑。

（三）《等级大纲》中构成合成词的传承语素

《等级大纲》中构成合成词的传承语素共 2184 个，其中，始出现于甲级构词的 541 个（见表 3-7），始出现于乙级构词的 606 个（见表 3-8），始出现于丙级构词的 492 个（见表 3-9），始出现于丁级构词的 545 个（见表 3-10），分别占该类总数的 24.77%、27.75%、22.53% 和 24.95%，基本上呈现出一种均匀分布的状况。

表 3-7　　　　　始出现于甲级构词的 541 个传承语素

1 爱	13 边	25 操	37 初	49 答 dá	61 灯
2 安	14 便	26 产	38 除	50 大	62 地 dì
3 板	15 变	27 常	39 础	51 代[1]	63 弟
4 办	16 表	28 场	40 楚	52 代[2]	64 第
5 半	17 别[1] bié	29 车	41 处 chù	53 带	65 典
6 包	18 病	30 晨	42 窗	54 单	66 点
7 杯	19 播	31 成	43 床	55 但	67 电
8 北	20 不	32 城	44 春	56 当 dāng	68 定
9 备	21 步	33 迟	45 词	57 导	69 东
10 比	22 部	34 持	46 磁	58 到	70 冬
11 笔	23 才	35 尺	47 从[2]	59 道[1]	71 动
12 必	24 参 cān	36 出	48 错	60 得 dé	72 都 dōu

73	都 dū	112	钢	151	活	190	斤	229	礼	268	年
74	度	113	高	152	火	191	紧	230	里[1]	269	念[1]
75	锻	114	告	153	或	192	近	231	里[2]	270	牛
76	对	115	个	154	机	193	进	232	理	271	农
77	多	116	各	155	鸡	194	经[1]	233	力	272	暖
78	儿[1]	117	工	156	基	195	经[2]	234	历	273	女
79	而	118	公	157	绩	196	睛	235	立	274	排[2]
80	发	119	共	158	级	197	精	236	利	275	旁
81	法[1]	120	姑[1]	159	极	198	净	237	例	276	朋
82	烦	121	故[1]	160	急	199	静	238	联	277	批[1]
83	反	122	顾	161	集	200	究	239	练	278	便 pián
84	饭	123	关	162	己	201	久	240	炼	279	平
85	方[1]	124	观	163	计	202	酒	241	凉	280	评
86	方[3]	125	馆	164	纪[1]	203	就	242	谅	281	期
87	房	126	惯	165	技	204	橘	243	了[1] liǎo	282	齐
88	访	127	广	166	济	205	句	244	领	283	其
89	放	128	贵	167	继	206	决[1]	245	留	284	起
90	飞	129	国	168	加	207	觉 jué	246	录	285	气
91	非	130	果[1]	169	家	208	开	247	旅	286	器
92	分	131	过	170	驾	209	看 kàn	248	论	287	铅
93	丰	132	孩	171	坚	210	康	249	麻[1]	288	前
94	封	133	寒	172	间 jiān	211	考	250	马	289	且[2]
95	夫	134	汉	173	检	212	科	251	满	290	切 qiè
96	服	135	行 háng	174	简	213	咳	252	冒	291	亲
97	福	136	好 hǎo	175	见	214	可[1]	253	妹	292	青
98	府	137	合	176	建	215	刻	254	门	293	轻
99	辅	138	何	177	健	216	客	255	米[1]	294	清
100	父	139	黑	178	践	217	课	256	面[1]	295	情
101	负	140	后	179	将	218	空	257	面[2]	296	请
102	附	141	候[1]	180	觉 jiào	219	口	258	民	297	秋
103	复[1]	142	忽[1]	181	较	220	苦	259	名	298	求
104	傅	143	互	182	教 jiào	221	块	260	明[1]	299	取
105	富	144	户	183	接	222	快	261	明[2]	300	去
106	改	145	化	184	节	223	困	262	母	301	全
107	概[1]	146	画	185	结 jié	224	来	263	目	302	确
108	干[1] gān	147	话	186	解	225	览	264	内	303	然
109	感	148	欢	187	介	226	劳	265	南	304	热
110	干[1] gàn	149	回	188	界	227	乐	266	难 nán	305	人
111	干[2] gàn	150	会[1] huì	189	今	228	离	267	能	306	日[1]

307	容¹	346	手	385	袜	425	像	465	以²
308	如¹	347	首	386	外	426	消	466	义²
309	散 sàn	348	书	387	完	427	小	467	艺
310	色	349	舒	388	玩	428	校	468	译
311	商	350	术	389	晚	429	笑	469	易¹
312	上¹	351	束	390	望	430	写	470	意
313	上²	352	数 shù	391	危	431	谢	471	因
314	烧	353	水	392	为 wéi	432	心	472	音
315	少 shǎo	354	睡	393	围	433	辛	473	银
316	绍	355	说	394	伟	434	新	474	应 yīng
317	舍 shè	356	嗽	395	为 wèi	435	信	475	迎
318	社	357	思	396	文	436	星	476	影
319	身	358	诉	397	闻	437	行 xíng	477	永
320	神	359	宿	398	问	438	兴 xìng	478	泳
321	生¹	360	算	399	我	439	姓	479	用
322	生²	361	虽	400	握	440	幸	480	尤
323	生³	362	所²	401	屋	441	休	481	邮
324	声	363	他	402	午	442	须	482	游
325	胜	364	它	403	舞	443	许¹	483	友
326	师	365	太	404	务	444	续	484	有
327	十	366	态	405	物	445	学	485	愉
328	时	367	堂	406	误	446	言	486	语
329	识	368	讨	407	西	447	研	487	育
330	实	369	特	408	息	448	颜	488	预
331	拾¹	370	提	409	习	449	眼	489	遇
332	食	371	题	410	洗	450	演	490	员
333	史	372	体	411	喜	451	宴	491	园
334	使¹	373	天	412	系	452	验	492	原¹
335	始	374	条	413	下¹	453	扬	493	远
336	世	375	跳	414	下²	454	阳	494	院
337	市	376	听	415	夏	455	要 yāo	495	愿
338	示	377	庭	416	先	456	要 yào	496	月
339	事	378	通	417	险	457	也	497	运¹
340	视	379	同	418	现	458	业	498	杂
341	试	380	痛	419	相 xiāng	459	一	499	再
342	室	381	头¹	420	香	460	衣	500	在
343	是	382	突	421	响	461	医	501	早
344	适	383	图	422	想	462	宜	502	澡
345	收	384	团	423	相² xiàng	463	已	503	责
				424	向¹	464	以¹	504	增

505	展		
506	张		
507	章		
508	掌		
509	照		
510	者		
511	真		
512	整		
513	正		
514	政		
515	之¹		
516	知		
517	织		
518	直		
519	只 zhǐ		
520	志¹		
521	治		
522	中 zhōng		
523	钟		
524	种 zhǒng		
525	重 zhòng		
526	周		
527	主		
528	助		
529	注¹		
530	准¹		
531	子 zi		
532	自¹		
533	总		
534	租		
535	足¹		
536	族		
537	组		
538	祖		
539	最		
540	昨		
541	作		

表 3-8　　　始出现于乙级构词的 606 个传承语素

1	按¹	34	布²	67	触	100	调 diào
2	案	35	材	68	传	101	叠
3	傲	36	采	69	船	102	斗
4	白	37	菜	70	创	103	豆
5	百	38	餐	71	此	104	读
6	败	39	草¹	72	次	105	独
7	拜	40	厕	73	从¹	106	短
8	班	41	测	74	聪	107	段
9	版	42	策	75	促	108	断¹
10	傍	43	曾	76	脆	109	断²
11	宝	44	叉	77	存	110	队
12	保	45	茶	78	措	111	盾
13	报	46	察	79	达	112	朵
14	抱	47	差 chà	80	答 dā	113	耳
15	悲	48	柴	81	待¹	114	乏
16	背	49	长 cháng	82	待²	115	繁
17	被	50	肠	83	担 dān	116	范
18	本¹	51	倡	84	胆	117	方²
19	鼻	52	超	85	当 dàng	118	防
20	币	53	彻	86	党	119	仿
21	毕	54	称 chēng	87	刀	120	纺
22	壁	55	承	88	倒 dǎo	121	费
23	避	56	诚	89	盗	122	纷
24	臂	57	程	90	道²	123	粉
25	遍	58	池	91	稻	124	分 fèn
26	标	59	翅	92	德	125	奋
27	别²	60	充	93	登	126	愤
28	宾	61	虫	94	等¹	127	风
29	冰	62	重 chóng	95	低	128	蜂
30	饼	63	崇	96	敌	129	否
31	并²	64	抽	97	底	130	肤
32	伯	65	厨	98	帝	131	符
33	补	66	处 chǔ	99	的 dì	132	付

133	妇	166	害				
134	复²	167	航				
135	复³	168	毫				
136	副	169	好 hào				
137	敢	170	号¹				
138	胳	171	号²				
139	革¹	172	和				
140	格	173	贺				
141	隔	174	红				
142	根	175	猴				
143	跟	176	厚				
144	更 gèng	177	乎				
145	功	178	呼				
146	攻	179	虎				
147	供	180	护				
148	巩	181	滑				
149	贡	182	坏				
150	构	183	环				
151	购	184	换				
152	古	185	皇				
153	骨	186	黄				
154	鼓	187	恢				
155	固¹	188	挥				
156	故²	189	辉				
157	瓜	190	悔				
158	挂	191	会²				
159	怪¹	192	昏				
160	冠	193	婚				
161	管¹	194	伙¹				
162	光	195	获				
163	规	196	击				
164	果³	197	积				
165	海	198	激				

199 几 jī	233 竟	267 乐 lè	301 买	335 疲	369 绕
200 及	234 竟[1]	268 累 lěi	302 麦	336 脾	370 任[1]
201 给 jǐ	235 敬	269 泪	303 卖	337 辟	371 仍
202 记	236 境	270 冷	304 脉	338 片	372 容[2]
203 纪[2]	237 镜	271 厘	305 毛	339 品	373 如[2]
204 际	238 纠[1]	272 李	306 矛	340 瓶	374 入
205 迹	239 灸	273 厉	307 贸	341 迫	375 锐
206 季	240 居	274 丽	308 貌	342 破	376 嫂
207 既	241 局[1]	275 励	309 美	343 朴	377 森
208 价	242 举	276 连[1]	310 梦	344 普	378 沙
209 稼	243 巨	277 怜	311 迷	345 妻	379 山
210 艰	244 拒	278 良	312 秘	346 戚	380 扇
211 减	245 具[1]	279 梁	313 密	347 欺	381 善
212 渐	246 具[2]	280 粮	314 蜜	348 奇	382 伤
213 键	247 据	281 量 liáng	315 免	349 旗	383 稍
214 讲	248 距	282 量 liàng	316 妙	350 企	384 勺
215 奖	249 卷 juàn	283 烈	317 灭	351 启	385 少 shào
216 降 jiàng	250 绢	284 邻	318 命[1]	352 弃	386 舌
217 酱	251 绝	285 林	319 命[2]	353 千	387 设
218 交	252 军	286 临	320 模 mó	354 钱	388 深
219 郊	253 均	287 灵	321 漠	355 歉	389 牲
220 骄	254 菌	288 龄	322 墨	356 强 qiáng	390 绳
221 叫	255 抗	289 令	323 木	357 桥	391 省[2]
222 阶	256 靠	290 流	324 慕	358 巧	392 失
223 街	257 克	291 楼	325 耐	359 侵	393 施
224 巾	258 肯	292 陆	326 男	360 庆	394 石
225 金	259 恐	293 路	327 脑	361 区	395 使[2]
226 仅	260 控[1]	294 律	328 泥	362 趣	396 士
227 尽	261 扩	295 虑	329 怒	363 缺	397 式
228 禁 jìn	262 括	296 率 lù	330 盘	364 裙	398 势
229 京	263 阔	297 乱	331 判	365 群	399 释
230 惊	264 朗	298 略[3]	332 盼	366 燃	400 受
231 景	265 浪	299 轮	333 配	367 染	401 授
232 警	266 老[1]	300 落	334 皮	368 扰	402 叔

403	殊	437	涂	471	显	505	厌	539	元^1	573	职
404	蔬	438	土	472	线	506	央	540	原^2	574	植
405	熟	439	兔	473	限	507	邀	541	圆	575	止
406	属	440	推	474	羡	508	药	542	援	576	址
407	暑	441	脱	475	乡	509	野	543	源	577	指
408	述	442	万	476	箱	510	叶	544	约	578	至
409	树	443	王	477	详	511	夜	545	阅	579	制
410	刷	444	网	478	享	512	液	546	跃	580	质^1
411	双	445	往	479	象^2	513	依	547	运^2	581	秩
412	率^1 shuài	446	忘	480	晓	514	姨	548	灾	582	致^1
413	顺	447	微	481	效^1	515	移	549	暂	583	置
414	司	448	违	482	械	516	疑	550	赞	584	终
415	私	449	维^1	483	兴 xīng	517	议	551	脏	585	众
416	似	450	尾	484	形	518	异	552	遭	586	珠
417	送	451	委^1	485	型	519	易^2	553	糟	587	竹
418	俗	452	卫	486	性	520	益^1	554	皂	588	逐
419	肃	453	未	487	兄	521	姻	555	造	589	祝
420	素	454	位	488	雄	522	引	556	燥	590	著
421	速	455	味	489	熊	523	印	557	则^1	591	筑
422	随	456	慰	490	修	524	英	558	则^2	592	专
423	损	457	温	491	袖	525	营^1	559	择	593	转 zhuǎn
424	所^1	458	污	492	虚	526	应 yìng	560	战	594	庄^1
425	台^1	459	无	493	序	527	拥	561	长^1 zhǎng	595	状
426	谈	460	伍	494	绪	528	勇	562	长^2 zhǎng	596	资
427	梯	461	武	495	宣	529	优	563	丈^2	597	字
428	替	462	悟	496	选	530	悠	564	招	598	自^2
429	田	463	吸	497	血 xuè	531	由	565	召	599	综
430	调 tiáo	464	析	498	训	532	又	566	针	600	走
431	铁	465	牺	499	讯	533	右	567	争	601	足^2
432	停	466	惜	500	迅	534	于	568	征^2	602	钻 zuān
433	童	467	席	501	压	535	余	569	证	603	尊
434	统	468	细	502	牙	536	羽	570	支^1	604	遵
435	偷	469	纤	503	延	537	雨	571	执	605	左
436	投	470	鲜	504	严	538	玉	572	值	606	坐

表 3-9　　始出现于丙级构词的 492 个传承语素

1 哀	28 财	55 唇	82 夺	109 耕	136 宏
2 碍	29 裁	56 蠢	83 恶 è	110 宫	137 洪
3 暗	30 残	57 辞	84 饿	111 钩	138 喉
4 奥	31 惭	58 刺	85 尔	112 孤	139 候²
5 八	32 仓	59 匆	86 凡¹	113 辜	140 忽²
6 拔	33 苍	60 粗	87 凡²	114 谷¹	141 华²
7 把¹	34 草²	61 摧	88 犯	115 谷²	142 怀
8 罢	35 层	62 寸	89 泛	116 股	143 缓
9 柏	36 插	63 挫	90 妨	117 固²	144 幻
10 伴	37 差 chā	64 逮	91 肥	118 寡	145 煌
11 胞	38 颤	65 耽	92 废	119 官¹	146 灰
12 暴	39 偿	66 旦	93 沸	120 官²	147 毁
13 爆	40 畅	67 弹 dàn	94 氛	121 管²	148 汇¹
14 奔 bēn	41 唱	68 岛	95 缝 féng	122 灌	149 慧
15 彼	42 潮	69 蹈	96 讽	123 轨	150 浑
16 闭	43 尘	70 抵²	97 腐	124 柜	151 魂
17 痹	44 沉	71 奠	98 复⁴	125 含	152 混
18 编	45 陈¹	72 殿	99 缚	126 汗	153 货
19 辩	46 乘	73 雕	100 盖	127 旱	154 饥
20 兵	47 齿	74 掉	101 溉	128 憾	155 肌
21 波	48 斥	75 督	102 概²	129 豪	156 即
22 剥 bō	49 赤	76 毒	103 干² gān	130 耗	157 疾
23 博¹	50 冲 chōng	77 渡	104 纲	131 河	158 辑
24 薄 bó	51 仇	78 端¹	105 膏	132 阁	159 籍
25 捕	52 酬	79 端²	106 鸽	133 痕	160 挤
26 猜	53 垂	80 堆	107 割	134 恨	161 寂
27 才¹	54 纯	81 顿	108 歌	135 衡	162 夹

163 假¹ jiǎ	191 聚	219 猎	247 末	275 侨	303 骚
164 歼	192 倦	220 裂	248 谋	276 勤	304 扫
165 监	193 诀²	221 铃	249 某	277 倾	305 赏
166 荐	194 渴	222 陵	250 牧	278 顷	306 尚
167 鉴	195 孔¹	223 柳	251 幕	279 穷	307 蛇
168 箭	196 库	224 咙	252 难 nàn	280 丘	308 舍 shě
169 浆	197 酷	225 笼 lóng	253 念²	281 曲 qū	309 射
170 疆	198 宽	226 笼 lǒng	254 凝	282 屈	310 涉
171 焦	199 款¹	227 垄	255 宁 nìng	283 渠	311 摄
172 角	200 狂	228 露 lòu	256 弄	284 曲 qǔ	312 申
173 狡	201 况¹	229 炉	257 奴	285 权	313 审
174 脚	202 亏	230 露 lù	258 偶¹	286 拳	314 甚
175 揭	203 愧	231 掠	259 拍	287 劝	315 慎
176 洁	204 昆	232 略²	260 排¹	288 却	316 升
177 捷	205 廓	233 络	261 攀	289 雀	317 省¹
178 竭	206 烂	234 慢	262 袍	290 壤	318 圣
179 借	207 滥	235 漫	263 陪	291 忍	319 诗
180 筋	208 廊	236 盲	264 培	292 荣	320 湿
181 谨	209 牢	237 茅	265 佩	293 柔	321 饰
182 尽 jìn	210 类	238 眉	266 盆	294 肉	322 逝
183 劲 jìn	211 黎	239 梅	267 譬	295 辱	323 守
184 鲸	212 隶	240 盟	268 飘	296 润	324 寿
185 径	213 两	241 猛	269 贫	297 若¹	325 兽
186 救	214 疗	242 眠	270 剖	298 若²	326 售
187 舅	215 僚	243 勉	271 谦	299 弱	327 梳
188 局²	216 料¹	244 蔑	272 枪	300 三	328 署¹
189 矩	217 列	245 敏	273 墙	301 散 sǎn	329 衰
190 剧¹	218 劣	246 磨	274 强 qiǎng	302 丧	330 丝

331 死	359 挽	387 墟	415 义¹	443 猿	471 志²
332 四	360 亡	388 叙	416 抑	444 钥	472 帜
333 伺	361 枉	389 悬	417 益²	445 悦	473 挚
334 饲	362 威	390 旋	418 毅	446 越¹	474 致²
335 松¹	363 维²	391 削 xuē	419 阴	447 云	475 智
336 诵	364 委²	392 雪	420 饮	448 载 zǎi	476 稚
337 颂	365 蚁	393 旬	421 隐	449 载 zài	477 忠
338 搜	366 诬	394 询	422 婴	450 躁	478 衷
339 岁	367 侮	395 循	423 蝇	451 泽	479 种 zhòng
340 碎	368 恶 wù	396 逊	424 踊	452 赠	480 宙
341 孙	369 袭	397 鸭	425 幼	453 宅	481 骤
342 缩	370 戏	398 亚	426 予	454 胀	482 柱
343 索	371 峡	399 讶	427 鱼	455 障	483 装¹
344 锁	372 闲	400 烟	428 娱	456 罩	484 壮
345 叹	373 县	401 岩	429 渔	457 折 zhé	485 追
346 探	374 宪	402 沿	430 愚	458 珍	486 姿
347 逃	375 厢	403 掩	431 与 yǔ	459 诊	487 孑
348 腾	376 降 xiáng	404 艳	432 宇	460 枕	488 宗
349 惕	377 相¹ xiàng	405 燕	433 狱	461 阵¹	489 纵²
350 亭	378 向²	406 养	434 浴	462 振	490 阻
351 徒	379 宵	407 谣	435 域	463 镇	491 罪
352 途	380 涌	408 摇	436 寓	464 震	492 醉
353 退	381 协	409 遥	437 御	465 征¹	
354 拖	382 胁	410 钥	438 裕	466 征³	
355 妥	383 欣	411 耀	439 愈	467 蒸	
356 蛙	384 醒	412 冶	440 誉	468 症	
357 弯	385 凶	413 仪¹	441 冤	469 之²	
358 顽	386 朽	414 遗	442 缘	470 殖	

表 3-10　　　　始出现于丁级构词的 545 个传承语素

1 隘	31 滨	61 侈	91 递	121 俘	151 捍
2 岸	32 秉	62 耻	92 缔	122 浮	152 浩
3 按²	33 柄	63 畴	93 颠	123 幅	153 禾
4 昂	34 并¹	64 愁	94 顶	124 抚	154 核¹
5 霸	35 拨	65 稠	95 董	125 斧	155 核²
6 颁	36 博²	66 筹	96 冻	126 赴	156 荷
7 邦	37 搏	67 丑	97 洞	127 赋	157 狠
8 谤	38 簸	68 储	98 堵	128 覆	158 恒
9 棒	39 怖	69 畜 chù	99 睹	129 甘	159 横 héng
10 雹	40 惨	70 川	100 妒	130 肝	160 轰
11 饱	41 藏	71 穿	101 杜	131 冈	161 狐
12 堡	42 册	72 喘	102 堕	132 杠	162 华¹
13 卑	43 侧	73 吹	103 惰	133 稿	163 槐
14 贝	44 馋	74 炊	104 蛾	134 革²	164 还
15 倍	45 闸	75 慈	105 恩	135 更	165 患
16 惫	46 昌	76 凑	106 二	136 恭	166 荒
17 辈	47 尝	77 粹	107 伐	137 沟	167 蝗
18 奔 bèn	48 敞	78 翠	108 罚	138 狗	168 徽
19 崩	49 朝 cháo	79 磋	109 番¹	139 姑²	169 绘
20 绷	50 撤	80 怠	110 返	140 怪²	170 贿
21 逼	51 臣	81 贷	111 贩	141 棺	171 秽
22 鄙	52 辰	82 戴	112 肪	142 贯	172 惠
23 毙	53 陈²	83 担 dàn	113 诽	143 归	173 祸
24 弊	54 称 chèn	84 淡	114 芬	144 阄	174 惑
25 碧	55 撑	85 荡	115 坟	145 鬼	175 讥
26 蔽	56 呈	86 倒 dào	116 锋	146 桂	176 吉
27 鞭	57 惩	87 悼	117 逢	147 果²	177 嫉
28 贬	58 澄	88 涤	118 凤	148 裹	178 几
29 辨	59 痴	89 笛	119 奉	149 涵	179 脊
30 别 biè	60 驰	90 抵¹	120 伏	150 罕	180 寄

181	嘉	212	凯	243	廉	274	绵	305	烹	336	且[1]
182	甲[1]	213	慨	244	镰	275	苗	306	蓬勃	337	怯
183	甲[2]	214	堪	245	梁	276	鸣	307	捧	338	窃
184	奸	215	亢	246	辽	277	铭	308	僻	339	钦
185	肩	216	颗	247	聊[1]	278	谬	309	偏[1]	340	芹
186	兼	217	可[2]	248	凌	279	膜	310	频	341	琴
187	俭	218	垦	249	瘤	280	摩	311	聘	342	驱
188	剪	219	孔[2]	250	龙	281	沫	312	凭	343	趋
189	间 jiàn	220	控[2]	251	隆	282	莫	313	屏	344	泉
190	剑	221	枯	252	陋	283	默	314	泮	345	券
191	匠	222	夸	253	漏	284	没 mò	315	魄	346	鹊
192	搅	223	筐	254	房	285	姆	316	仆	347	让
193	轿	224	旷	255	鲁	286	墓	317	扑	348	仁
194	劫	225	眶	256	赂	287	睦	318	谱	349	刃
195	截	226	会 kuài	257	履	288	暮	319	七	350	韧
196	戒	227	葵	258	绿	289	纳	320	凄	351	饪
197	诫	228	溃	259	略[1]	290	奈	321	漆	352	融
198	津	229	馈	260	罗	291	囊	322	歧	353	瑞
199	锦	230	腊	261	骡	292	挠	323	棋	354	塞 sè
200	晋	231	赖	262	埋 mái	293	拟	324	乞	355	桑
201	晶	232	兰	263	蛮	294	逆	325	岂	356	杀
202	兢兢	233	栏	264	蔓	295	宁 níng	326	泣	357	厦
203	纠[2]	234	揽	265	芒	296	浓	327	洽	358	筛
204	拘	235	郎	266	茫	297	殴	328	迁	359	擅
205	菊	236	狼	267	髦	298	呕	329	牵	360	裳
206	惧	237	雷	268	茂	299	偶[2]	330	钳	361	奢
207	捐	238	垒	269	媒	300	叛	331	潜	362	伸
208	卷 juǎn	239	狸	270	昧	301	庞	332	浅	363	呻
209	掘	240	栗	271	闷 mèn	302	泡	333	遣	364	绅
210	俊	241	粒	272	萌	303	沛	334	谴	365	参 shēn
211	峻	242	莲	273	弥	304	喷	335	茄	366	肾

367	渗	398	挑 tiǎo	429	衔	460	雅	491	与 yù	522	滞
368	盛	399	挺[1]	430	嫌	461	淹	492	吁	523	肿
369	尸	400	筒	431	陷	462	炎	493	欲	524	昼
370	侍	401	屠	432	献	463	雁	494	喻	525	诸
371	誓	402	椭	433	祥	464	殃	495	怨	526	烛
372	疏	403	拓	434	翔	465	杨	496	孕	527	瞩
373	输[1]	404	唾	435	项[1]	466	仰	497	蕴	528	驻
374	署[2]	405	瓦	436	橡	467	妖	498	栽	529	铸
375	鼠	406	惋	437	销	468	腰	499	葬	530	传 zhuàn
376	爽	407	妄	438	孝	469	蚁	500	凿	531	妆
377	税	408	唯	439	肖	470	亿	501	诈	532	缀
378	斯	409	惟	440	效[2]	471	役	502	窄	533	卓
379	寺	410	伪	441	啸	472	疫	503	债	534	拙
380	肆	411	畏	442	挟	473	翼	504	沾	535	捉
381	讼	412	翁	443	谐	474	吟	505	瞻	536	浊
382	苏	413	沃	444	携	475	淫	506	斩	537	酌
383	酸	414	卧	445	泄	476	樱	507	彰	538	琢
384	隧	415	乌	446	薪	477	盈	508	朝 zhāo	539	咨
385	踏 tà	416	巫	447	衅	478	营[2]	509	沼	540	滋
386	蹋	417	五	448	刑	479	赢	510	蔗	541	棕
387	泰	418	晤	449	胸	480	颖	511	贞	542	踪
388	贪	419	雾	450	羞	481	佣	512	筝	543	纵[1]
389	坦	420	夕	451	秀	482	庸	513	正 zhēng	544	奏
390	炭	421	熄	452	绣	483	咏	514	支[2]	545	钻 zuàn
391	塘	422	膝	453	徐	484	涌	515	枝		
392	滔	423	隙	454	畜 xù	485	忧	516	肢		
393	桃	424	狭	455	酗	486	幽	517	脂		
394	陶	425	辖	456	蓄	487	犹	518	侄		
395	疼	426	仙	457	喧	488	诱	519	只 zhī		
396	涕	427	掀	458	巡	489	榆	520	旨		
397	填	428	贤	459	鸦	490	舆	521	质[2]		

此外,参与构成合成词的 2184 个传承语素,在《等级大纲》中同时作为单字词出现的有 1175 个,占整个总数的 53.80%。其中有些语素作为单字词在《等级大纲》中分列两条,如"气",分别为 5019(名,丙)和 5020(动,乙);"行"分别为 7168(名,乙)和 7169(动、形,甲),依据前述原则和方法,我们仍作为一个语素看待,但在计算构词数目时则根据实际条目予以统计。根据语料库显示结果,1175 个语素作为单字词条目出现共 1186 个,包括甲级词 327 个、乙级词 376、丙级词 246 个、丁级词 237 个,所占比例分别为 27.57%、31.70%、20.74%、19.98%。只作为语素在《等级大纲》中出现的 1009 个,占整个总数的 46.20%。

经统计,在参与构词并可以单用的 1175 个传承语素中,同时可以作为甲级词使用的 327 个传承语素始见于甲级构词的 192 个,达到该类总数的 58.72%,而始见于丁级构词的仅 20 个,只占该类总数的 6.12%。与之形成对照的是同时可以作为乙级词、丙级词和丁级词使用的传承语素,其始见于甲级构词的百分比分别为 29.79%、24.39%、22.36%(见表 3-11),这也充分说明了在汉语教学的起始阶段即启动语素教学的可行性。

表 3-11

可以单用的传承语素在《等级大纲》中的分布	可以单用的传承语素数量(个)	始见构词级别	构词数量(个)	百分比(%)
甲级词	327	甲	192	58.72
		乙	85	25.99
		丙	30	9.17
		丁	20	6.12
乙级词	376	甲	112	29.79
		乙	130	34.57
		丙	84	22.34
		丁	50	13.30
丙级词	246	甲	60	24.39
		乙	74	30.08
		丙	53	21.54
		丁	59	23.98

续表

可以单用的传承语素在《等级大纲》中的分布	可以单用的传承语素数量（个）	始见构词级别	构词数量（个）	百分比（%）
丁级词	237	甲	53	22.36
		乙	87	36.71
		丙	47	19.83
		丁	50	21.10

第二节 《汉语国际教育用音节汉字词汇等级划分》中的传承语素

《等级划分》包括两种版本，一种是由中华人民共和国教育部、国家语言文字工作委员会发布的"语言文字规范"（GF 0015—2010）本[①]，另一种是由国家汉办、教育部社科司组织编写的"国家标准·应用解读本"[②]。本研究所使用的为《等级划分》（国家标准·应用解读本）。

破解汉语难学的瓶颈是《等级划分》研制的重要目标之一。[③] "普及化等级是《等级划分》的标志性等级。倡导通俗化、大众化、普及化最根本的一点是，贴近外国人的现实生活和日常学习、交际，使初学者学得有用，学得有信心，学得有兴趣。为了强化这一指导思想，专门设立一个普及化等级水平。这是《国家标准》中的一个通用的、标志

[①] 中华人民共和国教育部、国家语言文字工作委员会：《汉语国际教育用音节汉字词汇等级划分》，北京语言大学出版社2010年版。

[②] 国家汉办、教育部社科司《汉语国际教育用音节汉字词汇等级划分》课题组：《汉语国际教育用音节汉字词汇等级划分》（国家标准·应用解读本），北京语言大学出版社2010年版。

[③] 《等级划分》的基本框架为：以音节、汉字、词汇为汉语三要素，划分出一级（普及化水平）、二级（中级水平）、三级（高级水平）共三个等级与三个水平，同时创设"3+2"新体系：其中"3"指上述三大等级划分，"2"是指一级（普及化等级）内又设立了"最低入门等级"、三级（高级）后又增补了一个为提高服务的高级"附录"，从而满足汉语国际教育多层次、多用途的需要。

性等级：常用汉字 900 个，涵盖常用音节 608 个，生成常用词 2245 个。"①

我们对《等级划分》普及化等级（一级）中全部 2245 个词汇、900 个汉字作了较为细致的观察和分析，建立了普及化等级词汇中以全部语素为观察与研究对象的语料库。我们还同时对 900 个汉字与传承语素的关联性问题进行了统计，并在一定范围内与《等级大纲》作了比较。

一 《等级划分》普及化等级词汇全部语素的考察

我们对《等级划分》普及化等级词汇全部语素的语料库构建工作，是在已完成的《等级大纲》语料库的基础上进行的，基本的建库原则与方法也尽量与《等级大纲》保持一致。这既可以保证整个研究的协调统一，同时也便于对两个重要大纲的比较。

《等级划分》普及化等级词汇的 2245 个词包括第一档最常用词 1342 个（一①~②）和第二档常用词 903 个（一③），其中第一档最常用词又分为两个小层次，即最低入门等级词汇（一①）505 个和其他最常用词（一②）837 个。具体如表 3-12 所示：

表 3-12　　　《等级划分》普及化等级词汇基本框架

两个档次	两个小层次	词汇量（个）
第一档次：最常用词（一①—②）	入门等级词汇（一①）	505
	其他最常用词（一②）	837
	合计	1342
第二档次：常用词（一③）	合计	903
普及化等级词汇	总计	2245

我们对《等级划分》普及化等级词汇中全部语素的统计在《等级大纲》的基础上进行。即首先利用《等级大纲》由 8822 条词语统计生成的 3120 个全部语素语料库，建立了《等级划分》普及化等级词汇中的全部语素语料库（见表 3-13）。

---

① 刘英林、马箭飞：《再论汉语国际教育新思维——解读和应用〈等级划分〉的若干问题》，载《第十届国际汉语教学研讨会论文选》，万卷出版公司 2012 年版，第 408 页。

表 3-13　　《等级划分》普及化等级词汇全部语素语料库示例

序号	语素	单用级别	构词级别	一①级	一②级	一③级
1	啊 a	一②				
2	爱	一②	一②		爱好、可爱	爱人、爱情、爱心、热爱
3	安		一①	安全、平安、晚安	安静、一路平安	安排、安装、保安、不安
4	八	一①				
5	爸	一①	一①	爸爸丨爸		
6	必		一②		必须	必然、必要、不必
7	并¹	一③	一②		并且	
8	并²	一③				
9	参 cān		一②		参观、参加	
10	彩		一②		精彩	彩色
11	打	一①	一①	打车、打电话、打开、打球	打工、打算、打印	打破、打听
12	大	一①	一①	大家、大学、大学生	大部分、大多数、大概、大声、大小、大约、长大	大大、大规模、大姐、大量、大妈、大人、大象、大衣、大众、大自然、不大、广大、强大、伟大、重大
13	大 dài		一②		大夫	
14	倒 dǎo	一②				
15	倒 dào	一②				
16	得 dé	一②	一①	得到、记得、觉得	不得不、取得、值得	得出、得分、得意、懂得、显得
17	得 de					
18	哈		一③			哈哈
19	对	一①	一①	对不起	对话、对面、不对	对待、对方、对手、对象、对于、反对、绝对、面对
20	沙发	一②			沙发	

《等级划分》普及化等级词汇中全部语素共 984 个，占已有语料库 3120 个语素总数的 31.54%。需要说明的是，《等级划分》总词汇量共 11092 个，其中普及化等级词汇 2245 个，占比 20.24%；中级词汇 3211

个，占比 28.95%；高级词汇 5636 个（高级词汇 4175 个+高级"附录"词汇 1461 个），占比 50.81%。根据普及化等级词汇在《等级划分》全部词汇中所占的比重，普及化等级词汇中语素的数目应该说是相当大的。

二 《等级划分》普及化等级词汇中传承语素的考察

我们在建立《等级划分》普及化等级词汇全部语素语料库的基础上，又参照《等级大纲》的做法，对其中的传承语素进行了筛选，建立了《等级划分》普及化等级词汇全部传承语素语料库（见表3-14）。

表 3-14 《等级划分》普及化等级词汇全部传承语素语料库示例

序号	传承语素	单用级别	构词级别	一①级	一②级	一③级	上古语义
1	爱	一②	一②		爱好、可爱	爱人、爱情、爱心、热爱	喜爱，爱好
2	安		一①	安全、平安、晚安	安静、一路平安	安排、安装、保安、不安	安全，安稳
3	八	一①					数词
4	必		一②		必须	必然、必要、不必	一定
5	并¹	一③	一②		并且		一起，并且
6	并²	一③					并排，合并
7	参 cān		一②		参观、参加		考察，验证
8	大	一①	一①	大家、大学、大学生	大部分、大多数、大概、大声、大小、大约、长大	大大、大规模、大姐、大量、大妈、大人、大象、大衣、大众、大自然、不大、广大、强大、伟大、重大	大的
9	倒 dǎo	一②					倒下
10	倒 dào	一②					颠倒，倒转
11	得 dé	一②	一①	得到、记得、觉得	不得不、取得、值得	得出、得分、得意、懂得、显得	取得，获得

续表

序号	传承语素	单用级别	构词级别	一①级	一②级	一③级	上古语义
12	对	一①	一①	对不起	对话、对面、不对	对待、对方、对手、对象、对于、反对、绝对、面对	答，对策，面向，朝着

经过我们对全部 984 个语素的逐一考察，最后确定传承语素共 853 个（详见附录三：《等级划分》普及化等级词汇传承语素总表），包括可以作为单音节词使用的 463 个（如"爱、八、大、对"）和只作为构词语素出现的 390 个（如"安、必、参 cān"），占到全部总数的 86.69%；后起语素总数目为 131 个，占全部总数的 13.31%。

在可以作为单音节词使用的 463 个传承语素中，有 137 个可以同时构成最低入门等级词汇（一①）（见表 3-15）、168 个可以构成其他最常用词（一②）（见表 3-16）、71 个可以构成常用词（一③）（见表 3-17），87 个未参与构词（见表 3-18）。

表 3-15   构成最低入门等级词汇一①的 137 个传承语素

序号	传承语素	单用级别	序号	传承语素	单用级别	序号	传承语素	单用级别
1	白	一①	16	车	一①	31	动	一①
2	班	一②	17	出	一①	32	对	一①
3	半	一①	18	次	一①	33	多	一①
4	包	一①	19	从²	一①	34	二	一①
5	北	一①	20	大	一①	35	饭	一①
6	本¹	一①	21	但	一②	36	放	一①
7	边	一②	22	当	一①	37	飞	一①
8	别¹ bié	一①	23	到	一①	38	干¹ gān	一①
9	病	一①	24	道¹	一②	39	干¹ gàn	一①
10	不	一①	25	得 dé	一②	40	高	一①
11	才	一①	26	地 dì	一③	41	歌	一①
12	差 chà	一①	27	第	一①	42	关	一①
13	常	一①	28	点	一①	43	国	一①
14	场	一①	29	电	一①	44	过	一①
15	唱	一①	30	东	一①	45	好 hǎo	一①

序号	传承语素	单用级别	序号	传承语素	单用级别	序号	传承语素	单用级别
46	后	一①	79	期	一②	111	我	一①
47	话	一③	80	起	一①	112	西	一①
48	回	一①	81	气	一③	113	洗	一①
49	会¹	一①	82	前	一①	114	系	一②
50	活	一①	83	钱	一①	115	下¹	一①
51	火	一①	84	请	一①	116	下²	一①
52	鸡	一①	85	去	一①	117	先	一①
53	记	一①	86	全	一①	118	向¹	一①
54	家	一①	87	人	一①	119	小	一①
55	间	一①	88	日¹	一①	120	笑	一①
56	见	一①	89	上¹	一①	121	新	一②
57	进	一①	90	上²	一①	122	学	一①
58	酒	一①	91	少 shǎo	一①	123	一	一①
59	开	一①	92	生¹	一②	124	用	一①
60	看 kàn	一①	93	时	一③	125	有	一①
61	课	一①	94	是	一①	126	院	一③
62	口	一①	95	手	一①	127	再	一①
63	块	一①	96	书	一①	128	在	一①
64	来	一①	97	水	一①	129	早	一①
65	老¹	一①	98	睡	一①	130	真	一①
66	里²	一①	99	说	一①	131	正 zhèng	一①
67	力	一③	100	他	一①	132	中 zhōng	一①
68	路	一①	101	天	一①	133	重 zhòng	一①
69	马	一①	102	听	一①	134	字	一①
70	门	一③	103	外	一①	135	走	一①
71	名	一③	104	玩	一①	136	最	一①
72	男	一①	105	晚	一①	137	坐	一①
73	南	一①	106	网	一②			
74	能	一①	107	忘	一①			
75	年	一①	108	为 wéi	一③			
76	牛	一①	109	为 wèi	一②			
77	女	一①	110	问	一①			
78	平	一②						

表 3-16　　构成其他最常用词一②的 168 个传承语素

序号	传承语素	单用级别	序号	传承语素	单用级别	序号	传承语素	单用级别
1	爱	一②	29	定	一③	57	将	一③
2	板	一③	30	读	一②	58	讲	一②
3	办	一②	31	度	一②	59	交	一②
4	保	一③	32	短	一②	60	叫	一①
5	报	一③	33	断1	一②	61	较	一②
6	杯	一②	34	队	一②	62	接	一②
7	比	一①	35	发	一②	63	节	一②
8	笔	一②	36	费	一③	64	斤	一②
9	变	一②	37	分	一①	65	仅	一②
10	表	一②	38	风	一②	66	紧	一②
11	并1	一③	39	福	一③	67	近	一②
12	步	一③	40	改	一②	68	静	一②
13	部	一②	41	个	一①	69	久	一②
14	菜	一①	42	各	一②	70	就	一①
15	茶	一①	43	管1	一②	71	举	一②
16	长 cháng	一①	44	行 háng	一③	72	句	一②
17	成	一③	45	合	一③	73	考	一②
18	城	一③	46	和	一①	74	科	一②
19	重 chóng	一②	47	黑	一①	75	刻	一②
20	初	一③	48	红	一②	76	空	一②
21	船	一②	49	化	一③	77	快	一①
22	床	一②	50	画	一②	78	困	一③
23	词	一②	51	环	一②	79	乐 lè	一③
24	错	一①	52	或	一②	80	离	一②
25	代1	一③	53	级	一②	81	练	一②
26	代2	一③	54	急	一②	82	凉	一②
27	带	一②	55	加	一②	83	量 liáng	一②
28	等1	一②	56	建	一③	84	留	一②

序号	传承语素	单用级别	序号	传承语素	单用级别	序号	传承语素	单用级别
85	流	一②	114	属	一③	143	养	一②
86	楼	一①	115	束	一①	144	也	一①
87	绿	一②	116	送	一①	145	银	一③
88	满	一②	117	算	一②	146	由	一③
89	毛	一②	118	随	一③	147	游	一②
90	妹	一②	119	它	一②	148	右	一②
91	米[1]	一②	120	太	一①	149	远	一①
92	难 nán	一①	121	提	一②	150	约	一②
93	批[1]	一②	122	题	一②	151	月	一①
94	皮	一③	123	条	一②	152	越[1]	一②
95	片	一②	124	调 tiáo	一②	153	张	一②
96	瓶	一②	125	跳	一②	154	长[2]	一①
97	齐	一③	126	铁	一②	155	照	一③
98	骑	一②	127	停	一②	156	整	一③
99	轻	一②	128	挺[1]	一②	157	证	一③
100	求	一②	129	通	一②	158	直	一③
101	取	一②	130	头[1]	一②	159	值	一③
102	缺	一③	131	图	一③	160	只 zhǐ	一②
103	热	一①	132	退	一③	161	钟	一②
104	山	一①	133	完	一①	162	种 zhǒng	一②
105	伤	一③	134	围	一③	163	周	一②
106	胜	一③	135	位	一②	164	祝	一②
107	使[1]	一③	136	闻	一②	165	准[1]	一②
108	市	一②	137	响	一②	166	租	一②
109	事	一①	138	想	一①	167	组	一②
110	试	一②	139	像	一②	168	左	一②
111	室	一②	140	信	一②			
112	收	一②	141	行 xíng	一①			
113	受	一③	142	演	一②			

表 3-17　　　　　构成常用词一③的 71 个传承语素

序号	传承语素	单用级别	序号	传承语素	单用级别	序号	传承语素	单用级别
1	按¹	一③	26	蓝	一②	51	谈	一②
2	把¹	一①	27	类	一③	52	痛	一③
3	百	一①	28	连¹	一②	53	团	一③
4	被	一②	29	领	一③	54	推	一②
5	遍	一②	30	录	一③	55	万	一③
6	补	一②	31	美	一③	56	往	一③
7	草¹	一②	32	迷	一③	57	线	一②
8	称 chēng	一②	33	念¹	一②	58	写	一①
9	传 chuán	一③	34	配	一③	59	性	一③
10	存	一②	35	破	一②	60	姓	一②
11	调 diào	一③	36	千	一②	61	修	一②
12	防	一③	37	强 qiáng	一②	62	选	一②
13	富	一③	38	亲	一③	63	压	一③
14	更 gèng	一①	39	区	一③	64	眼	一②
15	古	一③	40	群	一③	65	药	一②
16	海	一②	41	任¹	一③	66	夜	一③
17	号¹	一①	42	仍	一③	67	造	一③
18	坏	一①	43	深	一②	68	争	一②
19	黄	一②	44	升	一③	69	指	一③
20	假¹ jiǎ	一①	45	十	一①	70	治	一③
21	角	一②	46	熟	一②	71	转 zhuǎn	一②
22	街	一②	47	树	一①			
23	金	一③	48	双	一②			
24	靠	一②	49	所¹	一③			
25	苦	一②	50	台¹	一③			

表 3-18　　未参与构词的 87 个传承语素

序号	传承语素	单用级别	序号	传承语素	单用级别	序号	传承语素	单用级别
1	八	一①	30	几 jǐ	一①	59	让	一①
2	把²	一②	31	寄	一②	60	肉	一①
3	背	一③	32	教 jiāo	一①	61	三	一①
4	并²	一③	33	脚	一②	62	生³	一③
5	布¹	一③	34	借	一①	63	省¹	一②
6	层	一②	35	九	一①	64	省²	一②
7	朝 cháo	一③	36	旧	一②	65	输²	一②
8	冲 chōng	一③	37	渴	一①	66	数 shǔ	一②
9	穿	一①	38	哭	一②	67	谁	一①
10	吹	一②	39	累 lèi	一①	68	死	一①
11	刀	一②	40	冷	一①	69	四	一①
12	倒 dǎo	一②	41	两	一①	70	岁	一①
13	倒 dào	一②	42	六	一①	71	汤	一②
14	灯	一②	43	龙	一③	72	疼	一②
15	低	一②	44	乱	一②	73	土	一③
16	都 dōu	一①	45	买	一①	74	五	一①
17	段	一②	46	卖	一②	75	香	一②
18	顿	一②	47	慢	一①	76	血 xiě	一③
19	饿	一①	48	每	一②	77	雪	一②
20	封	一②	49	某	一②	78	烟	一③
21	敢	一②	50	鸟	一②	79	羊	一②
22	跟	一①	51	弄	一②	80	亿	一②
23	挂	一②	52	拍	一②	81	又	一①
24	贵	一①	53	排¹	一③	82	鱼	一②
25	喝	一①	54	排²	一②	83	与 yǔ	一②
26	河	一②	55	篇	一②	84	雨	一②
27	湖	一②	56	七	一①	85	支²	一②
28	还 huán	一①	57	墙	一②	86	只 zhī	一③
29	换	一②	58	桥	一②	87	追	一②

与《等级大纲》中未参与构词的传承语素类似，以上未参与构词的87个传承语素和390个只作为构词语素出现的传承语素（见表3-19），只是在我们所考察范围内的情况，放在整个《等级划分》或全部现代汉语词汇中考察，真正不具有构词能力的极少，而上述只作为构词语素出现的传承语素，更是绝大多数都可以单独使用。

表3-19　《等级划分》普及化等级词汇中只作为构词语素出现的传承语素

	传承语素	构词级别		传承语素	构词级别		传承语素	构词级别
1	安	一①	27	楚	一③	53	反	一③
2	抱	一②	28	处 chǔ	一③	54	范	一③
3	备	一②	29	处 chù	一②	55	方[1]	一①
4	币	一②	30	窗	一②	56	方[3]	一①
5	必	一②	31	创	一③	57	房	一①
6	便	一①	32	春	一②	58	访	一③
7	标	一②	33	此	一③	59	非	一①
8	别[2] bié	一③	34	达	一②	60	丰	一③
9	播	一③	35	答 dā	一②	61	否	一③
10	布[2]	一③	36	答 dá	一①	62	夫	一②
11	才[1]	一②	37	待[1]	一③	63	服	一①
12	材	一③	38	待[2]	一③	64	府	一③
13	采	一③	39	单	一②	65	父	一②
14	参 cān	一②	40	导	一③	66	负	一②
15	餐	一②	41	道[2]	一②	67	复[1]	一②
16	曾	一②	42	的 dì	一②	68	概[1]	一②
17	察	一②	43	底	一②	69	感	一②
18	产	一③	44	弟	一②	70	告	一②
19	超	一②	45	典	一②	71	格	一②
20	晨	一②	46	掉	一②	72	根	一③
21	承	一③	47	冬	一②	73	工	一②
22	程	一②	48	断[2]	一③	74	公	一①
23	持	一②	49	儿[1]	一①	75	功	一②
24	充	一③	50	而	一②	76	共	一②
25	除	一②	51	法[1]	一②	77	姑[1]	一②
26	础	一②	52	烦	一②	78	故[1]	一②

	传承语素	构词级别		传承语素	构词级别		传承语素	构词级别
79	故²	一③	112	技	一③	145	军	一③
80	顾	一②	113	际	一②	146	康	一②
81	怪¹	一②	114	济	一③	147	可¹	一①
82	观	一②	115	继	一②	148	克	一③
83	馆	一②	116	绩	一②	149	客	一②
84	惯	一②	117	价	一②	150	肯	一②
85	光	一②	118	坚	一②	151	浪	一②
86	广	一②	119	检	一②	152	劳	一②
87	规	一②	120	简	一②	153	礼	一②
88	果¹	一①	121	觉 jiào	一①	154	里¹	一②
89	果³	一②	122	教 jiào	一②	155	理	一②
90	孩	一①	123	结 jié	一②	156	李	一②
91	害	一②	124	解	一②	157	历	一②
92	汉	一①	125	介	一②	158	立	一②
93	好 hào	一②	126	界	一②	159	利	一②
94	何	一③	127	今	一①	160	例	一②
95	候¹	一①	128	尽 jǐn	一③	161	联	一②
96	忽¹	一②	129	京	一②	162	量 liàng	一③
97	互	一②	130	经¹	一②	163	了¹ liǎo	一②
98	护	一②	131	经²	一②	164	烈	一②
99	华²	一②	132	精	一②	165	林	一③
100	欢	一①	133	景	一③	166	论	一②
101	会²	一③	134	警	一②	167	络	一②
102	婚	一②	135	净	一①	168	落	一③
103	机	一①	136	境	一②	169	旅	一②
104	积	一③	137	究	一②	170	麻¹	一②
105	基	一②	138	局¹	一②	171	媒	一③
106	及	一②	139	具¹	一③	172	面¹	一①
107	极	一②	140	具²	一③	173	面²	一①
108	集	一③	141	据	一③	174	民	一②
109	己	一②	142	觉 jué	一①	175	明¹	一①
110	计	一②	143	决¹	一②	176	命¹	一③
111	纪¹	一②	144	绝	一③	177	模 mó	一③

	传承语素	构词级别		传承语素	构词级别		传承语素	构词级别
178	母	一③	211	善	一③	244	似 sì	一③
179	木	一②	212	商	一①	245	诉	一②
180	目	一②	213	少 shào	一③	246	速	一③
181	脑	一①	214	绍	一②	247	虽	一②
182	内	一②	215	设	一②	248	所[2]	一①
183	农	一②	216	社	一②	249	态	一②
184	暖	一②	217	身	一①	250	堂	一②
185	判	一③	218	神	一②	251	讨	一②
186	旁	一①	219	生[2]	一③	252	特	一②
187	朋	一①	220	声	一②	253	体	一①
188	披	一②	221	失	一②	254	庭	一②
189	便 pián	一②	222	师	一①	255	同	一①
190	评	一②	223	石	一②	256	突	一②
191	品	一③	224	识	一①	257	王	一③
192	普	一②	225	实	一②	258	望	一②
193	其	一②	226	食	一②	259	危	一②
194	奇	一②	227	史	一②	260	味	一②
195	器	一③	228	始	一②	261	温	一②
196	且[2]	一②	229	士	一②	262	文	一①
197	切 qiè	一②	230	示	一②	263	握	一②
198	青	一②	231	世	一②	264	屋	一③
199	清	一②	232	式	一③	265	无	一③
200	情	一②	233	势	一③	266	午	一①
201	庆	一②	234	视	一①	267	武	一②
202	秋	一②	235	适	一②	268	舞	一②
203	确	一②	236	首	一③	269	务	一②
204	然	一①	237	舒	一②	270	物	一②
205	容[1]	一②	238	输[1]	一③	271	误	一②
206	如[1]	一②	239	术	一②	272	息	一①
207	如[2]	一②	240	数 shù	一②	273	习	一①
208	入	一②	241	顺	一②	274	席	一③
209	色	一②	242	司	一②	275	喜	一①
210	沙	一③	243	思	一②	276	戏	一②

编号	传承语素	构词级别	编号	传承语素	构词级别	编号	传承语素	构词级别
277	夏	一②	310	业	一②	343	园	一②
278	显	一②	311	衣	一①	344	员	一②
279	险	一③	312	医	一①	345	原¹	一②
280	现	一①	313	依	一③	346	愿	一②
281	乡	一②	314	宜	一②	347	乐 yuè	一②
282	相 xiāng	一②	315	已	一②	348	运¹	一②
283	相² xiàng	一②	316	以¹	一①	349	运²	一③
284	象¹	一③	317	以²	一①	350	杂	一②
285	象²	一②	318	义¹	一③	351	澡	一②
286	消	一②	319	义²	一②	352	责	一②
287	校	一②	320	艺	一②	353	增	一②
288	效¹	一③	321	议	一②	354	展	一②
289	谢	一①	322	易¹	一②	355	章	一③
290	心	一②	323	易²	一③	356	长¹ zhǎng	一②
291	星	一①	324	意	一①	357	掌	一②
292	形	一③	325	因	一①	358	招	一③
293	兴 xìng	一①	326	音	一②	359	者	一②
294	幸	一②	327	印	一②	360	政	一③
295	雄	一③	328	英	一③	361	之¹	一②
296	休	一①	329	迎	一②	362	支¹	一②
297	须	一②	330	营¹	一②	363	知	一①
298	许¹	一②	331	影	一②	364	织	一②
299	续	一②	332	应 yīng	一①	365	职	一②
300	宣	一③	333	应 yìng	一②	366	止	一②
301	训	一③	334	永	一②	367	至	一②
302	言	一②	335	泳	一②	368	志¹	一③
303	研	一②	336	优	一②	369	志²	一②
304	颜	一②	337	邮	一②	370	制	一③
305	验	一②	338	友	一①	371	致¹	一③
306	央	一③	339	于	一②	372	终	一②
307	阳	一②	340	语	一①	373	众	一②
308	要 yāo	一②	341	育	一②	374	主	一②
309	要¹ yào	一①	342	预	一③	375	助	一①

	传承语素	构词级别		传承语素	构词级别		传承语素	构词级别
376	注[1]	一③	381	子 zǐ	一③	386	足[1]	一②
377	专	一②	382	子 zi	一①	387	足[2]	一③
378	装[1]	一③	383	自[1]	一②	388	族	一③
379	状	一③	384	自[2]	一③	389	昨	一①
380	资	一②	385	总	一②	390	作	一①

第三节 传承语素的分级处理与描写

在对《等级大纲》的全部传承语素和《等级划分》普及化等级词汇全部语素进行穷尽性分析的基础上，我们尝试将《等级大纲》中构成合成词的所有2184个传承语素和《等级划分》普及化等级词汇中的853个传承语素进行了分级处理。我们对上述传承语素进行分级的考虑和依据是：《等级大纲》和《等级划分》对字、词均有分级，但缺少对语素的分级。要想充分利用传承语素进行国际汉语词汇教学，必须参照《等级大纲》和《等级划分》中对字、词分级的做法，对传承语素进行分级处理，从而使国际汉语传承语素教学的路径更加明晰，操作更加便捷。

我们对传承语素的分级采取了两步走的方法。第一步，先将《等级大纲》中的传承语素进行分级处理；第二步，在《等级大纲》分级的基础上，结合《等级划分》中的传承语素情况，比较其异同，最终给出分级建议。

一 《等级大纲》传承语素的分级处理

（一）《等级大纲》传承语素的四级分类及构词情况

我们对《等级大纲》中传承语素分级的具体做法如下。

凡可以构成甲级词，同时又可以作为甲级词或乙级词单独使用的传承语素为甲级传承语素（简称甲级语素）。甲级语素包括"甲甲"和"甲乙"两项。所谓"甲甲"，即构词级别为甲级，单用级别也为甲级的语素，如"不、人、大、一"，既参与了甲级词的构词，同时也可以作为甲级词单独使用；所谓"甲乙"，即构词级别为甲级，单用级别为乙级的语素，如"包、步、部、产"，既参与了甲级词的构词，同时又可以作为乙级词单独使用，两项共包括甲级语素298个（见表3-20）。

表3-20　　　　　　　《等级大纲》传承语素分级一览

语素级别	构词级别	单用级别	数量	覆盖率
甲级语素	甲	甲、乙	298	13.64%
乙级语素	甲、乙	甲、乙、丙、丁、0	524	23.99%
丙级语素	甲、乙、丙	甲、乙、丙、丁、0	539	24.68%
丁级语素	甲、乙、丙、丁	甲、乙、丙、丁、0	823	37.68%

乙级传承语素（简称乙级语素）可以构成甲级词和乙级词，包括甲丙、甲丁、甲0、乙甲、乙乙、乙丙六项。所谓"甲丙"，即构词级别为甲级，单用级别为丙级的语素，如"安、必、别、播"，既参与了甲级词的构词，也可以作为丙级词单独使用；所谓"甲丁"，即构词级别为甲级，单用级别为丁级的语素，如"操、福、喜、校"，既参与了甲级词的构词，同时又可以作为丁级词单独使用；所谓"甲0"，即构词级别为甲级，单用级别为零级的语素。所谓零级，即在《等级大纲》中没有注明其可以单独使用，如"备、参、晨"，六项一共包括了524个乙级语素（见表3-20）。

丙级传承语素（简称丙级语素）可以构成甲级词、乙级词和丙级词，包括乙丁、乙0、丙甲、丙乙、丙丙、丙丁六项。所谓"乙丁"，即构词级别为乙级，单用级别为丁级的语素，如"案、拜、版、币"，既参与了乙级词的构词，也可以作为丁级词单独使用；所谓"乙0"，即构词级别为乙级，单用级别为零级的语素，如"傲、傍、悲、鼻"，参与了乙级词的构词，但不能单独使用。乙丁、乙0、丙甲、丙乙、丙丙、丙丁六项一共包括了539个丙级语素（见表3-20）。

丁级传承语素（简称丁级语素）构词覆盖甲、乙、丙、丁所有级别，包括丁甲、丁乙、丁丙、丁丁、丙0、丁0六项。所谓"丁甲"，即构词级别为丁级，单用级别为甲级的语素，如"饱、倍、穿、吹"，既参与了丁级词的构词，也可以作为甲级词单独使用；所谓"丁0"，即构词级别为丁级，单用级别为零级的语素，如"隘、昂、霸、颁"，参与了丁级词的构词，但不能单独使用。此六项一共包括了823个丁级语素（见表

3-20)。

　　从严格意义上说，四级语素之间彼此有一种包容和交叉关系，后一级别的语素实际可以包含前面级别的语素，即乙级语素包括甲级语素和乙级语素，丙级语素包括甲级语素、乙级语素和丙级语素，丁级语素包括所有四级语素。但考虑到我们建库的目的，从教学的可操作性与简便性出发，本语料库所统计的四级语素，我们界定为相互独立的级别，也即在前面级别中已经出现的语素，后面级别的语素不再包含。

　　各项构词的具体数目如下：

　　甲级语素：甲甲 190+甲乙 108＝298

　　乙级语素：甲丙 59+甲丁 53+甲 0 129+乙甲 85+乙乙 127+乙丙 71＝524

　　丙级语素：乙丁 87+乙 0 238+丙甲 30+丙乙 84+丙丙 53+丙丁 47＝539

　　丁级语素：丁甲 20+丁乙 50+丁丙 62+丁丁 49+丙 0 278+丁 0 364＝823

　　具体如表 3-21 所示：

表 3-21

语素分级	传承语素	构词级别	单用级别	甲级词	乙级词	丙级词	丁级词
甲级语素	办	甲	甲	办法、办公室	办公、办事	办理	办学
	遇	甲	乙	遇到	遇见	待遇、遭遇	机遇
	净	甲	丙	干净	0	净化	一干二净
	始	甲	丁	开始	始终	原始、自始至终	0
乙级语素	板	甲	0	黑板	老板	地板	甲板
	白	乙	甲	0	白天、白菜、白酒	白白	雪白
	败	乙	乙	0	失败	打败	腐败
	瓜	乙	丙	0	黄瓜、西瓜	瓜子	瓜分、冬瓜
	叉	乙	丁	0	叉子	0	交叉
	鼻	乙	0	0	鼻子	0	鼻涕
丙级语素	唱	丙	甲	0	0	歌唱、合唱	演唱
	猜	丙	乙	0	0	猜想	猜测
	仇	丙	丙	0	0	仇恨、报仇	0
	蒸	丙	丁	0	0	蒸发、蒸汽	水蒸气

续表

语素分级	传承语素	构词级别	单用级别	甲级词	乙级词	丙级词	丁级词
丁级语素	饱	丁	甲	0	0	0	饱和、饱满
	愁	丁	乙	0	0	0	发愁
	棒	丁	丙	0	0	0	棒球
	呈	丁	丁	0	0	0	呈现
	柏	丙	0	0	0	柏树	0
	隘	丁	0	0	0	0	狭隘

本语料库分级的结果，甲乙丙丁四级语素分布情况，与《等级大纲》词汇和汉字的四级分布比例大体接近（见表3-22）。

表3-22　《等级大纲》传承语素分级与词汇、汉字分级对照

《等级大纲》中词语	百分比	《等级大纲》中汉字	百分比	《等级大纲》中传承语素	百分比
甲级 1033	11.71%	甲级 800	27.54%	甲级 298	13.64%
乙级 2018	22.87%	乙级 804	27.68%	乙级 524	23.99%
丙级 2202	24.96%	丙级 601	20.69%	丙级 539	24.68%
丁级 3569	40.46%	丁级 700	24.10%	丁级 823	37.68%
总：8822		总：2905		总：2184	

（二）甲级语素及其构词功能

甲级语素共298个，占构成合成词的传承语素总数（2184）的13.64%。甲级语素的四级覆盖率很高。按照每个语素可以覆盖四级（语料库中表现为四栏）计算，总数为298个的甲级语素，最多可以覆盖1192栏。我们对甲级语素构词统计的结果是：甲级语素覆盖了全部甲级词，只有58个乙级栏目，包括甲甲32个："才、城、窗、灯、第、冬、都 dōu、饭、飞、各、鸡、斤、酒、块、里¹、了¹ liǎo、面¹、牛、秋、上²、声、十、睡、跳、为 wèi、夏、向¹、远、月、再、早、钟"，甲乙26个："尺、除、但、窗、钢、户、或、较、困、冒、排²、旁、齐、清、生³、拾¹、使¹、室、团、闻、握、行 háng、已、银、章、组"；20个丙级栏目，包括甲甲11个："第、都 dōu、鸡、斤、块、里¹、了¹ liǎo、牛、十、为 wèi、钟"，甲乙9个："但、钢、较、困、

冒、齐、拾¹、室、章";9个丁级栏目,包括甲甲6个:"第、鸡、斤、块、里¹、了¹ liǎo",甲乙3个:"但、拾¹、室",属于栏目空缺的零状态,分别占各栏比例的19.46%、6.71%、3.02%。四栏总空缺数为87个,总空缺率为7.30%。也即甲级语素的四级覆盖率分别为甲级栏100%,乙级栏80.54%,丙级栏93.29%,丁级栏96.98%,总体覆盖率达到了92.70%(见表3-23)。

表3-23　　　　　　　　甲级语素四级覆盖率一览

甲级语素(%)	甲级栏(%)	乙级栏(%)	丙级栏(%)	丁级栏(%)
空缺率	0	19.46	6.71	3.02
覆盖率	100	80.54	93.29	96.98
四级总覆盖率	92.70			

甲级语素不仅具有很高的四级覆盖率,而且其构成词语的能力也极强(见表3-24)。298个语素,构词在10个以上的有177个,占总数的59.40%,其中20个以上的77个,30个以上的36个,40个以上的19个,50个以上的10个,分别为总数的25.84%、12.08%、6.38%和3.36%。构词在5个以上的248个,占总数的83.22%。构词总数最多的是"不",所构词语达到112个。

表3-24　　　　　　　　甲级语素构词情况一览

序号	甲级语素	构词总数(个)	甲级词(个)	乙级词(个)	丙级词(个)	丁级词(个)
1	不	112	8	29	33	42
2	人	77	6	14	21	36
3	大	74	5	25	19	25
4	一	69	14	16	18	21
5	心	64	2	16	17	29
6	力	56	1	8	21	26
7	动	55	4	18	18	15
8	气	52	3	10	13	26
9	地 dì	51	1	14	22	14
10	定	50	2	9	10	29
11	出	48	6	11	9	22

续表

序号	甲级语素	构词总数（个）	甲级词（个）	乙级词（个）	丙级词（个）	丁级词（个）
12	发	46	4	13	8	21
13	用	44	3	16	7	18
14	来	44	7	12	11	14
15	有	43	7	12	9	15
16	外	42	5	7	9	21
17	事	41	2	12	7	20
18	行 xíng	40	2	7	14	17
19	得 dé	40	2	12	14	12
20	开	39	4	10	10	15
21	分	38	3	5	13	17
22	会[1]	38	5	12	9	12
23	电	36	5	8	13	10
24	成	34	3	11	12	8
25	生[1]	34	4	10	7	13
26	中	33	4	8	8	13
27	后	33	4	10	8	11
28	产	33	1	4	9	19
29	点	32	3	9	2	18
30	作	31	2	10	8	11
31	化	31	3	3	8	17
32	同	31	5	7	5	14
33	好	30	7	11	3	9
34	水	30	3	5	9	13
35	合	30	2	9	10	9
36	对	30	1	10	8	11
37	高	29	2	4	10	13
38	国	28	3	3	6	16
39	小	28	4	7	4	13
40	学	28	13	3	9	3
41	口	27	2	4	10	11
42	天	27	10	2	8	7
43	道[1]	27	2	7	8	10

续表

序号	甲级语素	构词总数（个）	甲级词（个）	乙级词（个）	丙级词（个）	丁级词（个）
44	度	27	1	7	4	15
45	名	27	2	4	12	9
46	进	26	3	11	5	7
47	是	26	3	9	11	3
48	通	26	2	3	4	17
49	重 zhòng	26	1	5	5	15
50	可[1]	26	2	6	7	11
51	边	25	12	7	3	3
52	起	25	5	3	5	12
53	平	25	1	10	4	10
54	前	25	4	7	3	11
55	收	24	1	4	4	15
56	说	24	2	2	13	7
57	信	24	2	3	8	11
58	上[1]	24	5	3	7	9
59	正	23	3	6	7	7
60	解	23	2	4	5	12
61	照	23	2	4	6	11
62	车	22	7	1	6	8
63	到	22	5	10	2	5
64	话	22	2	6	10	4
65	当	22	1	8	6	7
66	头[1]	22	1	3	5	13
67	场	21	2	4	6	9
68	过	21	5	6	4	6
69	见	21	5	4	4	8
70	能	21	2	4	6	9
71	提	21	1	3	5	12
72	相	21	2	5	2	12
73	以[1]	21	4	4	5	8
74	节	20	2	4	5	9
75	想	20	1	5	6	8

续表

序号	甲级语素	构词总数（个）	甲级词（个）	乙级词（个）	丙级词（个）	丁级词（个）
76	新	20	2	2	6	10
77	而	20	1	3	1	15
78	常	19	3	5	3	8
79	日[1]	19	4	6	5	4
80	部	19	2	8	4	5
81	立	19	1	6	4	8
82	书	18	1	6	4	7
83	算	18	1	2	5	10
84	告	18	1	4	6	7
85	身	18	1	2	9	6
86	放	17	1	5	4	7
87	加	17	1	4	4	8
88	接	17	1	8	2	6
89	手	17	2	7	2	6
90	包	17	1	3	7	6
91	爱	16	1	8	5	2
92	比	16	2	3	4	8
93	变	16	2	3	4	8
94	表	16	6	4	2	4
95	步	16	2	4	4	6
96	集	16	1	2	5	8
97	空 kōng	16	1	5	1	9
98	领	16	1	3	6	6
99	取	16	1	3	2	10
100	半	15	1	4	3	7
101	从[2]	15	3	7	0	5
102	除	15	1	0	5	9
103	带	15	1	1	7	6
104	多	15	2	3	5	5
105	近	15	2	2	2	9
106	看 kàn	15	3	5	2	5
107	热	15	1	6	3	5

续表

序号	甲级语素	构词总数（个）	甲级词（个）	乙级词（个）	丙级词（个）	丁级词（个）
108	问	15	3	3	5	4
109	先	15	1	4	4	6
110	火	15	1	1	5	8
111	求	15	1	3	2	9
112	如[1]	15	2	3	5	5
113	神	15	1	1	6	7
114	图	15	1	2	1	11
115	病	14	1	4	3	6
116	改	14	1	6	1	6
117	回	14	3	3	2	6
118	家	14	4	2	2	6
119	内	14	1	2	2	9
120	为 wéi	14	2	2	5	5
121	决[1]	14	2	2	1	9
122	清	14	1	0	5	8
123	色	14	1	1	4	8
124	望	14	1	3	1	9
125	演	14	2	2	2	8
126	课	13	4	3	3	3
127	难 nán	13	1	4	7	1
128	年	13	7	3	0	3
129	请	13	2	3	3	5
130	全	13	3	2	1	7
131	西	13	2	8	2	1
132	向[1]	13	1	0	2	10
133	便	13	1	3	6	3
134	级	13	1	2	6	4
135	建	13	1	4	2	6
136	眼	13	1	3	3	6
137	院	13	2	6	3	2
138	直	13	1	2	4	6
139	下[2]	13	4	2	1	6

续表

序号	甲级语素	构词总数（个）	甲级词（个）	乙级词（个）	丙级词（个）	丁级词（个）
140	个	12	2	6	3	1
141	活	12	2	4	3	3
142	关	12	3	3	2	4
143	间	12	4	3	3	2
144	快	12	3	2	3	4
145	满	12	1	2	4	5
146	声	12	3	0	4	5
147	在	12	2	2	4	4
148	处 chù	12	1	4	3	4
149	单	12	1	3	4	4
150	科	12	1	4	5	2
151	题	12	1	1	2	8
152	东	12	2	5	1	4
153	就	12	1	2	2	7
154	急	11	1	1	3	6
155	女	11	1	3	4	3
156	条	11	2	3	1	5
157	听	11	3	3	0	5
158	笑	11	1	2	4	4
159	早	11	3	0	3	5
160	代[2]	11	1	4	3	3
161	考	11	1	1	4	5
162	首	11	1	1	1	8
163	运[1]	11	1	4	1	5
164	饭	10	5	0	2	3
165	贵	10	1	1	2	6
166	紧	10	1	3	4	2
167	苦	10	1	3	2	4
168	门	10	1	2	5	2
169	上[2]	10	4	0	2	4
170	试	10	1	2	6	1
171	远	10	1	0	2	7

续表

序号	甲级语素	构词总数（个）	甲级词（个）	乙级词（个）	丙级词（个）	丁级词（个）
172	真	10	2	2	1	5
173	周	10	1	1	3	5
174	共	10	2	3	4	1
175	静	10	1	1	3	5
176	使[1]	10	1	0	5	4
177	期	10	3	1	1	5
178	画	9	1	1	3	4
179	轻	9	1	2	2	4
180	去	9	5	1	0	3
181	市	9	1	1	2	5
182	只 zhǐ	9	1	3	2	3
183	干 gān	9	1	4	2	2
184	顾	9	1	1	2	5
185	极	9	1	2	2	4
186	笔	9	2	3	2	2
187	飞	8	1	0	4	3
188	馆	8	1	4	3	0
189	里[2]	8	4	2	1	1
190	留	8	2	1	1	4
191	少 shǎo	8	1	5	1	2
192	月	8	2	0	1	5
193	答 dá	8	1	3	1	3
194	户	8	1	0	1	6
195	例	8	1	2	2	3
196	团	8	1	0	4	3
197	杂	8	1	1	3	3
198	治	8	1	1	3	3
199	床	7	1	1	1	4
200	词	7	2	1	1	3
201	久	7	1	2	2	2
202	刻	7	1	1	4	1
203	南	7	1	5	1	0

续表

序号	甲级语素	构词总数（个）	甲级词（个）	乙级词（个）	丙级词（个）	丁级词（个）
204	太	7	1	2	0	4
205	完	7	2	1	2	2
206	玩	7	1	1	5	0
207	下[1]	7	2	1	3	1
208	像	7	1	2	1	3
209	初	7	1	2	4	0
210	富	7	1	0	3	3
211	录	7	1	3	0	3
212	母	7	1	1	4	1
213	青	7	1	1	4	1
214	适	7	1	5	1	0
215	晚	7	3	1	1	2
216	围	7	1	2	2	2
217	许[1]	7	1	2	1	3
218	办	6	2	2	1	1
219	北	6	1	5	0	0
220	错	6	2	1	1	2
221	各	6	1	0	2	3
222	酒	6	1	0	2	3
223	离	6	1	3	1	1
224	系	6	2	2	1	1
225	写	6	1	2	1	2
226	将	6	1	1	2	2
227	练	6	1	2	1	2
228	排[2]	6	2	0	1	3
229	痛	6	1	2	0	3
230	行 háng	6	1	0	2	3
231	准[1]	6	1	3	0	2
232	组	6	1	0	3	2
233	春	5	1	1	2	1
234	灯	5	1	0	3	1
235	封	5	1	1	2	1

续表

序号	甲级语素	构词总数（个）	甲级词（个）	乙级词（个）	丙级词（个）	丁级词（个）
236	黑	5	1	1	1	2
237	马	5	1	1	0	3
238	跳	5	1	0	1	3
239	香	5	1	2	1	1
240	再	5	1	0	3	1
241	钟	5	3	0	0	2
242	种 zhǒng	5	1	1	1	2
243	经[1]	5	2	2	0	1
244	凉	5	1	1	1	2
245	冒	5	1	0	0	4
246	烧	5	1	1	0	3
247	生[3]	5	1	0	1	3
248	遇	5	1	1	2	1
249	窗	4	1	0	3	0
250	冬	4	1	0	2	1
251	秋	4	1	0	1	2
252	为 wèi	4	3	0	0	1
253	响	4	1	1	1	1
254	也	4	1	2	1	0
255	最	4	3	1	0	0
256	或	4	1	0	1	2
257	米[1]	4	1	2	0	1
258	面[1]	4	2	0	1	1
259	胜	4	1	2	1	0
260	已	4	1	0	1	2
261	城	3	1	0	1	1
262	句	3	1	1	0	1
263	暖	3	1	2	0	0
264	十	3	1	0	0	2
265	洗	3	1	1	0	1
266	姓	3	1	2	0	0
267	尺	3	1	0	2	0

续表

序号	甲级语素	构词总数（个）	甲级词（个）	乙级词（个）	丙级词（个）	丁级词（个）
268	钢	3	1	0	0	2
269	较	3	1	0	0	2
270	困	3	1	0	0	2
271	旁	3	1	0	2	0
272	齐	3	1	0	0	2
273	且[2]	3	1	1	1	0
274	闻	3	1	0	1	1
275	握	3	2	0	1	0
276	屋	3	1	1	1	0
277	章	3	1	0	0	2
278	杯	2	1	1	0	0
279	才	2	1	0	1	0
280	都 dōu	2	1	0	0	1
281	牛	2	1	0	0	1
282	睡	2	1	0	1	0
283	他	2	1	1	0	0
284	它	2	1	1	0	0
285	我	2	1	1	0	0
286	夏	2	1	0	1	0
287	但	2	2	0	0	0
288	室	2	2	0	0	0
289	银	2	1	0	1	0
290	应 yīng	2	1	1	0	0
291	织	2	1	1	0	0
292	第	1	1	0	0	0
293	鸡	1	1	0	0	0
294	斤	1	1	0	0	0
295	块	1	1	0	0	0
296	里[1]	1	1	0	0	0
297	了[1] liǎo	1	1	0	0	0
298	拾	1	1	0	0	0

(三) 乙级语素、丙级语素、丁级语素及其构词功能

乙级语素共 524 个，占构成合成词的传承语素总数的 23.99%。乙级语素在其可以覆盖的 2096 个（524×4）词栏中，总覆盖栏为 1473 个，总覆盖率达 70.28%。共有 623 栏属于空缺的零状态，其中甲级空缺 283 栏，乙级空缺 93 栏，丙级空缺 150 栏，丁级空缺 97 栏。具体如表 3-25 所示：

表 3-25　　　　　　乙级语素空缺栏一览

	甲级词	乙级词	丙级词	丁级词	总计
甲丙 59	0	19	10	2	31
甲丁 53	0	12	11	6	29
甲 0 129	0	62	53	42	157
乙甲 87	87	0	24	13	124
乙乙 125	125	0	27	23	175
乙丙 71	71	0	25	11	107
各级空缺	283	93	150	97	623

丙级语素共 539 个，占构成合成词的传承语素总数的 24.68%。丙级语素在其可以覆盖的 2156 个（539×4）词栏中，总覆盖栏为 1081 个，总覆盖率达 50.14%。共有 1075 栏属于空缺的零状态，其中甲级空缺 539 栏，乙级空缺 214 栏，丙级空缺 154 栏，丁级空缺 168 栏。具体如表 3-26 所示：

表 3-26　　　　　　丙级语素空缺栏一览

	甲级词	乙级词	丙级词	丁级词	总计
乙丁 87	87	0	27	17	131
乙零 238	238	0	127	99	464
丙甲 30	30	30	0	6	66
丙乙 84	84	84	0	20	188
丙丙 53	53	53	0	12	118
丙丁 47	47	47	0	14	108
各级空缺	539	214	154	168	1075

丁级语素共 823 个，占构成合成词的传承语素总数的 37.68%。丁级语素在其可以覆盖的 3292 个（823×4）词栏中，总覆盖栏为 934 个，总

覆盖率达 28.37%。共有 2358 栏属于空缺的零状态，其中甲级空缺 822 栏，乙级空缺 822 栏，丙级空缺 544 栏，丁级空缺 170 栏。具体如表 3-27 所示：

表 3-27　　　　　　　　丁级语素空缺栏一览

	甲级词	乙级词	丙级词	丁级词	总计
丁甲 20	20	20	20	0	60
丁乙 50	50	50	50	0	150
丁丙 61	61	61	61	0	183
丁丁 49	49	49	49	0	147
丙 0 278	278	278	0	170	726
丁 0 364	364	364	364	0	1092
各级空缺	822	822	544	170	2358

四级语素在词栏覆盖率上的分布，明显呈一种递减状态。具体如表 3-28 所示：

表 3-28　　　　　　甲乙丙丁四级语素词栏覆盖率比较

甲级语素	乙级语素	丙级语素	丁级语素
92.70%	70.28%	50.14%	28.37%

这种分布状况，充分说明了甲级语素在语素构词中的重要地位。甲级语素不仅构词的能力最强，四级覆盖率也最高，同时又是学习者学习汉语时必须掌握的甲级词和乙级词，理应成为我们研究和教学的重点。各级语素的分布及其构词情况，可参阅附录二：《等级大纲》四级传承语素表。

二　传承语素的分级及其依据

（一）基于甲级语素的《等级划分》中相关传承语素情况

所谓《等级划分》相关传承语素，是指《等级划分》普及化等级词汇中确定的 853 个传承语素。其与甲级语素的相关性表现在如下方面：

1. 从构词的数目来看。甲级语素的覆盖范围为可以构成甲级词，同时又可以作为甲级词或乙级词单独使用。《等级大纲》中的甲级词汇 1033 个，乙级词汇 3051 个（1033+2018），丙级词汇 5253 个（2202+3051），丁级词汇 8822 个（3569+5253）；《等级划分》普及化等级词汇 2245 个（含入门等级 505 个），中级词汇 5456 个（3211+2245），高级词汇 9631个，高级附录 1461 个，高级水平总数为 11092 个（4175+5456+高级附录 1461）。从相关性看，《等级大纲》中总数为 3051 的甲级词汇和乙级词汇与《等级划分》中总数为 2245 的普及化等级词汇较为相近（见表 3-29）。

表 3-29

《等级划分》词汇	普及化等级（一①—②—③）2245			中级词汇（二）5456	高级词汇（三）9631
	入门等级—①505	其他最常用词—②837	常用词—③903		
《等级大纲》词汇	甲级词汇+乙级词汇 3051			丙级词汇 5253	丁级词汇 8822
	甲级词汇 1033		乙级词汇 2018		

2. 从词汇分级标准来看。刘英林、宋绍周在《等级大纲》（代序）中提到对外汉语教学词汇的 4 个界标与比例，即：1（1000）：3（3000）：5（5000）：8（8000），"取 3000 常用词作为第一个分期目标的界标"，"据不完全统计，这一阶段的词汇量一般都在 2000~4000 之间浮动"，"这一共识与国内外汉语作为外语教学基础阶段的词汇量基本是一致的"[①]。相隔 17 年后，同样由刘英林领衔编写的《等级划分》，将原四级划分改变为三级划分，但为破解汉语难学的瓶颈，又在普及化等级（一级）中设立了"最低入门等级"，"此举是向社会各界、学界同仁和全球广大学习者发出正面信号：学习汉语，达到最低入门等级并不难。这是全世界最广大普通学习者又好又快掌握汉语、提高自信心、激发学习兴趣、迈进汉语国际教育大门的有效途径，是汉语国际教育大众化、普及化、规模化的重要环节和标志"[②]。

3. 从需要掌握的目标群体来看。《等级大纲》的甲级词与乙级词的目标群体是"国内外汉语作为外语教学基础阶段"的学习者，《等级划分》普及化等级词汇的目标群体为入门和最低入门，二者的适用对象基本

[①] 《等级大纲》，第 19 页。

[②] 《等级划分》，第 IX 页。

吻合。

基于以上分析,我们将《等级划分》普及化等级词汇中确定的 853 个传承语素与《等级大纲》中的甲级语素进行了匹配处理,数据如下:

甲级语素共有 298 个,包括构词级别为甲级、单用级别也为甲级的语素(下面简称"甲甲")190 个和构词级别为甲级、单用级别为乙级的语素(下面简称"甲乙")108 个(见表 3-30)。

在《等级划分》853 个传承语素中,有见于"甲甲"的 177 个语素可以单独使用,其中单用级别为—①的有 117 个,—②50 个,—③10 个。在这 177 个可以单独使用的语素中,参与普及化等级词汇三个级别构词的达 172 个,包括—①105 个,—②62 个,—③5 个(见表 3-30)。

此外,见于"甲乙"的 60 个语素可以单独使用。其中单用级别为—①的 3 个,单用级别为—②的 24 个,单用级别为—③的 33 个。在这 60 个可以单独使用的语素中,参与普及化等级词汇三个级别构词的有 58 个,包括—①12 个,—②39 个,—③7 个(见表 3-30)。

表 3-30

《等级大纲》甲级语素 298 个	甲甲 190		甲乙 108	
《等级划分》选定的 853 个传承语素	单用 177	—①117	单用 60	—①3
		—②50		—②24
		—③10		—③33
	参与构词 172	—①105	参与构词 58	—①12
		—②62		—②39
		—③5		—③7

(二)传承语素中适于国际汉语词汇教学的常用语素

在对《等级大纲》和《等级划分》中相关传承语素细致分析并综合比较的基础上,我们尝试归纳出传承语素中适用于国际汉语词汇教学的常用语素。常用语素选取的标准如下:

1. 在《等级大纲》和《等级划分》普及化等级词汇范围内既可以单独使用,又可以参与构词;

2. 在《等级大纲》298 个甲级语素的范围之内;

3. 属于《等级划分》普及化等级词汇中确定的 853 个传承语素。

根据这个标准，我们确定了 228 个常用传承语素。我们采用的方法为：首先去除《等级大纲》298 个甲级语素中不见于《等级划分》普及化等级词汇的 7 个语素，包括"尺、钢、户、冒、烧、拾[1]、遇"，余 291 个；然后考察这 291 个语素在《等级划分》普及化等级词汇范围内单独使用与参与构词的情况，去除在《等级划分》普及化等级词汇范围内未参与构词的 7 个语素（灯、都 dōu、封、贵、排[2]、生[3]、香）和未单独使用的 56 个语素（便 biàn、产、除、处 chù、窗、春、答 dá、单、冬、而、告、共、顾、馆、极、集、解、经[1]、决[1]、可[1]、里[1]、立、例、了[1] liǎo、面[1]、母、内、暖、旁、且[2]、青、清、秋、如[1]、色、身、神、声、适、首、同、望、握、屋、夏、相 xiāng、心、许[1]、以[1]、已、应 yīng、运[1]、杂、章、织、作），最后选定了适用于国际汉语词汇教学的 228 个常用传承语素，包括"爱、办、半、包、杯、北、比、笔、边、变、表、病、不、步、部、才、常、场、车、成、城、出、初、床、词、从[2]、错、大、带、代[2]、但、当、到、道、得 dé、地、第、点、电、定、东、动、对、度、多、发、饭、放、飞、分 fēn、富、改、干[1] gān、高、个、各、关、国、过、行 háng、好 hǎo、合、黑、后、画、话、化、回、会[1]、活、火、或、鸡、急、级、加、家、间 jiān、见、建、将、较、接、节、斤、紧、近、进、静、久、酒、就、句、开、看 kàn、考、科、刻、课、空、口、苦、块、快、困、来、离、里[2]、力、练、凉、领、留、录、马、满、门、米[1]、名、南、难 nán、能、年、牛、女、平、期、齐、起、气、前、轻、请、求、取、去、全、热、人、日[1]、上[1]、上[2]、少 shǎo、生[1]、胜、十、使[1]、室、市、事、试、是、收、手、书、水、睡、说、算、他、它、太、提、题、天、条、跳、听、通、痛、头[1]、图、团、外、完、玩、晚、围、为 wéi、为 wèi、闻、问、我、西、洗、系、下[1]、下[2]、先、响、想、向[1]、像、小、笑、写、新、信、行 xíng、姓、学、眼、演、也、一、银、用、有、远、院、月、再、在、早、照、真、正、直、只 zhǐ、治、中 zhōng、钟、种 zhǒng、重、周、组、最、准[1]"。具体可参阅附录四：基于国际汉语词汇教学的常用传承语素表。

在选定 228 个常用传承语素的基础上，为了使传承语素教学更便于操作、实用性更强，我们又对这 228 个语素进行了分析统计，从中选择出在汉语教学的初级阶段即可见到、用到，能很自然地融于教学，丝毫不会增加学生学习与教师教学负担的最常用传承语素。

我们对最常用传承语素的确定标准为：《等级大纲》中构词级别与单用级别均为甲级（"甲甲"），《等级划分》中构词级别和单用级别均见于入门等级词汇—①的，总数为 95 个，包括："半、北、病、不、才、常、场、车、出、从²、大、当、到、第、点、电、东、动、对、多、饭、放、飞、高、关、国、过、好 hǎo、后、回、会¹、活、鸡、家、间 jiān、见、进、酒、开、看 kàn、课、口、块、来、里²、马、南、能、年、牛、女、起、前、请、去、全、人、日¹、上¹、上²、少 shǎo、是、手、书、水、睡、说、他、天、听、外、玩、晚、问、我、西、洗、下¹、下²、先、向¹、小、笑、学、一、用、有、再、在、早、真、正 zhèng、中 zhōng、重 zhòng、最"，占常用传承语素总数的 41.67%（见表 3-31）。

表 3-31　　　　　　　　　最常用传承语素构词情况

序号	传承语素	单用级别		构词级别		构词总数	
		《等级大纲》	《等级划分》	《等级大纲》	《等级划分》	《等级大纲》（个）	《等级划分》（普及化等级词汇）（个）
1	半	甲	一①	甲	一①	15	4
2	北	甲	一①	甲	一①	6	6
3	病	甲	一①	甲	一①	14	4
4	不	甲	一①	甲	一①	112	29
5	才	甲	一①	甲	一①	2	2
6	常	甲	一①	甲	一①	19	9
7	场	甲	一①	甲	一①	21	11
8	车	甲	一①	甲	一①	22	18
9	出	甲	一①	甲	一①	48	20
10	从²	甲	一①	甲	一①	15	5
11	大	甲	一①	甲	一①	74	25
12	当	甲	一①	甲	一①	22	7
13	到	甲	一①	甲	一①	22	24
14	第	甲	一①	甲	一①	1	1
15	点	甲	一①	甲	一①	32	10
16	电	甲	一①	甲	一①	36	12
17	东	甲	一①	甲	一①	12	6
18	动	甲	一①	甲	一①	55	15
19	对	甲	一①	甲	一①	30	12

续表

序号	传承语素	单用级别		构词级别		构词总数	
		《等级大纲》	《等级划分》	《等级大纲》	《等级划分》	《等级大纲》（个）	《等级划分》（普及化等级词汇）（个）
20	多	甲	一①	甲	一①	15	8
21	饭	甲	一①	甲	一①	10	6
22	放	甲	一①	甲	一①	17	7
23	飞	甲	一①	甲	一①	8	3
24	高	甲	一①	甲	一①	29	9
25	关	甲	一①	甲	一①	12	9
26	国	甲	一①	甲	一①	28	12
27	过	甲	一①	甲	一①	21	11
28	好 hǎo	甲	一①	甲	一①	30	18
29	后	甲	一①	甲	一①	33	12
30	回	甲	一①	甲	一①	14	5
31	会[1]	甲	一①	甲	一①	38	12
32	活	甲	一①	甲	一①	12	3
33	鸡	甲	一①	甲	一①	1	1
34	家	甲	一①	甲	一①	14	16
35	间 jiān	甲	一①	甲	一①	12	6
36	见	甲	一①	甲	一①	21	9
37	进	甲	一①	甲	一①	26	15
38	酒	甲	一①	甲	一①	6	3
39	开	甲	一①	甲	一①	39	19
40	看 kàn	甲	一①	甲	一①	15	9
41	课	甲	一①	甲	一①	13	7
42	口	甲	一①	甲	一①	27	7
43	块	甲	一①	甲	一①	12	1
44	来	甲	一①	甲	一①	44	20
45	里[2]	甲	一①	甲	一①	8	8
46	马	甲	一①	甲	一①	5	2
47	南	甲	一①	甲	一①	7	5
48	能	甲	一①	甲	一①	21	6
49	年	甲	一①	甲	一①	13	19

续表

序号	传承语素	单用级别		构词级别		构词总数	
		《等级大纲》	《等级划分》	《等级大纲》	《等级划分》	《等级大纲》（个）	《等级划分》（普及化等级词汇）（个）
50	牛	甲	一①	甲	一①	2	1
51	女	甲	一①	甲	一①	11	8
52	起	甲	一①	甲	一①	25	6
53	前	甲	一①	甲	一①	25	9
54	请	甲	一①	甲	一①	13	7
55	去	甲	一①	甲	一①	9	10
56	全	甲	一①	甲	一①	13	11
57	人	甲	一①	甲	一①	77	36
58	日[1]	甲	一①	甲	一①	19	8
59	上[1]	甲	一①	甲	一①	24	20
60	上[2]	甲	一①	甲	一①	10	11
61	少 shǎo	甲	一①	甲	一①	8	4
62	是	甲	一①	甲	一①	26	11
63	手	甲	一①	甲	一①	17	11
64	书	甲	一①	甲	一①	18	5
65	水	甲	一①	甲	一①	30	3
66	睡	甲	一①	甲	一①	2	3
67	说	甲	一①	甲	一①	24	7
68	他	甲	一①	甲	一①	2	2
69	天	甲	一①	甲	一①	27	16
70	听	甲	一①	甲	一①	11	8
71	外	甲	一①	甲	一①	42	13
72	玩	甲	一①	甲	一①	7	3
73	晚	甲	一①	甲	一①	7	5
74	问	甲	一①	甲	一①	15	5
75	我	甲	一①	甲	一①	2	1
76	西	甲	一①	甲	一①	13	8
77	洗	甲	一①	甲	一①	3	3
78	下[1]	甲	一①	甲	一①	7	7
79	下[2]	甲	一①	甲	一①	13	12

续表

序号	传承语素	单用级别 《等级大纲》	单用级别 《等级划分》	构词级别 《等级大纲》	构词级别 《等级划分》	构词总数 《等级大纲》（个）	构词总数 《等级划分》（普及化等级词汇）（个）
80	先	甲	一①	甲	一①	15	5
81	向[1]	甲	一①	甲	一①	13	1
82	小	甲	一①	甲	一①	28	14
83	笑	甲	一①	甲	一①	11	3
84	学	甲	一①	甲	一①	28	23
85	一	甲	一①	甲	一①	69	33
86	用	甲	一①	甲	一①	44	13
87	有	甲	一①	甲	一①	43	14
88	再	甲	一①	甲	一①	5	1
89	在	甲	一①	甲	一①	12	6
90	早	甲	一①	甲	一①	11	5
91	真	甲	一①	甲	一①	10	4
92	正 zhèng	甲	一①	甲	一①	23	8
93	中 zhōng	甲	一①	甲	一①	33	20
94	重 zhòng	甲	一①	甲	一①	26	4
95	最	甲	一①	甲	一①	4	3

第四章

传承语素与语素义的传承

第一节 传承语素义对上古义的继承与发展

传承语素在由上古汉语词而语素的发展过程中，语素义项也在不断增加。从历史传承的角度来看，传承语素的多义项并不在一个层面，可以分为传承义与后起义两种。

所谓传承义，也即从先秦传承下来的意义，古今没有发生什么变化，在现代汉语构词中基本保存原来的含义，如"北、春、后、男、女"等，在大纲词语①中有"北边、春天、后边、男人、女士"等，其在现代语词中表达的意义与上古基本相同。据我们对《等级大纲》和《等级划分》中传承语素的考察，传承义为传承语素意义的主体。

后起义相对于传承义而言，即在语义的历史发展过程中，传承语素的原有意义发生了变化：或增加了新的义项，如"快"，在上古汉语中是"喜欢""愉快"的意思，又引申为"舒适""畅快"，现代常用的"快速""锋利"则为后起义。②"凉快、痛快、愉快、快乐、快活、爽快"用的是传承义，而"赶快、快速"则为后起义。再如上古汉语中"眼"指"眼珠子"，后起义则为"眼睛"；"衣"在上古指"上衣"，"服"则是"衣服""穿戴"的意思，二者的后起义尽管都表示服装，但其与原义差别明显。

本章讨论的传承语素的后起义，其产生虽然不完全等同于一般意义上的词义发展演变，但也可以说同样是词义扩大、缩小与转移的结果，是词

---

① 为行文方便，本书用"大纲词语"泛指在《等级大纲》和《等级划分》中均可查阅的词语。

② 《王力古汉》，第305页。

义发展在语素层面的体现。如"坏"的本义为"败坏，衰亡"，这个意思还保留在"破坏、损坏、毁坏"等词中。相对于"好"的"坏"，是一个现代常用义，也是后起义，如"坏处、坏人、坏事"等词语都是使用了"坏"这个后起义，这属于语素义的扩大。语素义缩小的，如"谷"（穀）。"谷"（穀）的本义为"粮食作物的总称"，这个义项还保留在"五谷、五谷杂粮、谷物、谷类作物"等词语中，现代汉语中则专指"粟"或"稻谷"，如"谷子、谷草、稻谷、谷穗"等。传承语素义体现了意义的一脉相承，至于词义发生转移的，似乎超越了传承语素义的范畴，成为一个与传承语素义联系不密切的后起义，要确定后起转移义与传承语素义的联系就要进行深入细致的考证梳理，如"闻"的本义为"听见"，词义转移后则指"用鼻子嗅"；"汤"本义为"热水"，后起转移义是"菜汤"，等等。传承语素的转移义，与传承语素义的联系一旦难以被察觉，就有可能与原传承语素分道扬镳，成为一个独立的语素，如"管理"的"管"与"管子"的"管"。

传承义与后起义共同构成了一个或大或小的语素义场。在这个义场中，传承语素义相互联系又各有区别，并因此形成了现代汉语中的同义词群、反义词群、同音词群、同素词群以及多义现象，这也为我们利用传承语素建构相关语义系联、拓展语词范围、正确辨识易混词语提供了广大的空间。

第二节　传承语素义与词义的关系

为了论述的方便，我们设词义为 A，传承语素义为 a，后起语素义为 b，其中 a 又可以分为 a^1, a^2, ……分别代表构成合成词的各个传承语素义。传承语素义与词义的关系，一般可分为以下几种。

（1）$A = a^1 = a^2$

即词义与传承语素义中的任何一个都同义，如：朋友=朋=友，牙齿=牙=齿，这反映了汉语词语由单音节向双音节转化的历史。再如"语言、美丽、保卫、道路、法律、迅速、长久、土地、柔软、明亮、衣服、居住、昂贵、姓名、图书"等等，都为同义语素并列构词，词中两个传承语素的意义以及传承语素与词的整体意义基本相同。

（2） $A=a^1+a^2$

即词义为两个传承语素义的相加，如飞机=飞+机，不同=不+同，女人=女+人。

（3） $A=a^1$ 或 a^2

即词义为合成词中某一个传承语素之义，另一个语素义已经失落或模糊。语素义失落的，如"忘记、但是、极其、国家、窗户、消息"，其中的"记、是、其、家、户、消"在合成词中已不表示意义；语素义模糊的，如"斯文"中的"斯"，在上古有"此"义，但在合成词中意义已不明确。再如"电池"中的"池"，"牲口"中的"口"，都属于含义模糊的。

（4） A=a 的修辞义

又可以细分为几种情况：

①$A=a^1$原义+a^2比喻义：泪珠、云海、浪花

$A=a^1$比喻义+a^2原义：雪白、冰凉、林立

②$A=a^1$原义+a^2借代义：歌手、落墨

$A=a^1$借代义+a^2原义：口才、口语

③$A=(a^1+a^2)$比喻义：骨肉、手足、领袖

④$A=(a^1+a^2)$借代义：巾帼、须眉、眉目

（5） $A=a^1+a^2+……$的文化义

如：二百五，冬烘，这些语素的原有义（字面义）都与词义没有关系，但从词语来源上可以找到，如"二百五"源于"过去银子五百两为一封，二百五十两为半封，谐音'半疯'。借指有些傻气，做事鲁莽的人"①。"冬烘"则用于讥讽迂腐、浅陋之人。②可以作为文化教学的一种。

（6） A=a+b 或 b+a

词义为传承语素义和后起语素义相加的如"口袋、坚硬、热闹、鸡蛋、工厂、叫做、新娘"等，其中的"口、坚、热、鸡、工、叫、新"为传承语素，而"袋、硬、闹、蛋、厂、做、娘"则为后起语素；词义为后起语素义和传承语素义相加的如"衬衣、做客、打败、帮助"等，其中的"衬、做、打、帮"为后起语素，而"衣、客、败、助"则为传

---

① 商务印书馆辞书研究中心：《应用汉语词典》，商务印书馆2000年版，第323页。
② 汉语大词典编辑委员会：《汉语大词典》，汉语大词典出版社1997年版，第1949页。

承语素。

第三节　单义语素与多义语素

我们对甲级语素构词数目位于前 100 个，乙级语素、丙级语素和丁级语素的音序排位在前 10 个的共 130 个传承语素，根据《现汉》的义项标注进行了统计，如表 4-1、4-2 所示：

表 4-1

不	8	出	12	分	9	对	15	口	11	边	9	照	11	相	2	书	5	爱	4
人	8	发	16	会	11	好	14	天	10	起	14	车	8	以	6	算	9	比	9
大	8	用	6	电	4	水	6	道	11	平	9	到	4	节	8	告	5	变	8
一	9	来	12	成	9	合	8	度	14	上	5	话	2	想	4	身	6	表	10
心	3	有	9	后	4	同	7	名	8	收	8	头	14	新	7	当	4	步	7
力	4	外	8	中	10	高	6	进	6	说	6	场	9	而	4	放	15	集	5
动	8	事	6	生	9	点	20	是	11	信	9	过	10	常	8	加	4	空	3
气	13	行	12	产	5	国	4	通	11	前	8	见	6	日	8	接	6	领	10
地	13	得	7	作	7	小	8	重	6	正	17	能	4	部	7	手	7	取	3
定	7	开	19	化	8	学	5	可	7	解	8	提	8	立	9	包	11	半	4

表 4-2

乙级语素		丙级语素		丁级语素	
安	8	案	4	饱	5
必	2	拜	6	倍	2
别	3	版	4	朝	6
播	3	币	1	穿	5
迟	2	臂	2	吹	6
代	4	标	9	戴	2
烦	4	餐	3	二	2
反	9	叉	3	几	2
方	3	触	2	寄	4
非	7	促	3	绿	1

统计结果表明：抽查的100个甲级语素和10个乙级语素全部为多义，只有丙级语素"币"和丁级语素"绿"为单义语素，抽样统计的数据显示出传承语素中的多义语素要超过单义语素。单义语素多见于表义要求相对明确、单一的成分，如事物名称等。比如"柏树""松树""柳树""杨树"等表示树木名称的词语，其中的"柏""松""柳""杨"均为单义语素。

所谓多义语素，是指语素义项至少有两个的。这里，我们首先要区别的是词义义项与语素义义项。以"见"为例，根据《现汉》①，"见"有6个义项：

① 〈动〉看到；看见：罕见｜眼见是实。
② 〈动〉接触；遇到：这种药怕见光。
③ 〈动〉看得出；显现出：见效｜日久见人心。
④ 〈动〉指明出处或需要参看的地方：见上｜见右图。
⑤ 〈动〉会见；会面：接见｜他要来见你。
⑥ 对于事物的看法；意见：主见｜成见｜见解｜固执己见。

以上6个义项，④只具有词义义项，也即此义项只能作为一个整体的词义出现；⑥只具有语素义义项，也即此义项只能作为合成词语中的一个组成部分参与构词，如"意见、见解、见识、偏见、预见"等词语，就是用此语素义义项构成，表示对事物的看法与见解。其余四个，既可以为词义义项，也可以是语素义义项，即它们既可以作为一个整体词义使用，又可以作为语素义参与构词，如《等级大纲》中的"看见、常见、罕见"，"听见、碰见、遇见"，"不见得、可见、见效、由此可见、显而易见"和"见面、再见、会见、接见、不见"中的"见"，其语素义义项分别属于《现汉》义项排列中的①、②、③和⑤。

多义语素与同音语素都是用相同的语音形式来表示不同的意义内容，因此二者的区别就要依靠对语素义的确切掌握。同音语素是一音多素，而多义语素是一素多义，如"告别"的"别"与"区别"的"别"为同音语素，因为二者间语义上没有联系，而"差别"的"别"，"性别"的"别"与"区别"的"别"则为多义语素，因为三者语义上互有联系。但多义语素与同音语素的辨认与确定有时并不是那么容易。由于传承语素

---

① 《现汉》，第635页。

历史的久远与运用的复杂，语素义也会经历不断地发展变化。在漫长的演进过程中，有些处于中间环节的引申义项可能不再使用，这就使保留在现代汉语中的两个或多个语素义项无法构成清晰可见的意义链，于是就成了同音语素。如"管"可以构成"管理、包管、管辖、掌管、主管"与"管道、管子、血管"这两组词语，语素义分别为"管¹：掌管，管理"和"管²：圆而细长中间空的东西"，由于意义失去了联系，"管¹"和"管²"就属于同音语素。

关于同音语素的确定与辨认，吕叔湘认为："辨认语素跟读没读过古书有关系。……如书信的信和信用、信任的信，一般人觉得联不上，念过古书的人知道可以通过信使的信（古时候可以单用）把前面说的两种意思联起来，认为信只是一个语素。"[1]

这里的"信"情况较为复杂。我们先看《王力古汉》和《现汉》两部词典对"信"的注释：

《王力古汉》[2]：①言语真实，不说谎。《老子》："信言不美，美言不信。"引申为诚实不欺，守信用。《论语·学而》："与朋友交而不信乎？"又为相信，信任。《论语·公冶长》："听其言而信其行"。又为形容词。真的，的确。《论语·宪问》："信乎，夫子不言，不笑，不取乎？"②使者。③书信（后起义）。

《现汉》[3]：①确实：信史。②信用：守信。③相信：信托。④信奉（宗教）：信徒。⑤听凭：信步｜信口开河。⑥凭据：信号。⑦书信：送信。⑧信息：音信。⑨引信：信管。

在《现汉》的9个义项中，最复杂的是表示"凭据"义的"信"和表示"听凭"义的"信"，在《现汉》中分别构成了"凭信、信物、印信"和"信步、信笔、信手、信口"等词语。"信"是确实、可靠的意思，可靠的本来是不可任意的，为什么会有"听凭、随意"的意思呢？我们认为这里反映了一个重要的词义引申规律，即辗转引申。"信"是"可靠"，"可靠"因此可以凭借，而"凭"本指身体靠着一个矮桌儿，《说文解字》[4]："凭，依几也。"所以"凭"的本义是"倚靠"，也就是

---

[1] 吕叔湘：《汉语语法分析问题》，商务印书馆1979年版，第16页。
[2] 《王力古汉》，第28页。
[3] 《现汉》，第1451页。
[4] 许慎：《说文解字》，中华书局2013年版，第301页。

"可靠的、可凭借的"。"信"和"凭"在"可凭借、依靠的"意义上，通过同义并列的方式构成了一个双音节词"凭信"。当二者在此基础上构成一个语素同义并列的词以后，"凭"的另一个表示"任凭、任意"的含义又开始对"信"发生了影响，使"信"也有了"任凭"的含义，并产生了诸如"信步、信马由缰"等一系列词语。也就是说，"信"的"任凭"义是从"凭"辗转而来的，是词义引申时的偏移现象。而义项第7、8、9的"书信、信息、引信"一组，是从"信使"而来，"信使"与"信任"有关。"印信"就是讲信任的凭据，送凭据的人是"信使"，在此基础上又引申出"书信"的概念。

多义语素的形成与多义词的形成有一致之处，一般都是通过语素义不断引申的方式得以实现的。语义的引申有语言内部的原因，也有社会文化的影响。比如颜色语素"红"，本义为"粉红"，后起义为"大红"，以"红"为核心语素，汉语中形成了以"红"为基色但又互有区别的红色系列。这个引申系列，有些是通过比喻而产生的，如像红色橘子皮一样的"橘红"，像肌肉的浅红色的"肉红"，像桃花颜色的"粉红"，像猩猩血那样的"猩红"，像红枣儿颜色的"枣红"，像火一样的"火红"，比杏黄稍红的"杏红"，像血一般的"血红"；也有些是通过添加限定与区别性成分而产生的，比如表示很红颜色的"大红、通红、鲜红、嫣红"，比大红稍浅的"品红"，较为鲜艳的"朱红"，红和白合成的颜色"粉红"，比粉红略深而较鲜艳的"水红"，在粉红色颜料里加银朱调和而成的"银红"，带黑的红色"殷红"，深红中略带紫的"紫红"，等等。这个表示颜色词的红色系列，《王力古汉》[①]有辨析："赤"是红，"朱"是大红，"红"是赤白色，也就是浅红。到了中古，"红"和"赤"已没有区别。根据《汉语大词典》[②]提供的例句，"红"在《史记·司马相如列传》中已指赤色，这说明"红"在语素化的历史进程发生之前已经有了词义内部的引申发展，"红"表示粉红的本义与表示"像血的颜色"的后起义在上古已经有了变化。社会文化的因素也会对语义引申带来影响，如在"红"的表示颜色的本义或基本义之上引申出来的其他义项[③]：

[①] 《王力古汉》，第1341页。
[②] 汉语大词典编辑委员会：《汉语大词典》，汉语大词典出版社1997年版，第5599页。
[③] 《现汉》，第536页。

①〈形〉像鲜血的颜色：红枣｜红领巾。
②象征喜庆的红布：披红｜挂红。
③〈形〉象征顺利、成功或受人重视、欢迎：红运｜开门红｜满堂红｜他唱戏唱红了。
④象征革命或政治觉悟高：红军｜又红又专。
⑤红利：分红。

其中②③④⑤都是由义项①引申出来的，其产生同汉民族对于颜色的文化联想义有密切关系。

第四节 反义语素与同义语素

一 反义语素及其特点

反义语素是客观世界大量矛盾、对立关系在语汇系统中的反映。从语义系统上看，反义语素属于同一语义系列，是同种事物矛盾对立的两个方面，二者既相互对立，又相互联系，如"细"的反义语素是"粗"，二者相对应，构成了"细心—粗心、细活—粗活、细粮—粗粮、细小—粗大"等相互对立的词语系列。

我们分析了《等级大纲》中表示相对相反含义的传承语素，有对应关系的共75组（见表4-3）。我们排除了以下几种情况：(1)《现汉》中有，但一方未在《等级大纲》中出现的，如"偶—奇"中的"奇"，"贬—褒"中的"褒"，"张—弛"中的"弛"。此外，"徐—疾"中的"疾"表示"快速"义，《现汉》中有"疾步、疾驶、疾进"等词语，而《等级大纲》中语素表示的是"疾病"义，如"疾病、残疾"等，我们也视为没在《等级大纲》中出现。(2) 双方都在《等级大纲》中出现，但没有在《等级大纲》中参与构词的，如"嫁"和"娶"。(3) 双方都出现，但有一方未在《等级大纲》中参与构词的，如"臭—香"中的"臭"，"俯—仰"中的"俯"，"旧—新"中的"旧"。另外，"恶"和"憎"都可以与"爱"构成反义，但由于"憎"未在《等级大纲》中出现，表4-3也将其排除。需要说明的是，如《等级大纲》中无合适义项的词语，我们的例词从《现汉》中选出，并以＊号标出。

表 4-3

序号	反义语素组	《等级大纲》例词	联合构词	前置语素上古义项
1	爱／恶 wù	爱好、厌恶		喜爱，爱好
2	安／危	安全、危险	安危	安全，平稳
3	卑／尊	自卑、尊敬	尊卑	引申为"贱"
4	背／向	背后、欣欣向荣	向背	背对着
5	彼／此	彼此、因此	彼此	那，那个
6	表／里	表面、里边	表里	外部
7	薄／厚	薄膜、厚度	厚薄	厚度小的
8	博／约	博物馆、简约*	由博返约	广博
9	长 cháng／短	长期、短期	长短	时空距离大
10	陈／新	陈旧、新闻	推陈出新	陈旧
11	丑／美	丑恶、美丽		相貌难看
12	出／入	出去、进入	出入	由内到外
13	存／亡	存在、灭亡	存亡	存在，生存
14	大／小	大声、小型	大小	大的
15	得／失	得到、失去	得失	取得，获得
16	低／昂	低头*、昂头*		低头
17	动／静	运动、安静	动静	摇动，振动
18	多／少	多数、少数	多少	数量多
19	恶 è／善	罪恶、改善	善恶	罪过
20	恶 è／美，好	恶劣、美好		丑，劣
21	费／省	费用、节省		花费，耗费
22	副／正	副食、正本*		位居第二
23	富／贫	财富、贫穷	贫富	多财
24	高／下	提高、下边	高下	高
25	合／分，开	集合、瓜分、开口		合起来
26	横／纵	横行、纵横	纵横	横的方向
27	后／前	后边、前边	前后	位置在后
28	后／先	落后、事先	先后	时间较晚
29	呼／吸	呼吸、吸烟	呼吸	出气
30	缓／紧	缓和、紧张		松
31	缓／严	延缓、严格		宽

续表

序号	反义语素组	《等级大纲》例词	联合构词	前置语素上古义项
32	缓／疾，急	缓慢、疾步*、着急	缓急	急速
33	吉／凶	吉祥、凶兆*	吉凶	吉利
34	记／忘	记忆、忘记	忘记	记住
35	俭／奢	勤俭、奢侈		节约
36	近／远	附近、永远	远近	近
37	进／退	进步、退步	进退	向前、向上移动
38	苦／甘	苦瓜*、甘蔗		味苦
39	来／往	来回、往来	来往	到来
40	利／弊，害	有利、弊病、害处	利弊、利害	利益
41	廉／贪	廉洁、贪污		不苟取
42	乱／治	混乱、治理		不治，不太平
43	略／详	省略、详细		简单
44	卖／买	出卖、购买	买卖	以物换钱
45	男／女	男人、女人	男女	男性
46	南／北	南边、北边	南北	方位名
47	强／弱	强大、软弱		弱的反面
48	怯／勇	胆怯、勇敢		胆小，畏缩
49	勤／惰	辛勤、懒惰		尽力做事，勤奋
50	轻／重	减轻、重量	轻重	分量小
51	取／舍	取得、舍得	取舍	拿来，拿到手
52	少 shào／老	少年、古老	老少	年幼，年轻
53	伸／屈	伸展、屈指		伸直
54	始／终，末	开始、终于、周末	始终、始末	开始，最初
55	是／非	实事求是、似是而非	是非	正确
56	守／攻	守卫、进攻	攻守同盟	防守，守卫
57	疏／亲	疏远*、亲切	亲疏	关系疏远
58	私／公	私人、公园	公私	私有的
59	死／生	死亡、生日	生死	生命终结
60	损／益	损失、日益	损益	减少，损害
61	天／地	天上、地下	天地	地面的上空
62	同／异	不同、异常	异同	同样

序号	反义语素组	《等级大纲》例词	联合构词	前置语素上古义项
63	外／内	外边、内部	内外	外面
64	伪／真	伪造、真正	真伪	假
65	真／假	真实、半真半假	真假	真正
66	西／东	西边、东边	东西	方位词
67	细／粗，大	细小、粗大*	粗细	直径小的，小的
68	先／后	事先、以后	先后	时间在前的
69	向／今，背	向来、如今、背后	向背	从前，旧时；背对着
70	夜／日，昼	夜里、日夜、昼夜	日夜、昼夜	天黑至天亮
71	易／难	容易、难题		容易
72	有／无	没有、无限	有无	有
73	直／曲	直线、曲线	曲直	成直线形状
74	拙／巧	笨拙、灵巧		笨
75	自／人	自己、别人		自己

通过对表4-3的分析，我们可以总结出反义语素的几个特点。

(1) 反义语素的形成是以义项为基础的。由于语素的多义性，一个语素可以同时具有多个义项，而反义语素一般只限于其中某一个或几个义项，如"呼"与"吸"是一对反义语素，但"呼"上古有叫喊、叫唤、出气3个义项①，只有在"出气"这个义项上，与"吸"构成了对应关系。再如"利"有5个义项②，只有义项①"锋利、锐利"，义项③"利益"，分别与"钝"和"害、弊"构成了反义语素。

(2) 反义语素本身构成了很多联合式词语，这既是我们可以总结归纳的汉语词汇的特点，同时也对我们的语素与词汇教学提供了可以开拓的空间。如在这75组反义语素中，有54组可以联合构词，占总数的72%，包括"安危、长短、大小、得失、动静、前后、先后、忘记、远近、进退、来往、买卖、男女、始终、始末、是非、公私、生死、天地、异同、先后、日夜"等。

(3) 反义语素的多素交叉情况明显。反义语素一般为一对一形式，

---

① 《王力古汉》，第111、109页。

② 《现汉》，第800页。

也有为一对二或一对多的。一对二的如"合",表示"合起来"的意思,分别与"分"和"开"相对,如"分离、分散、分裂""开口、开胶、盛开"等;再如"后",表示位置在后时,与"前"相对;表示时间较晚时,与"先"相对。一对多的,如"纵""横""竖""直""曲"等一组。"横"在上古表示"横的方向",与"纵"相对,引申义为"横向,横放着";"竖"为"竖立,直立"义,引申为"纵",与"横"相反;"直",成直线形状,与"曲"相反。① "横"有10个义项,前4个义项分别注明了反义关系:① 跟地面平行的(跟"竖、直"相对):横额｜横梁。②地理上东西向的(跟"纵"相对):黄河横贯本省。③ 从左到右或从右到左(跟"竖、直、纵"相对):门口横着一根木头。④跟物体的长的一边垂直的(跟"竖、直、纵"相对):人行横道。"直"也是10个义项,前3个义项表示反义关系:① 成直线的(跟"曲"相对):笔直。②跟地面垂直的(跟"横"相对):直升机。③ 从上到下的;从前到后的(跟"横"相对):横行的文字。

(4) 反义语素在现代汉语中的功用呈现不同层次。

第一,有在现代汉语中消失的,如"卑"与"高",根据《王力古汉》②,"卑"上古义为"低,不高",与"高"相对,《诗·小雅·正月》:"谓山盖卑,为岗为陵。""卑"与"高"的反义关系,现代汉语中已不存在,《现汉》也未见用此义项构成的词语。当然,我们说的消失,只是指上古的两个可以构成反义关系的语素在现代汉语中不再以对应的形式出现,其本身所携带的语义,或由上古义发展而来的引申义,有些仍活跃在现代汉语中,并可以据引申义而构成新的反义组合。如"卑"由"低,不高"的上古义引申为"贱"义,又与"尊"形成了对应关系,构成"尊卑有序"等词语。

第二,有些虽然还出现在现代汉语词语中,但往往为"硕果仅存"或构词甚少。如"高"与"下"在上古为反义关系,现代汉语中也保留了"高下"一词,有"难分高下"的表达,但"下"的上古义现代基本上被"低"取代了。

第三,有些反义语素仅仅保留在合成词语中,不经过特别解释已难以

---

① 《现汉》,第534、1670页。
② 《王力古汉》,第90页。

理解了。如与"今"相对的"向",上古表示"从前、旧时"义,在现代汉语中这个语义只见于"向来、向例、一向"等少量词语中。

(5) 反义语素的古今对应情况非常复杂。如"直"在《王力古汉》中释为:成直线形状,与"曲"相反①。此义项在《现汉》中扩大为3个义项,对应语素也相应增多:①成直线的(跟"曲"相对)。②跟地面垂直的(跟"横"相对)。③从上到下的;从前到后的(跟"横"相对)②。下面我们以《王力古汉》与《现汉》对"利、弊、害、益、损、钝、锐、快、慢"的语义分析与标明的反义语素为例,列表以观察反义语素的古今对应情况(见表4-4)。

表 4-4

传承语素	《王力古汉语字典》		《现代汉语词典(第6版)》		例词
	语义	反义语素	语义	反义语素	
利	①利益	害	①利益;②锋利	弊、害;钝	利弊、利害;利刃*
弊	①弊害	利	①害处,毛病	利	弊端、利弊
害			①祸害,害处;②有害的	利、益;益	灾害、害处;害虫
益			①好处;②有益的	害;害	利益、有益;益虫*
损	①减少;②有害处	益;益			损失;损害
钝			①不锋利	快、利、锐	钝器*
锐			①锐利	钝	尖锐、锐利
快			①速度高,费时短;②锋利	慢;钝	快餐、快速;快刀斩乱麻*
慢			①速度低,费时长	快	缓慢

从表4-4可见,反义语素的古今对应关系呈现出复杂多变的情况,相互间处于一个错综交织的网络之中。

(6) 反义关系古今有些发生了很大变化。如:"真—假"和"真—伪"。"真、假、伪"都为传承语素,在《等级大纲》中也构成了"真正、认真、真心、半真半假、假如、假装、伪造、虚伪"等词语。根据

---

① 《王力古汉》,第782页。

② 《现汉》,第1670页。

《王力古汉》，"假"上古有"暂摄职务"义，引申为非真的，伪的（后起义）；"真"的本义为"天性、本性"，引申为真诚、真正，特指实授官职，与"假"（暂时代理）相反；"伪"本义为"欺诈"，引申为假的，与"真"相对①，上古义与今义变化明显。

二 同义语素的语义类型与替换

（一）同义语素及其辨析

同义语素的语义类型包括等义语素与近义语素两类。

等义语素如"妒"与"嫉"。屈原《离骚》："羌内恕己以量人兮，各兴心而嫉妒。"这两个语素所表示的"妒嫉"义，古今没有变化，二者并联合构成了"嫉妒"。再如"恐"和"畏""惧"，也基本上可以作为等义语素，古今都表示"害怕"的意思，如"恐怖、恐惧、畏惧、大无畏"等。

据我们的不完全统计与观察，大纲词语中完全同义的传承语素极少，绝大多数为语义相近的情况。近义语素的区别主要表现在以下几方面。

（1）语义轻重不同

如"病"与"疾"。古人多以为"疾"轻而"病"重，"疾病"为"病"的总称。现代汉语中我们不能换"积劳成疾""病入膏肓"为"积劳成病""疾入膏肓"，一方面固然有约定俗成的因素，另一方面也有传承语素义的原因。其他如"残疾"的语素选择，也应该有语义的因素在起制约作用。

再如"教"与"诲"。两个语素都有教导义，《说文》②："教，上所施，下所效也。"《论语·述而》："学而不厌，诲人不倦。"根据《王力古汉》③："教"带有强制性，"诲"重在启发、诱导。

（2）指称对象不同

如"皮肤"是由"皮"和"肤"两个同义语素构成的并列式合成词。"皮"在上古专指兽皮，"肤"则用于指人。后来语义发展，皮也可以用来指人，但"肤"只能指人。这就可以解释为什么"肤色、肌肤、体无完肤、切肤之痛、润肤霜"中的传承语素"肤"都不可换为"皮"，

---

① 《王力古汉》，第39、785、48页。

② 许慎：《说文解字》，中华书局2013年版，第64页。

③ 《王力古汉》，第1279页。

而用"皮"构成的词语，如"牛皮、马匹、羊皮、狼皮、皮草、皮包、皮尺、皮带、皮革、皮夹子、皮匠、皮具、皮毛、皮子"等，"皮"也都不可换为"肤"。

再如"女"与"妇"。"女"在上古可以泛指"女性"，与"男"相对；指"女儿"，与"子"相对。但"妇"只能用来称已婚女子，未婚不可以称"妇"。这就可以解释为什么"媳妇、夫妇、老妇、妇道"等不能用"女"替换，而"少妇"用"女"替换后意思发生了变化：少妇为已婚女子，少女为未婚女孩。"仙女、美女、歌女、舞女"等之所以为"女"独占，是因为这类词语一般说来都是指未婚年轻女子。

(3) 语义侧重点不同

"舍"与"居、住"为同义语素，都有"处、住"的意思。我们可以说"住室"，也可以说"居室"，可以说"寒舍"，也可以说"寒居"。但"住院""宿舍""定居"等都不可以用其他同义语素替换，因为"居"指久住：《列子·汤问》："北山愚公者，年且九十，面山而居。"大纲词语中有"邻居、居民、居住、居室、定居"；"住"则为后起义，有短住的意思，如"住院"；"舍"在上古为"客舍"和外出留宿，《庄子·说剑》："夫子休，就舍待命。"有临时居住义，如"宿舍"。

再如"步、走、奔、行"。东汉刘熙《释名·释姿容》："徐行曰步，疾行曰趋，疾趋曰走。"《尔雅·释宫》邢昺"走"与"奔"字下疏云："走，疾趋也。""奔，大走也。"该组语素虽都有"行走"的意思，但速度上有差别，"步"最慢，如"散步、脚步、步行、步子、同步"；"走"是"跑"，所以有"东奔西走、逃走"，"跑"为后起字；"奔"最快，有"奔跑、奔驰、奔腾"等构词；而"行"在上古为今义"走"的意思，大纲词语中也有"行人、步行、旅行、游行、送行、行军、同行"等。

(4) 语义范围大小不同

如"观、察、望、览、见、睹、视、看"一组："观"是细看，带有主观目的性的看，范围也很宽泛，大纲词语中有"参观、观光、观赏、观测、观察"等；"察"是仔细查看，有为了解情况而细看义，如"察看、察访、察觉、察验、察言观色、观察、考察"等；"望"是向远处看，如"望远镜、展望、盼望"等，而"期望、愿望、指望、渴望"等则含有对未来的希望；"览"一般限于景物或文字，如"游览、阅览、纵览、博览、一览"等；"见"是表视觉行为的结果，所以有成语"视而不见"的表达，再如"听见、看见、碰见、遇见"等，均不可用其他同义语素代替，也是因为"见"所表示的为视觉行为结果义；"睹"与"见"同义，如《易·乾》说"圣人作而万物睹"，所以有"目睹""熟视无睹"；"视"上古相当于现在的"看"，一般是从近处看，是表示看的动作，《荀子·劝学》："目不能两视而明。"如"近视、视力、视线、蔑视、电视、注视、监视、凝视"等；"看"本是看望、探望义，魏晋以后才有现在的意义，并逐渐取代了"视"，如大纲词语中的"眼看、观看、好看、难看"等。

（二）同义语素的替换与并存

1. 同义替换

传承语素与相对应的后起同义语素共存，是现代汉语词汇系统中的一个普遍现象。二者间有的可以同义替换，有的则表现为"异义"并存。同义替换丰富了汉语词汇的表现形式，"异义"并存则从一个侧面表现出汉语词汇的复杂多变与丰富多彩。

同义替换是指传承语素与相对应的后起语素可以进行语素替换而不改变任何一种词语形式的基本含义。

有些同义替换是双向的，它包括了两种不同的情形。一是在替换时受到一定条件限制的，如"跌足"与"跺脚"，在"足"与"脚"同义替换的同时，另外的构词语素也要发生相应的变化，将带有文言色彩的语素"跌"同义替换为口语色彩较强的"跺"，从而形成词语内部的连带性替换；二是在替换时不受连带条件限制的，如"足尖/脚尖、足癣/脚癣、足心/脚心、平足/平脚；忌口/忌嘴、改口/改嘴、顺口/顺嘴、张口/张嘴"等，这种情况下是否使用带有传承语素的词语，往往取决于个人或地区的语言表达习惯。

有些同义替换则仅局限于传承语素单边，同义的后起语素不可逆向换用。如大多数用"足"做语素的双音节合成词都可以用"脚"替换，形成平行词语，如上文列举的一组词，但能用"脚"的很多不能逆向换为"足"，如"足癣"与"脚癣"为一组同义词，"脚气"为"脚癣"的通称，但"脚气"却不可用"足气"来同义替换；"裹足"与"裹脚"同义，但"裹脚布"却不能同义替换为"裹足布"。再如一般词语中大量存在的方言词语"脚脖子、脚孤拐、脚劲、脚片、脚丫子、打脚"，都不能用传承语素"足"替换。

2. "异义"并存

所谓"异义"并存，是指包含有传承语素的词语表面上看与相对应的后起同义语素构成替换关系，而实际上意义却发生了很大的变化，这表现出汉语词汇的复杂性。

并存的一组词语，如果是单义词，必然是整个词义的变化，如"亲口"表示"话出于本人的嘴"，换为"亲嘴"后，表示的是"两个人以嘴唇相接触以示亲爱"；"足下"在书信中表示对朋友的敬称，"脚下"却指的是"脚底下"；"国足"指"国家足球队"，"国脚"表示的则为"国家队运动员"，词语间异形异义，无疑应作为两个独立的词分别掌握。

多义词的情形则较为复杂，如"手足无措"也可同义变换为"手脚无措"，"手足""手脚"无别。但"手足"还表示"弟兄"的比喻义，如"情同手足""手足之情"，却是"手脚"的义项中没有的；而"手脚"还可以表示"为了实现某种企图而暗中采取的行动"，如"做手脚"，这个义项"手足"也没有，对这类情况我们应仔细分辨。

需要注意的是，传承语素与相对应的后起同义语素有的虽然可以替换，但替换往往是有条件的。第一，二者的对应关系明显，即基本意义相同，词性也相同，如"面"和"脸"都有表示"头的前部"的义项且都为名词，这时方可以替换。第二，可以替换而形成的同义词语，选用时则往往有色彩上的差异，如"足心"与"脚心"所表现的语体色彩的不同，"嘴头"因其方言色彩而有别于"口头"。第三，多义词的替换情况千差万别：多义词中有的义项不能替换，包括引申义本身发生了变化的不能替换，如"面"由表示"脸"的名词变为有副词义的"当面"，如"面谈、面授、面洽、面叙、面议"等；有的义项虽然可以替换，但替换后情况比较复杂，要作具体的辨析，如"面"表示"脸"这个义项时，有时可以替换，如"面色＝脸色""脸子＝面子"（"情面"义），但"脸子"还有个义项，表示"不愉快的脸色"，就不可随意替换。

传承语素是现代汉语词汇系统中联系古今的纽带，传承语素对上古义既有继承也有发展，从而形成传承语素义与词义之间错综复杂的关系，这是造成汉语词汇教学面临诸多困难的原因之一。本章对传承语素义的考察分析表明，如果我们能细致辨析传承语素义与词义间的各种关系，深入分析传承语素义的发展和变化，就能够在国际汉语词汇教学过程中准确地进行词义辨析，有效地提升词汇教学的效果。

第五章

汉字与传承语素的关系

汉字是汉语的书写符号系统，汉字的产生和发展与汉语关系至为密切。无论是汉字研究还是汉语研究，对二者关系的考察都是十分重要的。然而，在汉字汉语的研究和教学实践中，这却一直是一个薄弱的领域。本章结合国际汉语教学和研究的实际，以《等级大纲》和《等级划分》所收汉字为例，对汉字与现代汉语传承语素的关系进行初步的考察分析。

第一节 字、词字与语素字

一 《等级大纲》与《等级划分》用字的基本情况

（一）《等级大纲》中的用字情况

《汉语水平词汇与汉字等级大纲》包括《词汇等级大纲》与《汉字等级大纲》两部分。其中《汉字等级大纲》共收汉字2905个，包括表示姓氏和地名的丙丁级附录41个。二者的基本数据如表5-1所示①：

表5-1

	甲级	乙级	丙级	丁级	总计
词汇	1033	2018	2202	3569	8822
汉字	800	804	590+11	670+30	2864+41

关于汉字大纲分级的原则，刘英林、宋绍周在《等级大纲》（代序）中总结为三点：一是以相对应的词汇总量及词汇分级为基础和必要条件；

---

① 《等级大纲》，第24页。

二是以《现代汉语常用字表》中的2500常用字和1000次常用字的分级为重要参考依据;三是要运用定性与定量相结合的综合集成方法,在一定范围内进行必要的定向性联想添加。"汉字的总量筛选与分级,是对外汉语教学的一种新尝试。这种尝试的根本目的,是规定对外汉语教学汉字学习的总量,对这种总量进行阶段性分级,而这种分级又要与词汇分级相衔接、相协调,同时还要考查汉字的构词能力及常用程度。为了这个目的,在编制汉字总表及分级字表时,必须进行必要的定向联想添加。"[1]

我们对《汉字等级大纲》的800个甲级字进行了逐一考察,其中686个汉字与传承语素相关。我们说"相关"而不是"等同",就是因为汉字与语素并不是一一对应的关系。以"别"为例。"别"有两读:bié 与 biè。"别 bié"在《等级大纲》中构成了"别的、别人、区别、个别、别处、别字、差别、级别、性别、辨别、鉴别、派别、识别"和"分别、告别、不辞而别、离别",分别表示"区别"与"离别"两个不同的传承语素义。"别 biè"在《等级大纲》中构成了"别扭"一词,是"彆"的简化字。《说文·弓部》:"彆,弓戾也。"[2] 引申为不顺从,执拗。"彆 biè"在简化后与"别 bié"同形,这样,三个不同的传承语素用了同一个汉字。

再如"干"。"干"也有两读:gān 和 gàn。以传承语素做标准,"干"在《等级大纲》中记录了不同的语素义项,如"干¹ gān"为"没有水分或水分很少","干² gān"为"冒犯"。而"干¹ gàn"指"事物的主体或重要部分","干² gàn"指"能做事"。"干¹ gān"简化前写作"乾","干¹ gàn""干² gàn"简化前分别写作"幹、榦"和"幹"。简化后几个语素只用同形的"干",在"干净、干杯、干脆、干燥、饼干、干旱、若干、包干儿、一干二净、干涉、干扰、干预、干活儿、干吗、干劲、才干、骨干、干线、树干"等《等级大纲》词语中,同一个"干"字有两个读音,代表了四个不同的传承语素。

根据我们的粗略统计,《等级大纲》中686个汉字实际代表了773个语素。此外,298个甲级语素,除"尺"归入乙级字,其余全部为甲级字。

---

[1] 《等级大纲》,第24、27页。
[2] 《说文解字》大徐本脱"彆"字,段玉裁据《诗·采薇》释文正义所引增补。见段玉裁《说文解字注》十二篇下,上海古籍出版社1981年版,第641页。

(二)《等级划分》中的用字情况

《等级划分》的汉字总量为3000个,包括三个等级,五个小层次。三个等级包括一级汉字(普及化等级汉字)900字,二级汉字(中级汉字)900字,三级汉字(高级汉字)900字;五个小层次是指在一级汉字(普及化等级汉字)内部又设立300字的最低入门等级,在三级汉字(高级汉字)中又增加高级"附录"300字。具体如表5-2所示:

表5-2　　　　　《等级划分》中的汉字等级划分

三个等级	五个小层次（3+2）	汉字量（个）
一级（普及化等级）	入门等级	300
		600
	合计	900
二级（中级）		900
	合计	1800（900 一级字+900 二级字）
三级（高级）		900
	高级"附录"	300
	合计	3000（900 一级字+900 二级字+900 三级字+附录 300 字）

基于《等级大纲》的传承语素语料库,我们对入门等级的300个汉字进行了逐一考察,其中251个汉字与传承语素相关,占该类总量的83.67%。另外49个汉字,有些汉字字形已在该等级出现,如《最低入门等级音节、汉字、词汇表》①,如表5-3所示:

表5-3

序号	汉字	音节	词语
42	得	dé	得到
		de	得
43	地	de	地
		dì	地点、地方、地上

---

① 《等级划分》,第327页。

续表

序号	汉字	音节	词语
82	还	hái	还、还是、还有
		huán	还

其中"得dé""地dì""还huán"为传承语素，而同一序号下的"得de""地de""还hái"则为后起语素，汉字与语素并不一一对应。

二 词字与语素字

现代汉语传承语素在上古多为一个单音节词，在书写形式上则为一个汉字，字、词和传承语素从书写形式上看基本一致。但是，就现代汉语而言，三者如何区分，一直是学界有争议的问题。如"保"与"堡"。"保"在上古有"教育、保养、守卫、城堡"等含义，后表示"城堡"义的写作"堡"，成为"保"的后起分化字，"保"与"堡"常被称为"古今字"或"区别字"。再如"荼"为古"茶"字，"茶"为后起字。《说文解字》①"茶"作"荼"，徐铉曰："此即今之茶字。"《王力古汉》："茶字在《广韵》属麻韵澄母，而古为定母鱼部，古读本近荼（tú）。后来舌头音分化出舌上音，鱼部演变出麻韵，作茶用的'荼'，转入麻韵，念宅加切（chá），字亦作'茶'。"②"堡"和"茶"是否为传承语素，关涉到汉字字形与传承语素的关系。我们认为，作为分化字虽然在书写形式上发生了变化，但是其记录的词语或语素与本字所记实际上是相同（如"茶"之于"荼"）或相通的（如"堡"之于"保"），因此，不能简单地从书写形式上来判定汉字与传承语素的关系，现代汉语传承语素与汉字字形并不总是一一对应的。

为了便于进一步讨论这个问题，我们将"词"分为"上古词"与"现代词"，将"语素"分为"传承语素"和"后起语素"，同时有必要将"字"区分为"词字"和"语素字"两类。所谓词字，是指字记录的为一个词，词的书写符号就是词字。所谓语素字，是指字记录的是一个语素，语素的书写符号就是语素字。在上古汉语阶段，单音节词是词汇系统

---

① 许慎：《说文解字》，中华书局2013年版，第20页。
② 《王力古汉》，第1063页。

的主体，一个字记录的就是一个单音节词，因此上古汉语阶段出现的字在绝大多数情况下也就是词字。当经历了中古时期语素化过程之后，古汉语阶段的词大都转化为现代汉语的语素，与此同时原来的词字也就相应转变为语素字。考察汉语和汉字发展历史，我们会看到即使在古汉语阶段，汉字系统也是处于不断调整和优化过程之中的，随着词义系统的引申发展和词语的孳乳派生，相应也会产生记录引申义或派生词的分化字；而同音假借的普遍存在，使本字和假借字在文本中并存，并进而影响本字和借字关系的重新确定，出现了一些专为本字或假借字新造的字形。这些因素，导致词字不仅有本字，还有分化字和假借字，与此相应，语素字同样不仅有原生语素字，也有分化语素字和假借语素字。需要指出的是，现代汉字是经过简化和整理的书写系统，由于采取同音替代等简化方式，使字形系统与语素关系变得更加复杂，这又为汉字字形与传承语素关系的确定增加了难度。我们以"堡""茶""现""悦"等字为例，将上述分析讨论涉及的有关概念以表 5-4 表现如下：

表 5-4

字	原字/今字	保/堡	茶/茶	见/现	说/悦
词	上古词	保	茶	见	说
	现代词	0	茶	现	0
词字	词本字	保	茶	见	说
	分化字	堡	茶	现	悦
语素	传承语素	堡	茶	现	悦
语素字	原生语素字	保	茶	见	说
	分化语素字	堡	茶	现	悦

第二节　传承语素与汉字的一般关系

汉字与汉语的关系十分复杂，就现代汉语传承语素而言，汉字与它的关系大体可分为以下几种。

（1）汉字与传承语素完全对应，且古今不变的。如"言"，《论语·先进》："夫人不言，言必有中。""言"为"说、说话"义，在大纲词语"语言、发言、谣言、自言自语、寓言、总而言之、宣言、言论、言语"

中的"言"都是这个意思,汉字"言"既作为古代的词字也作为现代的语素字,二者完全一致。

(2) 语言中有词而无词字,假借一个已有的字作为书写符号,通过假借实现从无字到有字的。如"然"本是词字,本义为"燃烧",借用来作为表示"这样、那样、是的、对的"以及用作形容词词尾"然"的词字或语素字,后来另造"燃"来作为表示本义的词字,在大纲词语中就有"燃料、燃烧、点燃"和"当然、忽然、突然、虽然、然后、然而、必然、不然、果然、既然、仍然、显然、自然、大自然、竟然、居然、理所当然、猛然、偶然、天然、要不然、依然、公然、固然、茫然、毅然"等两个不同系列的词语。

(3) 汉字与传承语素阶段性对应,而字形发生分化或调整的。如"见",在上古有"看见、拜见、出现"等意义,我们姑且称之为"见¹:看见"和"见²:出现"。在历史发展中,"见¹"与"见²"的字形发生了分化,在"显示、出现"等意义上,作为后起字的"现"成为"见"的分化字,在大纲词语中分别有"见面、看见、听见、意见、再见、会见、接见、碰见、遇见、见解、可见、见识、见效、常见、由此可见、显而易见、罕见、偏见、预见"和"表现、现代、出现、发现、实现、现在、现实、现象、现成、体现、现场、现金、现行、现状、显现、兑现、展现"两个词语系列。值得注意的是,《现汉》[①]在"xiàn"字条目下仍列出了"见",指出其使用范围为书面语体,义同"现"的义项之一:表露在外面,使人可以看见,如"图穷匕首见"。对这类现象,只有结合汉字与传承语素发展阶段性对应来分析,才能真正从源头上厘清它们的关系。

第三节 汉字字形与传承语素的复杂关系

汉字与传承语素的关系是由汉字与汉语的关系决定的。由于汉字的发展变化,字形系统内部关系相当复杂,这就使得汉字与传承语素的具体关系变得非常复杂。

---

① 《现汉》,第 1414 页。

一 字形分化形成的复杂关系

有些词字或语素字是本字先出现的,也有些是本字后出现的。如"仓库"的"仓",上古为"谷仓"义,后引申为"船舱"义,本字"舱"实际是"仓"的分化字。"冒",本指冠冕,因此有"蒙蔽、覆盖"等从本义引申出来的义项,后来又新造"帽"字来专指本义,"冒"也只有引申义用法了。由于字形的古今变化,在利用语素理解词义时往往会令人不得要领。如果我们在分析以"冒"为语素构成的词语时,揭示出"冒"的本义,就比较容易理解合成词"冒充、冒功、冒领、冒名、冒牌、冒头"的意思了。"奉"在上古有"侍奉""俸禄"义,表示"俸禄"义的后来写作"俸",《现汉》中有"薪俸、俸禄"等词,"奉"在大纲词语中则有"奉献、无可奉告"等。"懈",原来写作"解",据《王力古汉》,"解"是解开,解除,解开就松了,所以引申为松懈,"松懈"的"解"后来写作"懈"。①

有些字本来是同源分化字,但经过简化后又合并为同一个语素字,如《等级划分》中"获得、获奖、获取、获胜、获悉、收获"等词中的"获"字。《王力古汉》:"在渔猎时代获得禽兽叫'獲',在农业时代获得谷物叫'穫'。两字同源。但收割庄稼可写作'獲',猎获禽兽不写作'穫'。今都简化为'获'。"②上古汉语原来使用"獲、穫"两个词字,汉字简化后现代汉语只用"获"一个语素字。

有些同源词字分化后,又在某些义项上发生联系。如"才、材、财"三字同源,其字形逐步分化,但在某些义项上可以通用。如"才"表示"才能",但也有"资质、品质"的用法;"财"表示"财富",但也可以通"材"和"才",表示"材料"和"才能";"材"表示"木材,材料",但也可以指有才能的人和财物。《王力古汉》:"木有用叫做'材',物有用叫做'财',人有用叫做'才'。"③ 表示"方始、仅"的用法,古代字形为"纔",汉字简化后写作"才",如表示时间短暂的副词"刚才"。在现代汉语中,"刚才"的"才"与"才能、天才、才干、才智"的"才"成为同音语素;"财"只作为钱和物质的总称,如"财产、财

---

① 《王力古汉》,第 1256 页。
② 同上书,第 704 页。
③ 同上书,第 348 页。

富、财政、财经、财会、财力、财务、发财";而"材"不再指财富,主要指"材料"义,如大纲词语"教材、木材、器材、身材、棺材、原材料、题材、药材"等,但现代汉语中"材"还有一个义项,即"有才能的人",因此形成异形同音同义词"人才"和"人材"。

二 字形简化和调整形成的复杂关系

由于汉字的简化,有些语素字被人为地造成了同形关系。如上举"别扭"的"别",为"彆"的简化字,与"分别""区别"的"别"构成了同形语素字。再如"松树"的"松"与"轻鬆"的"鬆",前者为传承语素,后者见《玉篇》,为后起语素,在简化后与前者同一字形,成为同形语素字。"面包"的"面",繁体写作"麵",与今义相同,《说文解字》:"麵,麦末也。"① 为麦子磨成的粉。但简化后,"麵"与表示"脸"的"面"同形,成为同形语素字。

另外,还有一些不同的词字或语素字,由于简化或分化调整则又成为异素同形字。如"几jī"与"几jǐ"。"几jī"可区分为"几¹"和"几²",前者原本是"矮桌儿",又为姓氏字;后者是繁体字"幾"的同音替代字,原本表示"隐微、事务、将近"等意思,简化后写作"几"。"几jǐ",也是"幾"的同音替代字,本为"询问数目多少"。繁体字"幾"实际应分为"幾¹"和"幾²",简化后字形都写作"几"。本来是不同的传承语素,因为汉字简化而成为异素同形字。

再如"着"与"著"。"着"在大纲词语中有三读:在"接着、闹着玩儿、意味着、本着、随着"中读"着 zhe",在"着急、着凉"中读"着 zháo",在"着手、着重、着想、沉着"中读"着 zhuó"。三个读音不同的"着"是字形调整形成的异素同形字。关于"着"的字形分化和调整情况,《王力古汉》有个说明:"着"最早写作"箸",有"筷子""明显""留止""穿着"义。"箸"后来专用来指称食具筷子,而表示明显、留止的意义分化出"著"字来表示。"著"的常用义读音再分为两系:一系读去声 zhù,用于显著、著作等;一系读阳平 zhuó(原为入声),用于著衣、附著、著落等,而后一系的字形再变作

---

① 许慎:《说文解字》,中华书局 2013 年版,第 107 页。

"着"。① 这样,《现汉》表示"穿、接触"等义的"着¹ zhuó"和表示"派遣"义的"着² zhuó",与表示"下棋的一步"的"着 zhāo""挨上、受到"等义的"着 zháo"和"表示动作持续"的"着 zhe"等就构成异素异音同形关系。这种情况使得《等级大纲》和《等级划分》,包括《现汉》中的一些语素字写作"着"的常用词语辨析和理解起来就变得很困难。

三 字义系统变化调整形成的复杂关系

有些字上古已经存在,但所表示的上古义或在现代汉语中消失,或后起义与上古义完全不同。我们在确定这类字与传承语素的关系时,只能根据现有词的构成情况加以判断。例如"该"字,是《等级大纲》中的甲级字,也是《等级划分》中的最低入门等级汉字。"该"在上古有"具备、完备"义,引申义有"包罗、包括"义;现代汉语中的常见义项"应当、应该""欠"以及"指上文说过的人或事物"等,则为后起义。因此,"该"作为汉字是个传承字,但其记录的语素,却不具有传承语素的资格,是个后起语素。"姐"的情况与此类似。《说文》:"蜀谓母曰姐。"② "姐"上古为母亲义,而作为"姊"的用法为后起义,《现汉》中也不见有"姐"为母亲义的构词,我们也同样认为"姐"为后起语素。"需"上古有"等待、迟疑"等义,现代汉语中表示的"需要"的含义为后起义。"需"的上古义在现代汉语中已消失,而且现代义与上古义之间没有什么引申承续的关系,因此我们认为"需"为后起语素。

第四节 同音语素与同形语素

汉字与现代汉语传承语素之间的复杂关系,一个较为突出的表现,就是一个语素字对应两个或多个不同语素的现象大量存在,在传承语素中形成了许多同音语素组和同形语素组。

---

① 《王力古汉》,第 881 页。
② 许慎:《说文解字》,中华书局 2013 年版,第 260 页。

一　同音语素

所谓同音语素,指的是同音同形异义的语素。因为异形语素写出来就是两个不同的汉字,一般不会造成歧解,我们不再专门讨论。同音语素的形成有多种原因,其中不少是由意义的分化造成的。传承语素经过不断发展,由于语义的发展和转化,导致多义语素各义项之间的联系疏离或中断,于是就出现了只有形式上相同的同音语素。如"管",在大纲词语的"管理、管辖、掌管、主管"和"管道、管子、血管"两个系列中,由于意义失去了联系,就分属于同音语素"管^1"和"管^2"。也有些同音语素是由于书写符号的借用而形成的。如表示长度单位的"米",是借自英语 meter 一词的音译书写符号,当这个"米"作为语素构词后,如"米制、分米、厘米、毫米、千米、万米",就与传承语素"稻米"的"米"构成一对同音语素。

粗略统计,《等级大纲》合成词中的同音语素有 267 个,构成了 129 个同音语素组。其中与传承语素相关的 124 组,涉及 257 个语素,占全部语素总数的 8.24%。每组大多为一对一关系,如"面子"的"面"与"面粉"的"面","别人"的"别"与"分别"的"别";也有一对多的关系,如"生日、研究生、生词"中的"生",就分别表示"出生、学习的人、陌生"等不同意思,为三个不同的语素。再如"方向、立方、方法","省略、策略、侵略","长征、征求、特征"都分别由三个同音语素构成。

在与传承语素相关的同音语素组中,《等级大纲》又分两种情况。

(1) 同音语素均为传承语素,包括:按、别、博、才、草、长、陈、从、代、待、当、道、抵、端、断、凡、方、复、概、干 gān、干 gàn、革、姑、谷、固、故、怪、官、管、果、号、核、候、忽、华、会、纪、经、纠、就、局、具、决、可、孔、控、里、率、略、面、明、命、偶、排、且、容、如、若、上、生、省、使、署、所、维、委、下、相 xiàng、向、效、以、义、易、益、营、原、运、则、征、之、支、志、质、致、自、纵、足,共 87 组,涉及 180 个同音语素,占语素总数的 5.77%。

(2) 传承语素与后起语素构成同音关系,包括"本、等、点、儿、法、番、汇、活、伙、竟、剧、款、况、老、连、聊、料、麻、米、批、偏、任、日、松、台、头、项、许、仪、要、元、越、阵、注、庄、装、准"等,共 37 组,涉及 77 个语素,占语素总数的 2.47%。

二 同形语素

一个汉字书写两个或多个不同语素,还可以在传承语素中形成同形语素。所谓同形语素,我们指的是同形异音异义的语素。如"没 mò"的传承义为"沉没、覆没",引申有"埋没、没收"等后起义。《等级大纲》和《等级划分》中都有"埋没"一词,《现汉》中有"没落、没收、沉没、出没、吞没、隐没"等常用词语。同形语素"没 méi"表示"没有"的意思,是后起语素,在《等级大纲》和《等级划分》中构成了"没关系、没意思、没有、没错、没什么、没事儿、没用、没说的、没辙"等词语。"没 mò"和"没 méi"就是一组同形语素。

粗略统计,《等级大纲》涉及合成词的同形语素 227 个,构成了 107 个同形语素组。其中与传承语素相关的 97 组,涉及 206 个语素,占全部语素总数的 6.60%。与同音语素一样,同形语素每组大多由两个同形语素构成,形成一对一关系,如"hǎo"和"好 hào",在《等级大纲》中分别构成了"好吃、好处、好看、好像、友好、问好、只好、好好儿、好久、好容易、好听、好玩儿、好些、不好意思、良好、美好、正好、最好、好比、恰好、要好、好多、好感、好坏、好说、好样的、好在、好转、幸好、恰到好处"和"爱好、好奇、好客"两个同形语素词语系列;"行 háng"与"行 xíng",则分别构成了"银行、行列、行业、外行、内行、各行各业"和"进行、旅行、行动、不行、举行、实行、送行、执行、行人、行驶、行为、行星、行政、发行、飞行、航行、可行、流行、平行、试行、一行、游行"两个同形语素词语系列。

也有一对多的关系,即每个同形语素组有三个或更多的成员。在这种由多个语素构成的组合中,大多数的语音形式还是只有两个,如"长 cháng"和"长¹ zhǎng""长² zhǎng",在大纲词语中分别呈现出"长期、长途、延长、长度、长久、长远、长处、长短、长寿、长征、漫长、擅长、专长、万古长青、天长地久、一技之长""班长、部长、队长、局长、校长、院长、厂长、市长、团长、组长、家长、师长"和"成长、生长、增长"等三个同形语素词语系列。

也有语音各不相同的,如"差 chā""差 chà""差 chāi",在大纲词语中包括了"差别、差错、差距、差异、偏差、误差、相差""差不多、差点儿"与"出差"三个异音同形语素词语系列;"恶è""恶wù""恶ě",分别构成了"恶化、恶劣、恶性、凶恶、罪恶、丑恶""可恶"和"恶心"三个异音同形语素系列;"的dì""的de""的dí",则构成了"目的""别的、有的、有的是、没说的、总的来说、真是的"和"的确"等词语系列。还有一些更为复杂的,如上举"干",实际是同音语素与同形语素相互交织在一起的。

与传承语素相关的同形语素组在《等级大纲》中可分为两种情况。

(1) 同形语素均为传承语素(见同形语素表5-5),包括:奔bēn/bèn(奔跑/各奔前程)、便biàn/pián(方便/便宜)、别[1-2] bié/biè(别人—分别/别扭)、参cān/shēn(参加/人参)、差chā/chà(差别/差不多)、长cháng/长zhǎng[1-2](长期/校长—成长)、朝cháo/zhāo(朝代/朝气)、称chèn/chēng(称心/称赞)、重chóng/zhòng(重复/重要)、处chǔ/chù(处理/好处)、畜chù/xù(家畜/畜牧)、传chuán/zhuàn(传统/传记)、答dā/dá(答应/回答)、担dān/dàn(担心/担子)、当[1-2] dāng/dàng(当然—不敢当/上当)、倒dǎo/dào(打倒/倒退)、调diào/tiáo(调查/调整)、都dōu/dū(全都/首都)、恶è/wù(凶恶/厌恶)、分fēn/fèn(部分/成分)、干[1-2] gān/gàn[1-2](干净—干扰/干劲—骨干)、更gēng/gèng(更换/更加)、行háng/xíng(银行/进行)、好hǎo/hào(好吃/爱好)、会[1-2] huì/kuài(晚会—体会/会计)、几jī/jǐ(几乎/几何)、间jiān/jiàn(房间/间接)、降jiàng/xiáng(降低/投降)、尽jǐn/jìn(尽管/尽力)、卷juǎn/juàn(烟卷儿/答卷)、觉jué/jiào(觉得/睡觉)、乐lè/yuè(快乐/音乐)、量liáng/liàng(商量/大量)、笼lóng/lǒng(笼子/笼罩)、露lòu/lù(露面/暴露)、率lǜ/shuài[1-2](效率/率领—草率)、难nán/nàn(困难/灾难)、宁níng/nìng(宁静/宁可)、强qiáng/qiǎng(强大/勉强)、曲qū/qǔ(曲折/歌曲)、散sàn/sǎn(散步/散文)、少shǎo/shào(多少/少年)、舍shě/shè(舍得/宿舍)、为wéi/wèi(认为/为了)、相xiāng/xiàng[1-2](互相/相声—照相)、兴xīng/xìng(兴奋/高兴)、要yāo/yào(要求/要紧)、应yīng/yìng(应该/答应)、与yǔ/yù(与其/参与)、载zǎi/zài(记载/载重)、正zhēng/zhèng(正月/真正)、只zhī/zhǐ(船只/只好)、种zhǒng/zhòng(各种/种植)、子zǐ/zi(女子/杯子)、钻zuàn/zuān(钻石/钻研),共55组,涉及118个同形语素,占语素总数的3.78%。

表 5-5

序号	同形语素	单用级别	甲级词	乙级词	丙级词	丁级词	上古义
1	奔 bēn	丙	0	0	奔跑	奔驰、奔腾、东奔西走	急走,跑
1	奔 bèn	丙	0	0	0	各奔前程	直趋,投向
2	便 biàn	乙	方便	便条、顺便、随便	便利、便于、大便、小便、简便、以便	便道、即便、轻便	有利,适宜
2	便 pián		便宜				安适,安宁
3	别¹ bié	丙	别的、别人	区别、个别	别处、别字、差别、级别、性别	辨别、鉴别、派别、识别	分开,区别;另外
3	别² bié	丙		分别、告别		不辞而别、离别	离别
3	别 biè					别扭	弓强戾不易调整
4	参 cān		参观、参加		参考、参谋	参军、参议院、参与、参阅、参照	考察,验证
4	参 shēn				人参		人参
5	差 chā				差别	差错、差距、差异、偏差、误差、相差	差别
5	差 chà	甲		差不多、差点儿			差别
6	长 cháng	甲		长期、长途、延长	长久、长远、漫长、万古长青	长度、长处、长短、长寿、长征、擅长、专长、天长地久、一技之长	时空距离大
6	长¹ zhǎng	丙		班长、部长、队长、局长、科长、校长、院长	厂长、省长、市长、团长、组长	家长、排长、师长、首长、县长	成年人,年纪大的
6	长² zhǎng	甲		成长、生长、增长	滋长	助长	增长
7	朝 cháo	甲				朝代	朝廷
7	朝 zhāo					朝气、朝气蓬勃、朝三暮四	早晨
8	称 chèn					称心、对称	相适应,符合
8	称 chēng	乙		称赞	称呼、名称	称号、简称、宣称、职称、尊称	称呼

续表

序号	同形语素	单用级别	甲级词	乙级词	丙级词	丁级词	上古义
9	重 chóng	乙		重叠、重复、重新		重申	重叠
	重 zhòng	甲	重要	重大、重点、重量、重视、严重	沉重、慎重、载重、着重、尊重	重工业、重心、重型、保重、笨重、繁重、加重、深重、郑重、重、庄重	厚重
10	处 chǔ	乙		处分、处理	处于	处罚、处方、处境、处决、处置、查处、判处、和平共处	处理，安排
	处 chù	乙	好处	到处、害处、坏处、用处	处处、别处、四处	长处、短处、恰到好处、深处	处所，地方
11	畜 chù					家畜、牲畜	人养的禽兽
	畜 xù					畜牧、畜产品	养（禽兽）
12	传 chuán	乙		传播、传统、宣传	传达、传染、传说、流传	传单、传授、传递、传送、传真、遗传	传授
	传 zhuàn	丁				传记	书传，记载
13	答 dā			答应			用语言回答对方提问
	答 dá	乙	回答	答案、答卷、解答	答复	答辩、报答、问答	用语言回答对方提问
14	担 dān	丙		担任、担心	担负、承担、负担	担保、担忧	担负，承当
	担 dàn	丁				担子	用肩挑
15	当[1] dāng	甲	当然	当地、当…的时候、当年、当前、当时、相当、应当	当初、当代、当面、当中、理所当然	当场、当心、当选、门当户对	对着，相当
	当[2] dāng	甲		不敢当	当家	当局、当事人、充当	动，担当
	当 dàng	乙		当做、上当、适当	恰当、妥当、正当	当天、不当、稳当	恰当

续表

序号	同形语素	单用级别	甲级词	乙级词	丙级词	丁级词	上古义
16	倒 dǎo	甲		打倒	倒霉、倒腾	倒闭、倒爷、颠倒、投机倒把	倒下
	倒 dào	乙				倒退、反倒	颠倒，倒转
17	调 diào	乙		调查、强调	调动	调度、调换	调动
	调 tiáo			调整	调节	调和、调剂、调解、协调、空调、烹调	调和，协调
18	都 dōu	甲	连…都/也…			全都	皆
	都 dū		首都		大都	都市	国都，首都
19	恶 è				恶化、恶劣、凶恶、罪恶	恶毒、恶性、丑恶	罪过，凶恶
	恶 wù				厌恶	可恶	憎恨，讨厌
20	分 fēn	甲	部分、分钟、分之…	分别、分配、分析、公分、瓜分	分布、分割、分工、分解、分离、分裂、分泌、分明、分散、分数、分子、分数、万分	分辩、分辨、分寸、分队、分红、分化、分类、分母、分批、分期、分歧、分清、按劳分配、百分比、比分、划分、区分	分开
	分 fèn			成分、充分、处分	分量、分子、过分、身份、水分	分外、恰如其分	职务，地位，本分
21	干¹ gān	乙	干净	干杯、干脆、干燥、饼干	干旱、若干	包干儿、一干二净	湿之反
	干² gān				干涉、干扰	干预	犯
	干¹ gàn	甲		干活儿、干吗	干劲	才干	能做事
	干² gàn				骨干	干线、树干	草木的茎
22	更 gēng					更改、更换、更新、更正、变更	改变
	更 gèng	甲			更加		更加

续表

序号	同形语素	单用级别	甲级词	乙级词	丙级词	丁级词	上古义
23	行 háng	乙	银行		行列、行业	外行、内行、各行各业	行列
	行 xíng	甲	进行、旅行	行动、行李、不行、举行、实行、送行、执行	行人、行驶、行为、行星、行政、发行、飞行、航行、可行、流行、平行、试行、一行、游行	走	行走
24	好 hǎo	甲	好吃、好处、好看、好听、好像、友好、问好、只好	好好儿、好久、好容易、好听、好玩儿、好些、不好意思、良好、美好、正好、最好	好比、恰好、要好	好多、好感、好坏、好说、好样的、好在、好转、幸好、恰到好处	美好，善
	好 hào	乙	爱好		好奇	好客	喜爱
25	会¹ huì	甲	会话、社会、晚会、宴会、一会儿	会场、会见、会客、会谈、会议、大会、运动会、工会、开会、展览会、约会、招待会	拜会、茶话会、这会儿、聚精会神、社会主义、舞会、协会、学会、议会	会同、会晤、会员、国会、集会、教会、酒会、聚会、全会、省会、与会、照会	会合，聚会
	会² huì	甲		体会、误会	理会、领会		领悟，理解
	会 kuài					会计、财会	年终结账
26	几 jī			几乎			几乎
	几 jǐ	甲				几何	多少
27	间 jiān	甲	房间、时间、中间、之间	车间、空间、期间	民间、人间、夜间	其间、田间	中间
	间 jiàn					间隔、间接	隔阂，间接
28	降 jiàng	乙		降低	下降	降价、降临、降落	降落
	降 xiáng				投降		投降

第五章 汉字与传承语素的关系　　131

续表

序号	同形语素	单用级别	甲级词	乙级词	丙级词	丁级词	上古义
29	觉 jiào	丙	睡觉				睡觉
	觉 jué	丙	觉得	觉悟、感觉、自觉	不觉、发觉	觉察、觉醒、不知不觉、视觉、知觉	觉悟，省悟
30	尽 jǐn	乙		尽管、尽量		尽快	尽量
	尽 jìn	乙			尽力		全部
31	卷 juǎn	乙			胶卷	烟卷儿	卷起来
	卷 juàn			答卷、试卷			书卷
32	乐 lè	丙		快乐	欢乐、娱乐	乐趣、乐意、享乐	愉快，快乐
	乐 yuè		音乐		乐器	乐队、乐曲	音乐
33	量 liáng	乙		商量	测量、打量		用特定工具测量事物
	量 liàng	丙		产量、大量、尽量、力量、数量、质量、重量	分量、含量、能量、热量	胆量、定量、较量、容量、少量	容量，能容纳的限度
34	笼 lóng				笼子、灯笼		竹制圆形器物
	笼 lǒng				笼罩		包举，笼罩
35	露 lòu	乙			露面		显露
	露 lù	丙			暴露、揭露	流露	露天
36	率 lù	丁		效率		汇率、频率、生产率	比率
	率¹ shuài			率领			带头，首先
	率² shuài					草率	率尔，轻率的样子
37	难 nán	甲	困难	难道、难过、难看、难受	难得、难怪、难题、难以、出难题、艰难、为难	疑难	困难
	难 nàn	丁			灾难	难民、苦难	灾难
38	宁 níng					宁静、安宁	安
	宁 nìng				宁可	宁肯、宁愿	宁可，宁愿

续表

序号	同形语素	单用级别	甲级词	乙级词	丙级词	丁级词	上古义
39	强 qiáng	乙		强大、强盗、强调、强度、强烈、加强、坚强	顽强、增强	强化、强盛、强制、富强、发奋、图强	弱的反面
	强 qiǎng				勉强		勉强
40	曲 qū				曲折、歪曲、弯曲	曲线	弯曲
	曲 qǔ				歌曲	曲子、谱曲、乐曲	歌曲，乐曲
41	散 sǎn	丙			散文		不自检束
	散 sàn	丙	散步		散布、分散	散发、一哄而散、解散、扩散	分散，散布
42	少 shǎo	甲	多少 shao	少数、不少、减少、缺少、至少	或多或少	少量、少数民族	数量小
	少 shào			少年	少女、少先队		年幼，年青
43	舍 shě	丁			舍得、舍不得		放弃，放出
	舍 shè		宿舍				客舍
44	为 wéi	甲	认为、以为	成为、作为	为难、为首、为止、到…为止、行为	为期、大有作为、无能为力、人为、无所作为	当作，做
	为 wèi	甲	为了、为什么、因为			为何	因为
45	相 xiāng	乙	互相、相信	相当、相反、相互、相似、相同	相对、自相矛盾	相比、相差、相等、相符、相关、相继、相交、相识、相通、不相上下、萍水相逢	互相
	相[1] xiàng				相声	首相	辅助，帮助
	相[2] xiàng		照相		出洋相、照相机	真相	形貌

续表

序号	同形语素	单用级别	甲级词	乙级词	丙级词	丁级词	上古义
46	兴 xīng	丁		兴奋		兴办、兴建、兴起、兴旺、复兴、新兴、振兴	起,起来
	兴 xìng		高兴	兴趣、感兴趣	兴高采烈		喜悦,兴致
47	要 yāo		要求				求
	要¹ yào			要紧、不要紧	要点、次要	要领、要素、纲要、纪要、简要、要领、首要、提要、摘要	要领,重要
48	应 yīng	乙	应该	应当			应当
	应 yìng	丙		应用、答应、反应、适应、响应	应酬、应付、应邀、供应	供不应求、对应、相应、照应	应对,答应
49	与 yǔ	乙			与其	与此同时	偕,和
	与 yù					与会、参与	参与
50	载 zǎi				记载		记载,记录
	载 zài	丙			载重		装载,装运
51	正 zhēng					正月	农历第一个月
	正 zhèng	甲	真正、正确、正在	正常、正好、正式、反正、改正、纠正	正当、正经、正面、正义、正当、端正、修正	正比、正规、正气、正巧、更正、不正之风、改邪归正	不偏,不斜
52	只 zhī	甲				船只	一个
	只 zhǐ	甲	只好	只是、只要、只有	只得、不只	只顾、只管、只能	只,仅仅
53	种 zhǒng	甲	各种	种子	种类	种种、种族	谷物的种子
	种 zhòng	乙			种植	种地、播种	栽种

续表

序号	同形语素	单用级别	甲级词	乙级词	丙级词	丁级词	上古义
54	子 zǐ	丙			子弹、电子、瓜子、男子、女子、原子、原子弹	子弟、子孙、原子能	儿女
	子 zi		杯子、本子、儿子、孩子、橘子、句子、日子、屋子、样子、椅子、桌子、帽子	包子、被子、脖子、叉子、虫子、刀子、房子、猴子、胡子、镜子、脑子、瓶子、妻子、嗓子、嫂子、勺子、毯子、箱子、小伙子、鸭子、影子、院子、竹子	村子、钉子、豆子、鸽子、柜子、架子、炉子、轮子、牌子、拍子、圈子、扇子、身子、婶子、刷子、亭子、燕子	爱面子、鼋子、缎子、栗子、路子、胖子、茄子、头子、靴子、蝇子、珠子	班子、担子、斧子、例子、面子、钳子、傻子、袖子、一辈子、词尾
55	钻 zuān	乙			钻研		穿孔
	钻 zuàn					钻石	穿孔的工具

（2）传承语素与后起语素构成同形关系（见同形语素表5-6），包括：差 chā—chà 与 chāi（差别-差不多/出差）、大 dà 与 dài（大家/大夫）、得 dé 与 de-děi（得到/……得—得）、的 dì 与 de-dí（目的/别的-的确）、恶 è-wù 与 ě（凶恶-厌恶/恶心）、儿 ér 与 r（儿子/这儿）、还 huán 与 hái（退还/还是）、给 jǐ 与 gěi（供给/给以）、假 jiǎ 与 jià（假如/放假）、结 jié 与 jiē（团结/结实）、禁 jìn 与 jīn（禁止/不禁）、空 kōng 与 kòng（空气/空儿）、了$^{1-2}$ liǎo 和了 le（了解—了不起/为了）、没 mò 与 méi（埋没/没关系）、模 mó 与 mú（模仿/模样）、似 sì 与 shì（似乎/似的）、挑 tiǎo 与 tiāo（挑拨/挑选）、头 tóu 与 tou（头发/石头）、折 zhé 与 zhē（曲折/折腾）、转 zhuǎn 与 zhuàn（转变/转动），共20组，涉及44个语素，占语素总数的1.41%。而与传承语素完全无关的同形语素几乎没有，如表示"的确"的"的 dí"为后起义，与助词"的 de"同为后起语素，但二者同时又与传承语素中表示"靶心"的"的 dì"构成一组同形关系。

表 5-6

序号	传承语素	后起语素	构词级别	甲级词	乙级词	丙级词	丁级词	语素义
1	差 chā					差别	差错、差距、差异、偏差、误差、相差	差别
		差 chà	甲		差不多、差点儿			差别
		差 chāi					出差	派遣
2	大 dà		甲	伟大、大概、大家、大声、大学	大胆、大多数、大会、大街、大量、大陆、大米、大批、大人、大使馆、大小、大型、大衣、大约、不大、放大、高大、广大、巨大、扩大、大妈/老大妈、大娘/老大娘、大爷/老大爷、强大、重大	大半、大便、大大、大道、大地、大都、大队、大方、大哥、大力、大脑、大嫂、大使、大意、大致、大众、大自然、粗心大意、壮大	大包大揽、大臣、大多、大公无私、大锅饭、大局、大理石、大拇指、大炮、大气压、大厦、大肆、大体、大同小异、大无畏、大雁、大有可为、大于、发扬光大、顾全大局、宏大、宽大、庞大、盛大、远大	大的
		大 dài		大夫				医生
3	得 dé		甲	得到、觉得	不得不、懂得、获得、记得、来得及、认得、舍得、舍不得、显得、晓得、心得、值得	得病、得了、得意、不由得、对得起、多劳多得、怪不得、恨不得、免得、难得、省得、使得、只得、总得	得力、得不偿失、得以、得罪、不得、不得已、夺得、顾不得、求得、所得、所得税、赢得	取得，获得
		得 de	甲	…得很…				助词
		得 děi	甲					需要
4	的 dì				目的			靶心
		的 de	甲	别的、有的	…的话、…的时候、什么的、有的是	没说的、似的	好样的、总的来说、是的、真是的	助词
		的 dí			的确			真实，实在

续表

序号	传承语素	后起语素	构词级别	甲级词	乙级词	丙级词	丁级词	语素义
5	恶 è					恶化、恶劣、凶恶、罪恶	恶毒、恶性、丑恶	罪过，凶恶
		恶 wù				厌恶	可恶	憎恨，讨厌
		恶 ě				恶心		厌恶
6	儿 ér			儿子、女儿	儿童	儿女		孩子
		儿 r		这儿、那儿、面条儿、一点儿、一会儿、小孩儿、一块儿、活儿	差点儿、干活儿、好好儿、好玩儿、空儿、有点儿、老头儿、聊天儿、画儿、墨水儿	冰棍儿、带儿、个儿、拐弯儿、闹着玩儿、玩意儿、沿儿、药水儿、这儿、走后门儿、座儿	包干儿、兜儿、光棍儿、纳闷儿、年头儿、纽扣儿、馅儿、心眼儿、烟卷儿、一会儿……一会儿	词尾
7	还 huán					还原、偿还、归还、退还、讨价还价		返回，归还
		还 hái	甲	还是				还是
8	给 jǐ				供给	给予		供应
		给 gěi	甲			给以		交与，付出
9	假 jiǎ		乙			假如、假若、假使	假定、假冒、假设、假装、半真半假	暂摄职务为假
		假 jià	丙	放假、寒假、请假	假条	假期		给假
10	结 jié		丙	团结、结果、结束	结构、结合、结婚、结论	结果	结晶、结局、结算、结业	以绳打结，结交
		结 jiē			结实		结果、巴结	长出
11	禁 jìn		丁		禁止	严禁	禁区	禁止
		禁 jīn				不禁		禁受
12	空 kōng		乙	空气		空间、空前、空中、航空、天空	空军	空洞、空话、空调、空想、空心、空虚、高空、上空、太空	空虚
		空 kòng				空儿		空白、空隙、抽空	空子

第五章 汉字与传承语素的关系

续表

序号	传承语素	后起语素	构词级别	甲级词	乙级词	丙级词	丁级词	语素义
13	了¹ liǎo		甲	了解				明白,懂得
		了² liǎo		了不起、不得了				了结
		了 le		除了……以外、……极了、……为	算了	得了、对了		词尾
14	没 mò						埋没、淹没	沉没
		没 méi	甲	没关系、没意思、没有	没错、没什么、没事儿、没用、从不/没	没说的	没辙、没吃没穿	无,没有
15	模 mó				模仿、规模	模范、模型	模式	木制模型
		模 mú			模样			模子
16	似 sì		丁		似乎、相似	类似	似是而非、似笑非笑、近似	类似,好像
		似 shì				似的		相似
17	挑 tiǎo		丁			挑拨、挑衅、挑战		挑拨,拨动
		挑 tiāo	乙			挑选		挑选
18	头 tóu		甲	钟头	头发、老头儿、回头	头脑、带头、关头、口头、眉头	头子、从头、对头、年头儿、街头、劲头、开头、龙头、埋头、探头探脑、山头、心头、一头	头,物体顶端
		头 tou	乙		骨头、罐头、码头、馒头、木头、舌头、石头	后头、里头、前头、拳头、上头、外头、枕头、指头	跟头	名词词尾
19	折 zhé					折合、折磨、挫折、曲折	周折、转折	曲折,折断
		折 zhē					折腾	翻转

续表

序号	传承语素	后起语素	构词级别	甲级词	乙级词	丙级词	丁级词	语素义
20	转 zhuǎn		乙		转变、转告	转播、转达、转化、转入、转弯、转移、扭转、旋转、运转	转换、转交、转让、转向、转折、好转、周转	转动,运转
		转 zhuàn	乙			转动		旋转

  语素是构词的单位,我们这里的讨论也主要限于大纲中可以构成合成词语部分的传承语素。但是,由于同形语素的复杂性,更由于词语教学对整体词义的重视,因而大纲中一部分未参与构词的成分,当其字形与参与构词的传承语素一样时,仍然会对教学产生很大的干扰,因此我们在研究同形传承语素时,也不可不重视对这部分成分的分析。

  同形语素组中都属于同形传承语素,但只有一个参与构词的共有15组(见同形语素表5-7),包括未参与构词的一方为甲级词的3组:"教jiāo"与"教室、教育、教材、教师、教授、教学、教训、教员、教导、教练、教堂、教研室、请教、宗教、佛教、天主教、伊斯兰教、基督教、教会、教唆、教条、教养"的"教 jiào","累 lèi"与"积累"的"累lěi","数 shǔ"与"数学、数量、数字、少数、多数、大多数、数据、数目、分数、算数、岁数、数额、半数、倍数、次数、代数、小数、小数点、整数、总数、少数民族"的"数 shù";未参与构词的一方为乙级词的3组:"弹 tán"与"导弹、炮弹、子弹、原子弹、弹药、手榴弹、炸弹"中的"弹 dàn","切 qiē"与"一切、密切、迫切、亲切、切实、关切、急切、恳切、确切、深切"中的"切 qiè","血 xiě"与"血液、血汗、血管、鲜血、血压、高血压、心血"中的"血 xuè";未参与构词的一方为丙级词的5组:"冲 chòng"与"冲击、冲突、冲锋、冲破"中的"冲 chōng","闷 mēn"与"沉闷、烦闷、纳闷儿"的"闷 mèn","塞 sāi"与"闭塞、堵塞"中的"塞 sè","削 xiāo"与"剥削、削减、削弱"的"削 xuē","中 zhòng"与"中间、中文、中午、中学、中餐、中心、中央、中药、集中、空中、其中、之中、中部、中断、中年、中旬、中医、初中、当中、高中、中等、中立、中秋、中途、中型、中游、中原、暗中、美中不足、从中、党中央、目中无人、心中"中的"中 zhōng";未参与构词的一方为丁级词的 4 组:"缝 féng"与"裁缝"的"缝 fèng","横 hèng"与"横行、纵横"的"横 héng","陆 liù"与"陆续、大陆、陆地、陆军、登陆"的"陆 lù","盛 chéng"与"盛产、盛大、盛开、盛情、盛行、昌盛、茂盛、强盛"的"盛 shèng"。也可以说,以上各例前者为单语素成词,后者是多语素成词,即前者是单音节词,后者是单音节语素。严格地说,在词典编纂中二者应分为两个字头单列。但是由于不同的词典因编纂体例的差异,有些未必按两个字头分立来处理,而分析"同形传承语素"时却不可不辨。

表 5-7

序号	同形语素	单词级别	甲级词	乙级词	丙级词	丁级词	语素义
1	教 jiāo	甲					传授
	教 jiào		教室、教育	教材、教师、教授、教学、教训、教员	教导、教练、教堂、教研室、请教、宗教、佛教、天主教、伊斯兰教	教会、教唆、教条、教养、基督教	教化,教育
2	累 lèi	甲					劳累
	累 lěi			积累			堆积,积累
3	数 shǔ	甲					计算
	数 shù	丁	数学	数量、数字、少数、多数、大多数	数据、数目、分数、算数、岁数	数额、半数、倍数、次数、代数、小数、小数点、整数、总数、少数民族	数目
4	弹 tán	乙					弹奏
	弹 dàn	丁			导弹、炮弹、子弹、原子弹	弹药、手榴弹、炸弹	弹弓→弹药
5	切 qiē	乙					用刀切开
	切 qiè		一切	密切、迫切、亲切	切实	关切、急切、恳切、确切、深切	急切,贴近

续表

序号	同形语素	单词级别	甲级词	乙级词	丙级词	丁级词	语素义
6	血 xiě	乙					血液
	血 xuè				血汗、血管、鲜血	血压、高血压、心血	血液
7	冲 chòng	丙					向，对着
	冲 chōng	乙			冲击、冲突	冲锋、冲破	直飞而上
8	闷 mēn	丙					气不畅
	闷 mèn					沉闷、烦闷、纳闷儿	烦闷
9	塞 sāi	丙					堵塞
	塞 sè					闭塞、堵塞	堵塞
10	削 xiāo	丙					用刀削
	削 xuē				剥削	削减、削弱	用刀削
11	中 zhòng	丙					射中
	中 zhōng	甲	中间、中文、中午、中学	中餐、中心、中央、中药、集中、空中、其中、之中	中部、中断、中年、中旬、中医、初中、当中、高中	中等、中立、中秋、中途、中游、中型、中原、暗中、美中不足、从中、党中央、目中无人、心中	中间/中国专称
12	缝 fèng	丁					缝合处
	缝 féng	乙			裁缝		用线缀合
13	横 hèng	丁					专横
	横 héng	丙				横行、纵横	横的方向
14	陆 liù	丁					数词
	陆 lù	丁			陆续、大陆	陆地、陆军	登陆	陆地

续表

序号	同形语素	单词级别	甲级词	乙级词	丙级词	丁级词	语素义
15	盛 chéng	丙					把东西放进器皿中
	盛 shèng	丁				盛产、盛大、盛开、盛情、盛行、昌盛、茂盛、强盛	兴旺，盛大

在同形语素组中只有一方参与构词的，还包括一方为后起语素的 7 组（见同形语素表 5-8），包括"地 de"与"地方、地带、地点"等的"地 dì"；"铺 pū"与"床铺"的"铺 pù"，"吐 tǔ"与"呕吐"的"吐 tù"；"看 kān"与"好看、看病、看见"的"看 kàn"；"圈 juàn"与"圈子、圈套"的"圈 quān"，"落 là"与"落后、落成、落地"的"落 luò"，"漂 piāo"与"漂亮"的"漂 piào"。

表 5-8

序号	传承语素	后起语素	构词级别	甲级词	乙级词	丙级词	丁级词	语素义
		地 de	甲					助词
1	地 dì		甲	地方	地带、地点、地方、地面、地球、地区、地下、地址、草地、当地、外地	地板、地步、地道、地理、地势、地毯、地形、地震、地质、地主、地图、地位、地下、地址、草地、当地、土地、外地、地、陆地、地、盆地、地、田地、地、殖民地	地铁、遍地、产地、根据地、荒地、境地、就地、开天辟地、内地、随时随地、特地、天地、天长地久、种地	土地
2	铺 Pū		乙					铺陈
		铺 pù				床铺		铺位
3	吐 tǔ		乙					从口中吐出
		吐 tù	乙			呕吐		呕吐
4	看 kān		丙					看护
	看 kàn		甲	好看、看病、看见	看不起、看来、看样子、难看	看法、观看、眼看	看待、看起来、看望、看作、从…看来	以手遮目上

续表

序号	传承语素	后起语素	构词级别	甲级词	乙级词	丙级词	丁级词	语素义
5	圈 juàn		丁					养兽之所
		圈 quān	乙			圈子	圈套	圈子
6		落 là	丁					遗漏
	落 luò		乙		落后	落成、落地、落实、落选、角落	堕落、降落、脱落、下落	树木的叶、花脱落
7	漂 piāo		丁					浮
		漂 piào		漂亮				出色

通过对汉字与现代汉语传承语素关系的上述考察，我们进一步认识到：汉语和汉字都伴随着中华文明进程而不断发展的，同时，汉字自产生之日起就与汉语建立了水乳交融的紧密联系，并随着汉语的发展而不断地进行自我调整。从中古开始，双音词不断增多，古汉语经历了词汇语素化的过程，上古汉语的单音节词，在双音节化的过程中逐步转化成为传承语素。在语素化过程中，汉字的发展也与之步调一致，由词字逐步转化成为语素字。与此相伴随，传承语素的语义发展、新词新义的出现以及文字系统自身不断地调整、简化和优化，不仅使得原来意义上的字词关系转变成语素和语素字关系，而且语素与语素字的内部关系也变得更加复杂，呈现出"同音语素""同形语素"等各种现象。

近年来，国际汉语教学界不少学者对"字本位"问题有所探讨[①]，强调在国际汉语教学中要以"字"作为基本的单位，教学中"以字带词"，将汉字教学作为词汇教学的中心。我们认为，"字本位"说看到的只是表面现象，这些讨论中所谓的"字"，究其实质应该是传承语素字。无论是古代还是现代，汉字代表的只是语言中的词或语素，它本身只是汉语词语的替代性书写符号。国际汉语教学界部分学者依据所谓"字本位"说，强调以"字"为中心的词汇教学，实际上是将"语素字"和"语素"混为一谈，而且对汉字与语素的复杂关系也缺乏深入的研究和认识。不过

---

① 王若江：《由法国"字本位"汉语教材引发的思考》，《世界汉语教学》2000年第3期；潘文国：《字本位与汉语研究》，华东师范大学出版社2002年版，第305页；张德鑫：《从"词本位"到"字中心"》，《汉语学报》2006年第2期；吕必松：《汉语和汉语作为第二语言教学》，北京大学出版社2007年版，第32页。

"字本位"说确实触及汉字与汉语关系中的一些关键性问题,在国际汉语词汇教学过程中,如果我们能将"字本位"上升到"语素本位",并进而揭示"传承语素"在现代汉语词语构成中所处的重要地位,应该说就有可能提出更加符合汉语汉字规律和特点的教学理论和方法。

第六章

传承语素的主要特点

传承语素是汉语语素中一种独特的类别,在现代汉语词语构成中不仅传承了上古语义,而且表现出稳定性、能产性和聚合性等特点。

第一节 传承语素的稳定性

现代汉语词汇中传承语素大量存在,包含传承语素的不仅有许多从古代延续至今的传承词语,而且也有大量的新造词语。传承词语的定型性较强,构成传承词语的语素难以为同义的后起语素所替代。

由传承语素构成的词语遍布于现代汉语的各种语体,其中又以书面语体最为集中、常见。由于书面体更趋于追求文雅的风格,词语应用与之保持着一致性,由传承语素构成的词语也相应较多使用,如"足迹、涉足、口授、缄口、面庞、颜面"等。这类词语中与传承语素"足、口、面"构成双音词的另一语素本身也往往具有文言色彩,如"迹、涉、授、缄、庞、颜"等,都曾是古代汉语中的常用单音词,在这些书面语色彩浓厚的词语中它们作为语素保持着其文言语义,语体色彩的一致性制约着这些词语对传承语素的选择。

另外,汉语词语中有相当部分是记载传统民俗文化的专门性词语,如"相面、修面、面具、口技、绕口令"。作为汉文化的积淀与反映,这类词语从一个侧面印证了中国社会的传统风貌,打下了民俗文化的深深印记。这类历史上已经有固定表达习惯且具有深厚文化底蕴与民俗特征的词语,已成为现代汉语词汇系统的重要组成部分,这些词语中的传承语素自然随着这些词而保存下来,一般没有必要也不可用同义语素来替换改造,如"看面相"不可替换为"看脸相","相面"不能说成"相脸","绕口令"也不能替换为"绕嘴令"。与此相类,戏曲中的"脸谱、花脸、勾脸",也不可替换为"面谱、花面、勾面"。传统文化对汉语词语形成与发展的巨大影响力与渗透力,由此也可略见一斑。

与传统历史文化影响相关,作为历史文化活化石的成语,是汉语词汇系统中一个较为特殊的部分,它不仅凝聚着悠久绵长、博大精深的中国文化,而且也为中国文化所规定与制约,其继承性、凝固性和结构规约性均较一般词语强,也为后起语素所难以替代,如"手舞足蹈、无所措手足、面红耳赤、笑容满面、口蜜腹剑、出口伤人"等。虽然那些具有通俗易懂特征的同义语素因语境优势而获得进入成语结构的可能条件,如"出口伤人",口语中可转换为"出嘴伤人/张嘴伤人"这类松散而又凝固的语言组合形式,但人们在语言感受上一般是将后者排除于成语之外的。传承语素的保留和选择成为成语的重要特性之一,甚至影响到具有表现力的新成语的构造,如同为与人体相关的同义语素"腹/肚",新出现的"啤酒肚、将军肚"等三字语中用"肚",创造成语时却选用了传承语素"腹",如"胎死腹中"。《等级大纲》在 2001 年的修订本中删除了原大纲丁级词中的名词"饮水",而增加了"饮水思源"这一成语,也应该是考虑到了传承语素在现代常用词语构造中的分布情况。①

以上情况表明,尽管现代汉语词汇中已经有与传承语素同义的后起语素存在,但是因在表现书面语体风格上的独特作用和某些类型词语的历史沿革性,传承语素依然是现代汉语词汇构成中不可替代的最稳定的要素。

传承语素的稳定性使其在一些词语构造中占有相对优势。这种优势的突出表现是:同义的后起语素可以在与传承语素的碰撞中挤入本由传承语素独占的位置,但很难取而代之。我们考察了由传承语素"足、面、口"构成的古今词语,有些词语,如"口具(当面陈述)、口面(争吵)、面朋(非真诚相交的朋友)、面花(喻欢笑之容)"一类②,在现代词语中已消失,但并没有相似的由其对应语素构成的同义词语;有些虽已有了由后起语素构成的同义词语,但在现代语文生活中也只能是各司其职,在语用中发挥着各自独有的作用,如"足步"与"脚步","还口"与"还嘴"。形成这种优势的主要原因在于以下几点。

---

① 《等级大纲》,第 5 页。

② 广东、广西、湖南、河南辞源修订组,商务印书馆编辑部:《辞源》(修订本),商务印书馆 1983 年版,第 456、3362 页。

（1）语言的交际工具性质决定了由传承语素构成的词语相对稳定的特征。汉语词语具有历史传承性，代代相传的汉语词语如不是考虑到语用等特别原因，没有必要，也不太可能出现范围广泛的变动，特别是由古代单音节词演变而来的双音节词语和习用已久的成语。

（2）传承语素自身的文雅色彩使其具有不可替代性。由传承语素构成的词语很多具有文雅色彩，这种色彩对汉语词语的同义选用乃至造词均产生了相当的影响。在同义词语选用方面：由传承语素和后起语素构成的同义词语虽有交替使用的情况，但语用的制约性选择却是显而易见的，特别是在语体风格色彩方面，如"足、脚"互换后，由"足"构成的词语多具有书面体色彩，如"平足、足癣、足心、足步"等，文雅而正式，而由"脚"构成的则多具有口语体色彩，如"平脚、脚癣、脚心、脚步"等，通俗而随意；再如"理会"和"理睬"，两词都有"对别人的言语行动表示态度或意见"的意思，也都多用于否定式中，但语体色彩有明显不同。在可以使用"理睬"的场合，口语中还可以用"理"和"睬"来单独表示。在造词方面：由于传承语素所具有的文雅色彩，使得即使是现代新造的词，也往往因某种特殊原因或需要而对传承语素情有独钟。如"足球"作为意译词（football）进入汉语的历史并不是很长，之所以选择了"足"而不是"脚"，可能与造词者本人对严复所倡导的"信达雅"翻译理念的认同有关。再如，"干"和"搞"都有做事的意思，但在此意义上所构成的词语却体现了色彩的不同，如"实干、苦干、蛮干、盲干"为中性词语，而"搞鬼、搞活、胡搞"的口语性较强。

（3）历史悠久性使传承语素具有较广的使用范围。传承语素是在汉语悠久的发展历史中经历淘汰选择而流传下来的，因此由传承语素构成的词语往往更具有通用性。这类词语多为中性词语，感情色彩相对而言不是很浓，这就为其在现代语文生活中的广泛使用奠定了基础。而相对于传承语素的广适性，由后起语素构成的词语很多有情感色彩，如"嘴脸、嘴碎、卖嘴、多嘴、说嘴、贪嘴、偷嘴、走嘴"，"坏蛋、笨蛋、捣蛋、完蛋、滚蛋"等都带有贬义，这就对其使用范围与场合造成了一定限制。

第二节　传承语素的能产性

传承语素虽然因历史传承而显示出稳定性特点，形成一定的构词优势,但能使其历久弥新的,则是其具有的适时反映现实语言生活的能产性特点。

通过对《等级大纲》8822个词语中所确定的2425个传承语素和《等级划分》普及化等级词汇2245个词语中所确定的853个传承语素的全面考察,充分表明传承语素具有很强的能产性,可以与其他语素一起构成数量众多的词语。下面我们就以《等级大纲》的统计数据为例来加以说明。

(1) 在《等级大纲》所收全部词语中,传承语素的总数目远远超过后起语素。我们对构成《等级大纲》词语的全部3120个语素进行了逐一考察,最后确定出的传承语素总数目为2425个,占全部语素总数的77.72%。

(2) 传承语素参与构词的比例极大。《等级大纲》2425个传承语素中,未参与构词的传承语素241个,参与合成词构造的传承语素2184个,所占比例分别为9.94%和90.06%。

(3) 传承语素构词的频率很高。以甲级语素为例。我们对298个甲级语素的构词进行了逐一统计,结果显示298个甲级语素共可构词4411个/次(每个语素目下可以重复构词,如"大人"在"人"与"大"两个语素中分别出现,为2词次)。298个甲级语素中,构词在10个以上的有177个(详见表3-24:甲级语素构词情况一览)。

(4) 传承语素可构成很多能产的固定格式。汉语词汇中很多词语的构成在形式上呈明显的框架结构,这种框架结构也即一类词汇构成的格式。依据一定的格式,通过改换某些构词要素,能产生一系列同格式的词语,具有很强的能产性。《等级大纲》中的固定格式(结构),我们统计有32个,其中只有两个与传承语素无关,即"……得很……"和"越……越……",其余30个格式涉及传承语素34个,包括"边、不、才、除、从、带、到、都dōu、对、发、方、非、分、候、话、极、既、间、就、可、来、连、面、起、时、是、说、外、为、也、一、又、愈、之"。30个格式中有9个属于甲级:"一边……一边、除了……以外、从……到、从……起、连……都/也、……分之……、……极了……、……之间……、一……就……";9个属于乙级:"边……边……、非……不可、从……出发、一方面……一方面、当…的时候、……的话……、既……也、既……又、一……也";7个属于丙级:"不是……而是、不是……就是、到……为止、对……来说、就是……也、一面……一面、愈……愈……";5个属于丁级:"从……看来、连……带……、非……

才、……来说……、一会儿……一会儿"。

有些词语格式在《等级大纲》中则随词出现，没有单独列出，如"大包大揽、半真半假、不卑不亢"所携带的格式"大×大×、半×半×、不×不×"等。在当今蓬勃涌现的新词语中，利用这些格式仿拟产生的新词语很多。格式仿拟构成新词语，大都是利用已有的格式，在一个由传承语素构成的固定组合中嵌入新语素，词型形式化特征突出，如由"大×大×"格式仿拟出"大吃大喝、大男大女、大操大办、大红大紫"，由"小×小×"格式仿拟出"小夫小妻、小改小革、小打小闹、小修小补"，由"能×能×"格式仿拟出"能上能下、能官能民、能说能写"等。格式仿拟还可以依据一定的句法模式，这些模式一般为汉语词汇系统中沿用时间长、出现频率高、生成能力强、带有一定文言句式色彩的四字语格式，如"以NVN"式，传承语素"以"在这种句法模式中表示"凭借、依据"，仿拟的"以权谋私、以言代法、以考代评、以优吃劣"等新词语，凝练典雅，概括性强，具有明显的文言特征，再如由"V/A而不V/A"式构成的"哀而不伤、艳而不俗、概而不论"等。

我们曾从形成途径与方式对2000余例四音节新词语进行过观察①，孤立存在，或曰从形式到意义完全为新造的并不多见，原有的语言形式或语义内容与新词语有着千丝万缕的联系，大多数新词语的产生都与既有成分——传承语素密切相关，传承语素以其蓬勃的生命力在现代语文生活中扮演着无可替代的重要角色。

第三节 传承语素的聚合性

词汇本身是一个系统，是许许多多词汇成分的聚合体。构成词语的各个传承语素虽独具特性，但彼此在音、义、形关系上，在色彩和应发挥的作用方面，总是处于相互制约、矛盾统一的状况之中。既然每个语素只能在系统所制约的范围与条件下发挥作用，语素与语素之间，就必然发生各方面的系联，从而也为语素场的建立提供了可能。所谓传承语素场，简言之，是以传承语素为域界，以传承语素间的形、音、义系联为媒介，以

---

① 参看杨晓黎《四音节新词语及其成因》，《江淮论坛》1996年第4期。

《等级大纲》和《等级划分》中传承语素为主要语料来源，以国际汉语词汇教学为目的而构建的传承语素关系场。我们按照各个语素之间形式和内容两个方面的联系，可以分别构建语素形场和语素义场。

语素形场体现的是语素的外部形式的聚合性，包括因字形相似而产生的同形语素、因语音相似而产生的同音语素，以及因语素相同而产生的同素构词现象。

如前所述，《等级大纲》合成词中与传承语素相关的同音语素 257 个，同形语素 206 个，分别构成了 124 个同音传承语素组和 97 个同形传承语素组。同音语素与同形语素是由于语素间外部形式的相似而形成的语素聚合，典型而集中地反映了传承语素以"形"为纽带而建立的相互间联系。

此外，作为一类特殊的词语聚合，同素词因彼此语素相同而形成关联，又分同序同素词和异序同素词两种。同序同素词如"精神 jīngshén"（名词）和"精神 jīngshen"（形容词），"人家 rénjiā"（名词）和"人家 rénjia"（代词）。异序同素词如"生产"（动词）和"产生"（动词），"中心"（名词）和"心中"（名词）。需要注意的是，同素词必须是语素相同。语素不同，即使字形相同，也不能认作是同素词。如"新生"，分别表示刚入学学生（名词）和表示刚出现、刚产生的"新生"（形容词），其中的"生"只是同形语素，意义完全不同，因而不能作为同素词看待。

《等级大纲》中的同素词主要为异序同素词，且全部与传承语素相关。其中有 44 组的语素全部由传承语素构成，有 4 组为传承语素和后起语素共同构成。全部由传承语素构成的有："变质—质变、产生—生产、称号—号称、出发—发出、达到—到达、担负—负担、代替—替代、弟兄—兄弟、动机—机动、度过—过度、对面—面对、儿女—女儿、犯罪—罪犯、蜂蜜—蜜蜂、合适—适合、回来—来回、互相—相互、欢喜—喜欢、黄金—金黄、回收—收回、会议—议会、感情—情感、工人—人工、国王—王国、讲演—演讲、接连—连接、开展—展开、科学—学科、来历—历来、来往—往来、力气—气力、路线—线路、面前—前面、年青—青年、期限—限期、前提—提前、侵入—入侵、实现—现实、私自—自私、孙子—子孙、一同—同一、下乡—乡下、心中—中心、言语—语言"。由传承语素和后起语素共同构成的为："彩色—色彩、点钟—钟点、光亮—亮光、喊叫—叫喊",其中的"彩、点、亮、喊"为后起语素。

  同素词是汉语构词中一个值得注意的语言现象,除《等级大纲》中出现的44组同素词,其他常见的同素词还有:"爱怜—怜爱、爱恋—恋爱、爱抚—抚爱、白雪—雪白、白银—银白、白眼—眼白、报警—警报、兵士—士兵、并吞—吞并、察觉—觉察、产物—物产、唱歌—歌唱、畅通—通畅、菜油—油菜、车马—马车、虫害—害虫、词根—根词、词语—语词、迟延—延迟、窗纱—纱窗、导向—向导、道地—地道、斗争—争斗、妒忌—忌妒、发挥—挥发、房客—客房、房门—门房、仿效—效仿、感伤—伤感、改悔—悔改、稿约—约稿、歌颂—颂歌、功用—用功、好友—友好、河山—山河、和缓—缓和、和平—平和、红眼—眼红、红火—火红、红枣—枣红、后脑—脑后、后退—退后、滑润—润滑、黄牛—牛黄、魂灵—灵魂、积累—累积、急救—救急、计算—算计、剪裁—裁剪、经历—历经、井水—水井、救援—援救、粮食—食粮、罗网—网罗、盲文—文盲、毛皮—皮毛、面相—相面、奶牛—牛奶、盘算—算盘、齐整—整齐、欠缺—缺欠、情人—人情、人为—为人、刷洗—洗刷、式样—样式、兄长—长兄、意愿—愿意"等等。同素构词是语素形场得以形成的重要因素,同时也体现了传承语素在形、音、义之间的密切联系。

  语素义场体现的是传承语素的语义聚合性。语素从产生之初,便有其意义上的规定性。着眼于语素的语义内涵,可以系联相当数量的相关语素。意义上相关联的语素有多义语素、同义语素和反义语素。由同义语素、反义语素和多义语素的多向交叉所形成的错综复杂的语义联系,是语素聚合性形成的基础。

  前面在进行传承语素的语义分析时,我们曾以"利、弊、害、益、损、钝、锐、快、慢"为例来观察反义语素的古今对应情况。其实,我们也完全可以把这一组语素看成一个语素义场。我们以"利"为这一组语素的中心而将相关的语素义系联如下:"利"有两个义项,在"利益"义上,"利"与"害""弊"构成了反义关系,"害"与"益"构成了反义关系,"益"又与"损"构成反义关系,并组成了并列式合成词"利弊、利害、利益、损益"。"利"在"锋利、锐利"义上,与"钝"构成反义关系,"钝"又与"快、锐"构成反义关系,现代汉语中有基于此反义关系构词的"成败利钝"等词语。"快"除了"锋利"义,还可以表示"速度高,费时短",在此义项上,"快"又与"慢"构成了反义关系。如果我们借助某一同义语素的牵线搭桥，还可以用滚雪球的方式不断扩大。如与"快"的"快速"义相同的传承语素有"疾"，"疾"与"缓、徐"相对，而"缓"在《王力古汉》①中有三个义项，并依次构成了三对反义关系：①松：与"紧"相对。②宽：与"严"相对。③慢，延迟：与"疾、急"相对，而所涉及的这些反义语素，又可以有各自不同的反义或同义关系，这就为我们充分利用传承语素建构适于教学的语素网络，提供了可以延伸的场所，同时也为我们利用拓展法开展语素教学提供了广大的空间。

  传承语素因其外部形式（即语音形式和书写形式）系联而形成同音语素和同形语素，因其内容（也即语素义）的关联而产生了同义语素、反义语素和多义语素，又因其形、音、义之间的关联而形成了同素构词现象。可以说没有一个语素是我行我素、孤立于系统之外的，正是这种内在的密切联系显现出传承语素的聚合性特点。

---

① 《王力古汉》，第935页。

第七章

传承语素在国际汉语词汇教学中的应用

第一节 传承语素教学的层次观

传承语素教学是以理据性为主线，以文化元素揭示为切入点，以词语拓展法为重要手段的词语教学。

传承语素数量繁多，类型庞杂，在构词中的功用也呈现明显的不同。眉毛胡子一把抓，不分轻重主次的教学不仅难以取得好的教学效果，甚至会适得其反。为了达到预期的教学目标，传承语素教学必须贯彻层次观念。层次观的确立，可以使我们的语素教学循序渐进，收到预期效果。层次可以从不同方面去设立。

一 功能与作用层次

传承语素用于国际汉语词语教学，主要有三个方面的功能：一是利用传承语素理解汉语词语；二是利用传承语素拓展汉语词语；三是利用传承语素传播文化知识。这三个方面的功能，实际反映了传承语素教学的三个层次。

国际汉语词语教学首先有个对词语一般含义准确把握和使用的问题，这是语言教学的基础与前提，也是语言教学的第一层次。在这一层次的教学中，作为构词单位的语素是一个不容忽略的重要内容。对语素，特别是对现代汉语构词主体传承语素的分析，是掌握现代汉语词语构成、理解和辨析词义、确定词语语法功能的基础。所以，利用传承语素理解汉语词语，是传承语素教学的第一层次。

其次，传承语素的类推教学与拓展法教学也是国际汉语教学中值得关注的问题。词汇本身是一个系统，语言中所有的词和语素都不可能脱离系统而孤立存在，总是或多或少、或宽或窄、或形式或内容地与系统中的某些词或语素发生一定的关联。教学中若能适时而恰当地利用词语间和语素间彼此在音、义、形关系上的系联，采取类推或拓展的方法开展教学活动，无论在词汇教学的深度或广度方面都是大有裨益的。利用传承语素拓展汉语词语，是传承语素教学的第二层次。

最后，语言是文化的载体，传承语素中更是负载并蕴含了丰富而复杂多变的文化元素。从语素所包孕的文化义入手，挖掘并探讨语素中所反映的汉民族的各种思想、观念，既可以帮助学生总体把握汉语的特点和规律，更好地理解词语本身，同时又可以扩大学生的知识面，帮助学生从一个新的角度理解中国文化的博大精深。这是语素教学的第三层次，也最能体现语素教学与文化教学的密切关联。

二 基于《等级大纲》和《等级划分》的语素层次

甲乙丙丁四级语素是我们基于《等级大纲》对所有传承语素作出的较为合乎语言事实和教学顺序的划分，有我们多年教学实践的检验与合理的分级根据作为支撑，因此，应该是我们进行传承语素教学的重要参考。

此外，源自《等级划分》普及化等级词汇、不超出甲级语素范围的228个常用传承语素，特别是95个最常用传承语素，是传承语素教学的重中之重，更是我们在进行教材编写和词语教学时需特别重视的部分。

传承语素教学要循序渐进，我们建议以常用传承语素为重点，以甲乙丙丁四级语素的顺序合理安排教学进度。由于常用传承语素本身既可以单独使用，又可以参与构词，而且其所构成的词语又仅限于普及化等级词汇或甲级词汇，学生比较熟悉，容易掌握。教学时如果我们坚持从常用传承语素入手，就不仅可以在开始阶段消除学生对语素学习的畏难情绪，而且可以使学生对语素学习产生一种浓厚的兴趣，甚或一种渴求。因为经过教师精心设计的语素与词语融为一体的教学，让学生实实在在地感觉到本以为与语言实际运用无关的语素教学既没有增添词语学习的负担，同时又可以帮助他们利用语素理解合成词，拓展相关词语，真正有一举多得之功效。

三 构词能力层次

从构词能力的角度，我们将传承语素分为惰性传承语素与活性传承语素。传承语素是历史发展的产物，在语言发展过程中，有一部分古汉语中的单音词在词汇双音化的过程中转变身份成为语素,并传入现代汉语,成为传承语素,但由于其构成新词的能力较弱,有很大惰性,像个惰性气体一样,我们称之为"惰性传承语素"。如"畴",在《等级大纲》和《等级划分》中只能构成"范畴"这一个词;"巩",只能构成"巩固";"杜",只能构成"杜绝"。与之相对的是大量的活性传承语素,具有极强的构词能力,如甲级语素中构词在 30 个以上的就有 36 个,其中"一"构词 69 个,"大"构词 74 个,"人"构词 77 个,"不"的构词总数达 112 个。

在国际汉语词汇教学中,我们应当根据语素构词的实际情况,牢固树立层次教学的观点,以构词量和语素级别为考虑基点,分层次有重点地采取不同的处理方式。对组词能力强、构词量大的活性传承语素,如最常用传承语素"不、人、大、一"等,从一开始就要有意识地进行引导,以方便快捷地扩大学生的词汇量;而对构词能力较弱的惰性传承语素,如"畴、杜、巩"等,则应以词义教学为主,一般不要再对语素本身进行分析。另外,在对语素的构词能力进行判断时,我们还要综合考虑其在各级词语中的构词情况,而不能仅根据其构词量。如最常用传承语素"国、小、学"在《等级大纲》中的构词总数都为 28 个,但其四级构词的数量如表 7-1 所示,"学"的教学潜能要大于"小"和"国":

表 7-1

甲级语素	构词总数	甲级词	乙级词	丙级词	丁级词
国	28	3	3	6	16
小	28	4	7	4	13
学	28	13	3	9	3

四 纲内与纲外层次

我们的研究是基于《等级大纲》和《等级划分》的传承语素研究,传承语素的范围确定和语素的分级归纳,也是在《等级大纲》和《等级划分》规定的范围之内,因此,我们的传承语素教学必须贯彻纲内为主、纲外为辅的教学层次。尽管国际汉语教材超纲词问题一直较为严重[①],但

[①] 郭曙纶:《对外汉语高级教材超纲词统计分析》,载《探索与创新——华东地区对外汉语教学论文集》,北京大学出版社 2006 年版。

我们在教学时还是要有坚定而明确的大纲意识,所谓无规矩而不成方圆。

当然,我们也必须承认,《等级大纲》和《等级划分》中的常用词语缺位,以及因此带来的传承语素缺位现象十分明显。如"黯淡、黯黑、黯然"等没有在《等级大纲》和《等级划分》中出现,其构词语素"黯"自然就在我们所归纳的传承语素的范围之外。对这类缺位语素,我们不刻意在本书或本语料库中补足,而是留给今后在此基础上开展的全部现代汉语词语研究。但教学中如出现构词能力较强的超纲语素,教学对象又是有一定语素构词基础的,教师也可以不失时机地予以增补。

对于《等级大纲》和《等级划分》中没有出现常用读音的,我们也要本着有利于学生走出课堂的原则,对缺位部分予以适度增补。如《等级大纲》中出现了一个丙级词"逮捕 dàibǔ",《现汉》① 的解释是:"义同'逮'(dǎi),只用于'逮捕'。"对这类情况,我们不能因为《等级大纲》没有收录或课文中未出现"逮 dǎi"而忽略不计。正确的做法应该是:随着"逮捕"的学习同时讲解"逮 dǎi"表示"捉"的动词用法,从而为学生的课外阅读与会话清除潜在的障碍。②

以上我们分别从四个方面谈到了语素教学的层次观。其中,传承语素的功能与作用层次,是我们进行语素教学时最可发掘内在潜力的方面,我们将在随后的论述中分节予以讨论。

第二节　利用传承语素理解汉语词语

构词具有理据性,是汉语词汇的一大特点,也是我们提倡利用语素进行词汇教学的立论之本。因为汉语的词都是由语素构成的,语素是构词的最小的意义单位。而在所有语素中,由于传承语素历史久远,构成的词语相对较多,传承的意义在发展的过程中也较后起语素呈现出更加复杂多变的情况,往往成为国际汉语词语教学的难点和重点。如果教师在词汇教学中始终坚持利用语素进行教学的观点,时时有利用传承语素进行教学的意识,就可以做到事半功倍,取得教与学双赢的效果。

---

① 《现汉》,第252页。

② 逮(dǎi)在《等级大纲》中没有出现,在《等级划分》中作为高级"附录"词汇出现。

一 利用传承语素理解词义

（一）利用传承语素理解词语的理性义

汉语词义系统包括了理性义和色彩义。语言中每一个词语都有它相对固定的理性义，它们反映了人们对客观事物及事物间相互关系的理性认识，为社会的全体成员所共同遵守，具有较强的规约性与封闭性。

传承语素义与词语理性义的关系主要包括三种情况：一是词义由语素义体现的；二是语素义对词义有提示作用；三是语素义与词义没有关系。

对第一种情况，如"女人、病人、客人、朋友、语言、美丽"等，教学时要注意从一开始就抓住有类推潜力的传承语素，有目的有重点地开展语素教学。

对第二种情况，如"白酒"为"用高粱、玉米、甘薯等粮食或某些果品发酵、蒸馏制成的酒，没有颜色，含酒精量较高"[1]，而语素"白"在词中只是提示了颜色；"红绿灯"是"红灯和绿灯，泛指交通信号灯"[2]，而语素"红"和"绿"在词中也只是提示了颜色。"白酒""红绿灯"等词语所表示的意义，仅靠颜色提示显然是不够的，类似的例子如"棒"在"棒球"中只是提示击球工具。对这类语素，教学时就要考虑到语素的多义性问题。如果词中的语素为基本语素义，可以根据教学对象的层次与目的不予展开；如果词中出现的语素为引申义项或非常见义项，教学时就不能仅仅局限于此，应该根据具体情况有所扩展。

对第三种情况，如"红娘、鹊桥"一类，教学时学生每每疑问最多，兴趣也最大。我们可以因势利导，通过这些词语进行传统文化教学，以激发学生的学习热情。如"红娘"用作媒人的代称，"鹊桥"比喻为撮合婚姻，其语素及由语素构成的合成词背后，都蕴含了深厚的中国语言文化内容。

（二）利用传承语素理解词语的色彩义

与作为词义核心的理性义相比，色彩义是一种非理性的意义要素，具有很强的主观性与开放性。色彩义在词义中处于次要的附属地位，附丽于反映客观事物、现象的本质特征与本质联系的理性义之上，给词增添些许

---

[1] 《现汉》，第 24 页。
[2] 同上书，第 537 页。

耐人咀嚼、回味的情调、意蕴，是主体对客观存在的一些伴随属性的感性反映。

色彩义具有类义的性质。汉语中的色彩义类聚主要包括了形象色彩义、感情色彩义、语体色彩义、地方色彩义和时代色彩义等。形象色彩义又叫词的形象色彩，是指词语除了代表一定的对象这种理性义之外还同时具有的对于所指对象的某种形象感觉。形象色彩义属于词义系统中色彩义的一部分。

相对于一般意义上的词语理解与学习，反映了作家个性特征的文学作品中的词语，特别是蕴含了形象色彩义的文学词语，常常给留学生的词语学习带来困惑。他们常因对词彩义认识的偏差，导致语言理解和运用的困难。这个问题在国际汉语教学中长期存在，也是教师关注的难点和重点之一。汉语词彩义是汉语词汇系统中最灵活的要素，词彩义在具体语境中呈现出千姿百态，与汉语使用的人文社会环境、习俗和中国文化的传统密切相关。把握词彩义，可以从剖析传承语素的色彩义入手，从而使学生对所学词语不仅知其然，而且知其所以然，在学到地道汉语的同时，又能深刻体会汉语的精妙。

以鲁迅作品为例。由于鲁迅在中国现代文学史上的崇高地位及其语言运用的卓越功力，鲁迅小说已成为留学生高级汉语综合课的常选篇目。作为一门高级阶段的基础必修课及语言技能课，词语教学在整个教学过程中无疑占有相当的比重，但实际教学情况却难以尽如人意。我们曾连续多年对在安徽大学国际教育学院学习的高级班学生进行过有关《药》的问卷调查，旨在了解学生在学习《药》前后对鲁迅作品的了解程度。参加问卷调查的包括来自韩国、美国、蒙古国、乌克兰、越南、日本、泰国、斯里兰卡、毛里塔尼亚、哈萨克斯坦等国的共36位留学生。[①]

问卷一　请在下边相应的选项下打√（可以多选）：

1. 来中国以前，你知道鲁迅吗？A. 知道　B. 不知道　C. 如果知道，是通过什么方式？

a. 汉语教科书 b. 翻译作品　c. 电视/电影　d. 讲座　e. 朋友

---

① 选用的教材包括姜德梧主编《高级汉语教程》（修订本）第二册，经济科学出版社2002年版；马树德主编《现代汉语高级教程》（上），北京语言文化大学出版社2002年版。该项调查我们配合教学曾多次进行，文中数据取自较早进行的2003—2005年的春季第二学期。

f. 其他

2. 来中国以后，你是怎么知道鲁迅的？A. 课堂上　B. 电视　C. 书刊　D. 朋友　E. 其他

3. 鲁迅曾经到哪个国家留学？A. 日本　B. 美国　C. 英国　D. 其他

4. 你读过鲁迅哪些作品？A.《药》　B.《祝福》　C.《阿Q正传》　D.《藤野先生》　E.《孔乙己》　F.《故乡》　G.《社戏》　H.《狂人日记》　I. 其他

5. 你听说过鲁迅小说中的哪些人物？A. 阿Q　B. 祥林嫂　C. 闰土　D. 孔乙己　E. 其他

问卷二　请在下边相应的选项下打√：

1. 我觉得《药》理解起来：A. 很容易　B. 有点儿难　C. 很难
2. "药"指的是：A. 给华小栓治病的人血馒头　B. 医治人们思想的良药
3. 华老栓买革命者的血为儿子治病：A. 可悲　B. 可恨
4. 夏瑜的革命行为：A. 没有人理解　B. 他妈妈理解
5. 夏瑜坟上的花：A. 夏瑜显灵　B. 他的亲戚送的　C. 他的革命同志
6.《药》的主题是：A. 亲子之爱　B. 反对封建迷信　C. 唤醒民众起来斗争

从问卷一显示的情况看，来自韩国、越南、日本的学生来中国前一般都知道鲁迅，也读过鲁迅一些作品，而来自美国、蒙古国、乌克兰等国的学生大多数在来中国前没听说过鲁迅，来中国以后也是在课堂上才知道了鲁迅的名字。关于问卷二，我们是在对课文进行字面上的一般梳理之后进行的，学生选项的具体数据如表7-2所示：

表7-2

	A		B		C	
1	0		29	81%	7	19%
2	22	61%	14	39%		
3	30	83%	6	17%		

	A		B		C	
4	12	33%	24	67%		
5	25	69%	0		11	31%
6	8	23%	25	69%	3	8%

从问卷情况看，学生在读完《药》后感觉很难的只占19%，普遍反映可以明白课文意思，但在随后的自测题中却暴露了学生在理解上的偏误。这种情况的发生，据我们的调查了解，与学生对课文词语的形象色彩义不了解有密切关系。

下面我们将以课文中的颜色词语、重叠词语等为对象，举例说明词语的形象色彩义分析在国际汉语词汇教学中的重要作用。

根据我们的统计，《药》约4500字，颜色词语出现次数达37处，其中35处属基本颜色词系列"黑、白、红"，如表7-3所示：

表7-3　　　　　　　《药》的基本颜色词系列

黑	黑沉沉（的街）、黑色（的人）、黑（的人）、黑（东西）、乌黑（的圆东西）、黑（眼眶）、玄色（布衫）、乌蓝（的天）
白	青白（的光）、青白（小花）、灰白（的路）、明明白白（的街）、大白（圆圈）、（馒头中的）白气、花白（胡子）、雪白（的银子）、白（得多的短发）、半白（头发）、惨白（的脸）
红	暗红（的镶边）、鲜红（的馒头）、红（的血滴）、红（眼睛）、朱（漆圆篮）
黑+红/白+红	红黑（的火焰）/红红白白（的破灯笼）、红白（的花）
其他	碧绿（的包）、黄（土）

需要指出的是，孤立的单音节的基本颜色词本身，作为色彩的语言符号表现形式，其理性意义即表示色彩，所蕴含的形象色彩义是有限的。而当颜色词的理据为描绘或修饰性质时，这类词语则每每附着有形象色彩，是我们理解作家作品不容忽视的元素。根据我们对鲁迅小说颜色词语的解读[①]，颜色词语所蕴含的形象色彩在鲁迅小说文本中主要通过三种途径获得：一是由本身即为基本颜色词的成词语素与其他语素共同构成复音节的颜色词语，通过语素组合后产生的色彩细微差异，生动显现所描绘对象的

---

① 参看杨晓黎《鲁迅小说的颜色词语论析》，《南开学报》（哲学社会科学版）2003年第4期。

具体特征；二是借助特定的语境，通过色彩的动态变化来反映人物心理、性格和命运的变化；三是利用颜色词语的对比和铺排构成作品基本色调，以营造独特的艺术情境或表达某种象征意义。以上方式与特征在《药》中均有集中而突出的表现形态。

"白"与"黑"的大量呈现，使得《药》笼罩在灰暗阴冷的色调之中。即便是暖色调的"红"，也主要是与滴滴下落的鲜活的人血联系在一起的。如华老栓去买人血馒头时"黑沉沉"的街面与"一条灰白的路"，交货时"一个浑身黑色的人"拿着一个"鲜红的馒头"，回家后"老栓便把一个碧绿的包，一个红红白白的破灯笼，一同塞进灶里"，"黑东西"人血馒头与拗开后窜出的"一道白气"，等等，使作品氤氲着阴冷、凄厉的氛围。很明显，这些颜色词语的频繁使用构成了《药》的基本色调，具有一定的象征意义，都暗示和引导着读者去体会其言外之意。作者借助人们对色彩的习惯联想，采用白描的手法，将"白"的清冷、惨淡，"黑"的凝重、神秘，以及"红"的怪异、恐怖同时呈现，以极富象征意味的渲染与描写，揭露出杀人者的可怖嘴脸及魑魅魍魉横行的世界的阴森可怕。"颜色在表现所选对象的全部个别特殊细节方面，有着最广阔的发挥作用的场所。"① 由于色彩词语本身所具有的审美特性，这些极易让人产生抑郁、沉闷、凄凉情绪的冷色调词语，与鲁迅结集《呐喊》的主旨一致——"夹杂些将旧社会的病根暴露出来，催人留心，设法加以疗治的希望②"。作者将自己对社会及病态人生的种种感受形象化地寓于颜色词语的使用之中，使读者通过这些颜色词语运用所形成的主色调，更为真切地感受到作家笔下的现实和人生。以课文中的重叠词语为例：

（1）老栓正在专心走路，忽然吃了一惊，远远里看见一条丁字街，<u>明明白白</u>横着。

（2）老栓便把一个碧绿的包，一个<u>红红白白</u>的破灯笼，一同塞进灶里。

"明明白白"和"红红白白"都为 AABB 式构词。作为汉语所独具的

---

① ［德］黑格尔：《美学》第三卷（上册），商务印书馆 1981 年版，第 236 页。
② 鲁迅：《南腔北调集·〈自选集〉自序》，载《鲁迅全集》第 4 卷，人民文学出版社 1981 年版，第 455 页。

构词形态，AABB 式词语在《诗经》中就已得到广泛应用，并为历代文学语言所继承和发扬。鲁迅充分利用了这种具有浓郁民族特色的构词形式来增强词语的艺术表现力，但也因此给国际汉语词语教学增添了难度。比如例（1）的"明明白白"，学生就不太容易理解其意义和用法。实际上，"明白"作为普及化水平的入门等级词汇，学生在进入高级阶段学习时已不陌生，所以课文生词表也未收入。①但值得注意的是，《药》中的"明明白白"并不是双音形容词"明白"的重叠形式，而是由跟"暗"相对的传承语素"明"与表示"明亮"义的传承语素"白"分别重叠后再并列而成的。"明明白白"的街道，却成为革命者夏瑜即将血染的刑场，也是愚昧麻木的看客来观赏杀人"盛举"和懵懵懂懂的华老栓来"收获许多幸福"的场所。"明明白白"这一由传承语素构成的重叠形式对作者积郁于心底的忧愤与感伤无疑给予了形象的强化和宣泄。例（2）中的由传承语素"红"和"白"构成的"红红白白"则突出了色彩的杂乱。雪白的灯笼纸罩，因裹过人血馒头而红迹斑斑，伴随着"碧绿"的荷叶及随后升起的"红黑"的火焰，"红红白白"的纸罩在革命者的壮死与愚昧者的求生、作者的极度失望与主人公的渺茫希望之间翻腾，视觉效果极为鲜明。其他如"层层叠叠"的坟冢以及坟场中间那"歪歪斜斜一条细路"，凸显了集中着死刑、瘐毙者与穷人的墓地的拥挤与无序，而夏瑜坟前"跄跄踉踉退下几步，瞪着眼只是发怔"的夏四奶奶，则表现了怀念却并不理解儿子的革命者母亲的痛苦与迷茫。调查显示，类似词语的形象色彩义理解，成为留学生学习的突出困难，必须借助传承语素义的阐释，才能帮助学生真正弄懂词语蕴含的深刻内容。

　　反观我们的国际汉语教材：对与颜色相关的词语，《高级汉语教程》（修订本）仅在生词部分列出了"玄色"，释义为"黑色"；注释中出现了"白圆圈"，解释为"清代士兵穿的军衣，前后都缀有一块圆形的白布，上面有'兵'或'勇'字"；词语例释则选择了"一旦、就是了、骨头、硬着头皮"4 个。②《现代汉语高级教程》也只是在注释部分出现

---

　　① 见姜德梧主编《高级汉语教程》（修订本）第二册，经济科学出版社 2002 年版，第 169—173 页；马树德主编《现代汉语高级教程》（上），北京语言文化大学出版社 2002 年版，第 244—245 页。

　　② 姜德梧：《高级汉语教程》（修订本）第二册，经济科学出版社 2002 年版，第 171—178 页。

了"大白圆圈"和"鲜红的馒头","大白圆圈"的注释类似于《高级汉语教程》(修订本),"鲜红的馒头"则解释为"指蘸有人血的馒头。旧时迷信,认为人血可以医治肺结核病,处决犯人时便有人向刽子手买蘸过人血的馒头";词语例释则选择了"倒、一旦、只是、就是、未"5个。①

从两种教材对课文词语的处理情况看,编者对词语色彩义明显没有给予足够的重视。而在《药》中对颜色词语色彩义的把握,在某种程度上,会直接影响到学生对课文本身的理解。因为,如同黑格尔所说,颜色"宜于表现观念性较强的内容"②。比如文中"红"与"白"组合构成了"红红白白的破灯笼"和夏瑜坟前"红白的花"。这两处"红""白"的词义明显不同。"红白的花"与下文"青白小花"等主要是对颜色词本身的理解,而"红红白白"需要突出的则是对色彩义的解读,其所蕴含的极为鲜明的形象色彩义与感情色彩义,是我们在教学时不应也无法避而不谈的。

其他如与听觉相关的象声词语和感叹词语的运用。鲁迅小说文本所展示的环境每每给人以窒息的感受,可与之形成强烈反差的是音像感很强的象声词语的使用,如《药》的结尾处乌鸦那令人悚然的"哑——的一声大叫",在沉闷与压抑之中对声响的描摹更能产生震撼力;感叹词语在汉语的词类系统中属于特殊的一类,与摹拟事物声音的象声词语不同,感叹词语是通过摹拟发出声音的具体人的语气口吻,从而再现人物的神情声貌。如"喂"的基本用途是用来表示招呼的声音,但"喂!一手交钱,一手交货!",这是粗鲁、凶残的刽子手康大叔对善良胆小的华老栓吼出来的招呼之语。"喂"后紧跟的叹号,加重了吼的力度,活现出一个杀人不眨眼的刽子手的狰狞嘴脸。

词语的形象色彩义是所有语言的词汇系统中最灵活的要素,词彩义在具体语境中呈现出的千姿百态,与语言使用的人文社会环境、民族习俗和文化传统密切相关。国际汉语教学的对象来自不同的国度,有着与中国文化不尽相同的经验认知与人文背景。我们在教材编写和课堂教学中如果不充分考虑到第二语言教学的特点,词语教学仅仅着眼于具有人类共通性的理性义的疏通和讲解,就必然不能满足留学生教学的实际需要,也不可能

---

① 马树德:《现代汉语高级教程》(上),北京语言文化大学出版社2002年版,第238页。
② [德]黑格尔:《美学》第三卷(上册),商务印书馆1981年版,第236页。

达到理想的教学效果。尤其是选自文学作品的那些课文，色彩义的讲授更是准确理解课文内涵的关键。因为"文学的表达是个人的、具体的"，"个人表达的可能性是无限的，语言尤其是最容易流动的媒介"。① 每个创作者都有着自己鲜明的个性特征，每种文学作品都需要通过语言符号这个"最容易流动的媒介"去激发读者丰富的联想和想象，完成文学作品从符号到形象之间的转化。在特定的作品和情节之中，一些带有形象色彩义的词语，往往委婉曲折、隐含不露地寄寓着作者本人深切的人生感受，并成为某种思想情感的形象标志，这也必然会成为留学生理解作品人物和作家创作主旨的障碍，需要我们在教学时予以特别关注。

实践表明，在国际汉语词汇教学中，对词彩义的分析和讲授，是使学生体会汉语精妙、学到地道汉语的不可忽视的环节，而对词彩义的理解是否到位，客观上已经成为我们教学成功与否的一把重要标尺，应该引起国际汉语教学界的高度重视。

二 利用传承语素辨析同义词语

同义词的学习与使用一直是国际汉语词汇教学的难点，也是让到了一定学习阶段的学生感到汉语难学的重要原因。比如，汉语水平考试考察学生的同义词语选择，有如下题目②：

1. 我们应该大力提倡写日记，<u>形成</u>写日记的风气。
A. 提高 B. 养成 C. 修养 D. 研究
2. 谢军之所以棋下出来了，是因为她拥有自信心和<u>宽阔</u>的胸怀。
A. 狭窄 B. 广大 C. 空洞 D. 深刻
3. 在商业或私人<u>交际</u>中，无言也许是最好的选择之一。
A. 交待 B. 交情 C. 交通 D. 交往
4. 前不久，一位朋友赴日本留学，临行前，最<u>放心不下</u>的是年近八十的费路路夫妇。
A. 担心 B. 想念 C. 原谅 D. 感动

---

① ［美］爱德华·萨丕尔：《语言论》，商务印书馆1985年版，第198页。
② 北京语言大学汉语水平考试中心：《中国汉语水平考试大纲（初、中等）》，现代出版社2004年版，第39页。

其标准答案分别是 B、B、D、A："形成—养成""宽阔—广大""交际—交往""放心不下—担心"。在所涉及选择的 20 个词中，包括了"形、成、提、高、养、修、研、究；宽、阔、狭、窄、广、大、空、洞、深、刻；交、际、待、情、通、往；放、心、不、下、担、想、念、原、谅、感、动"等 35 个语素，无一例外属于传承语素。传承语素在同义词语中的超高构成比例，一方面说明利用传承语素辨析同义词语有着广阔的应用范围和巨大的研究空间，另一方面也提醒我们要仔细观察并深入分析传承语素构成同义词语的具体情况，总结出可供教学参考的一般规律，使辨析工作落到实处。

如"交际"与"交待、交情、交通、交往"的选择。"交"为该组的相同语素，有"交接、交往"义，选择的关键在所构词语的四个异素"待、情、通、往"。"通"有"通达、流通"等义，构成的词语包括"通过、通知、通讯、通常、通顺、通信、通报、通道、通风、通告、通红、通俗、通行、通用、交通、普通、普通话、畅通、沟通、精通、流通、相通"等，学生理解一般不会有问题。"待、情、往"也构成了"待遇、对待、看待、接待、招待、招待会""情况、情景、情形、情绪、情感、情节、事情、热情、爱情、感情、同情、心情、表情、神情、无情、恩情、国情、激情、人情、深情、说情、性情、友情、酌情、合情合理、无情无义""往往、往来、往常、往返、往后、往年、往日、往事、来往、交往、前往、向往、以往"等。"际"是五个相关语素中唯一一个不具单独使用功能的，也是学生学习的难点。因此本组词语的辨析，重点就要抓住"际"的传承语素义来进行。"际"有"间"义，表示彼此之间，或曰人事之间、地域之间，而"往"为"来"的反面，来来去去，自然也就有了交际、往来义，现代汉语中也有"往来、来往"这样一组同义同素异序词。另外，我们在进行教学时，属于普及化水平的"国际"一词也可以帮助我们对"交际"和"交往"这一组同义词的理解。再如"形成—养成"之所以成为我们的最后选择，也可以从"形"和"养"的传承语素义辨析入手："养"在上古有"养育、饲养、教育、修养、养护"等义项，在大纲词语中有"养成、养活、养殖、保养"等；"形"在上古有形象、形体义，《易·系辞上》："在天成象，在地成形"，引申为"形状、容貌、形势、显露、表现"等，在大纲词语中包括"形成、形容、形式、形势、形象、形状、形态、情形、地形、变形、图形、外形"

等。"养、形"与"成"结合,都体现了"成"的"过程",其构成的词语"养成、形成"是同义关系,而且都可以与"风气"搭配使用。其余可以依此类推。

再如"突然、忽然、猛然、陡然、骤然、猝然"一组,也是难以辨析的同义组群。汉语教师在对甲级词"忽然、突然"辨析时,一般都是从语法功能的角度,说明"突然"既可以做形容词,也可以做副词,而"忽然"只能做副词,所以"忽然、突然"用作副词时,二者可以互换,但作为形容词使用时,只能选择"突然"。作为词汇教学,借助语法功能来区分,未必不可行,但若从体系的一致性方面考虑,从构词成分角度所作的区分应该更加合理。如前所述,"然"上古即为形容词词尾,区别就在一组同义词中的异素"突、忽、猛、陡、骤、猝"。"突",上古义为犬从穴中突然而出,"突,犬从穴中暂出也"①。引申为突然,忽然。"忽"为迅速,突然。《左传·庄公十一年》:"桀纣罪人,其亡也忽焉。""猛"在上古有"凶猛、严厉、气势壮"等意义。从上古义比较可以看出,在表示来得迅速、出乎意外、突如其来的共同意义上,其受惊程度由重而轻递次为:猛然、突然、忽然。其他,如"骤"为马奔,"骤,马疾步也"②。"猝"的本义,《说文》为"犬从草暴出逐人也"③,而"陡"则为后起字,峻峭义,引申为突然。"骤然、猝然、陡然"都为书面语用词,词义程度大致介于"猛然"和"突然"之间。这种有理有据的区分,学生普遍感觉易于接受,而且印象深刻。

同义词辨析一般教科书采取的都是从词义、用法、色彩等方面入手,对此我们没有异义。我们要讨论的是辨析时应该以何种语言单位作为切入点。毋庸置疑,既然是"词"的辨析,词义的分析和比较不容忽视。但词义的模糊性、多义性常使我们的辨析无从下手,特别是面对汉语作为第二语言的学生。在第二语言教学中,我们需要的不是详尽无遗,而是拨乱反正,直指肯綮。我们对《等级大纲》和《等级划分》中可以构成合成词语的同义语素进行考察,同时选取了上述有代表性的若干组进行分析后得出的体会是:传承语素在同义词辨析方面具有无可比拟的优势,也是迄今为止任何一种传统的词语辨析法都无法超越或替代的。

---

① 许慎:《说文解字》,中华书局2013年版,第150页。
② 同上书,第200页。
③ 同上书,第203页。

三 利用传承语素进行多义词教学

多义词教学一直为国际汉语教学界所重视。多义词是通过何种途径产生的，多义词的多义性又是怎样表现的，如何在语言运用中避免多义词带来的歧义，多义词教学的最佳方式是什么，凡此种种，都是语言学界，特别是国际汉语教学界密切关注但至今没有得到很好解决的难题。我们认为，对多义词的研究，可以从语素入手，对语素，特别是对传承语素的剖析，可以为解决多义词问题提供便利。个中理由很简单：词是由语素构成的，而词在产生之初都是单义的。如最常用传承语素"见"，本义和基本义都为"看见"，而表示"见解、见识"等意义是对本义引申的结果。如果我们了解了传承语素的引申与发展线索，教学时就可以追本溯源、按图索骥，做到游刃有余、得心应手，既能有效解决词语理解的问题，又可以满足成人学生知其所以然的渴望。

如前所述，传承语素"红"的基本义为"像鲜血的颜色"，其引申义项"象征喜庆的红布"（披红戴花）、"象征顺利、成功或受人重视"（开门红、红人）、"红利"（分红）等，与汉民族关于颜色的文化观念有关，而"又红又专、红色政权、红心"等代表的"象征革命或政治觉悟高"的义项，则传递了中国人民对革命和进步的肯定与支持的信息。通过对多义语素"红"的引申线索的剖析，学生再遇到类似"红白喜事、红角、走红、红运、红区"一类词语就很容易理解了。类似的如"黑车、黑帮、黑道、黑人、黑市、黑户、黑话、黑手、黑手党、黑社会"中的"黑"所表示的"秘密、非法、不公开的"含义，"白军、白区、白色恐怖"中的"白"所代表的"反动"义等，都是汉语的独创，教学时应该注意并重视对其本义和引申义的源流关系的讲解。

在对多义语素进行教学时，要注意掌握几个原则。

第一，教学应以课文中出现的义项为主。一个多义语素可能有多个义项，但在具体的使用环境中意义却是单一的。教学时首先应立足于本课文中的义项学习，即使这不是语素的主要意义——基本义项。这里实际上关系到我们进行语素教学的目的：教师进行传承语素教学是为了帮助学生掌握词义，而学生之所以对学习语素感兴趣，一个很重要的原因也是因为语素学习可以帮助他们更好地理解词语、拓展词语。因此，疏通最先出现在学生面前的语素义以确切理解词义，应该为教学中首先要考虑的。

第二，对补充的义项应该有所选择。比如"口"的基本义项是人或动物进饮食的器官，《等级大纲》和《等级划分》中也构成了"口语、口号、口头、口气、口试、口腔、可口、有口无心"等词语。但"口"还有口味（口重）、人口（户口）、容器通外面的地方（碗口）、出入通过的地方（出口）、长城的关口（口外）、口子（伤口）、性质相同或相近的单位形成的管理系统（归口）、刀剑等锋利器具的刃（刀口）、马驴等的年龄（马口），以及作为量词使用等 11 个义项。教学时我们不可能全面铺开，必须有所选择。根据《等级大纲》和《等级划分》收词的情况，我们在教学时重点选择了"出入通过的地方"这一义项，以帮助学生理解"门口、出口、进口、窗口、港口、人口"等一批纲内词语以及"海口、关口、山口、道口、三岔路口"等现代汉语常见词语。

第三，义项扩展的范围应根据学生的具体情况决定，原则上以不增加学生的负担为尺度。如上举的"口"，也可以根据学生实际水平，再扩展到"人口"这个义项，构成的词如"户口、人口、家口、两口子、拖家带口"等。而有些语素，如"舅"，在《现汉》中有①舅父：大舅 ②妻的弟兄：妻 ③〈书〉丈夫的父亲：舅姑（公公和婆婆）三个义项①，教学时只需根据《等级大纲》词语"舅舅、舅母"，并适当拓展如"大舅、二舅、舅妈"等词语即可，对义项②③，特别是③可以忽略，否则会无谓增加学生的负担。

第四，课文中首次出现的义项为引申义或比喻义时，有可能的话上溯其基本义，如"贵"；初次接触便为基本义，不是十分必要一般不作拓展。如"口"，学生课程表一般即有"口语"出现，在学习的初级阶段可不进行扩展，随着第二个义项的出现再开始扩展联系。

第五，基于《等级大纲》和《等级划分》又不囿于此范围。如"信"在《等级大纲》和《等级划分》中构成了"信封、信心、信号、信念、信任、信息、信贷、信件、信赖、信仰、信用、信誉、相信、回信、来信、迷信、通信、自信、坚信、确信、深信、威信"等词，这些词都没有我们上文分析的表示"任凭、随意"的义项，但教学时也不可因此忽略，可以根据学习对象特点适当予以增补。

---

① 《现汉》，第 698 页。

四 反义语素教学的相应策略

反义语素在现代汉语中的功用呈现不同层次。对属于不同层次的反义语素，我们在教学时也要采取相应不同的策略。对已经消失的反义语素，自然没有必要提及；对仅保留在合成词语中的，则要视其在汉语构词中的活跃程度而予以不同处理。组词功能强的，可以早期讲解，如"尊"和"卑"，在《等级大纲》和《等级划分》中构成了"尊敬、尊重、尊严、卑鄙、自卑"等词语，教学时就可以利用其反义关系予以解释。而对于构词不活跃的，则可以视教学对象与教学内容的特点予以取舍，如上举的"高—下"以及"向—今"。表示"从前、旧时"义的"向^2"在《等级大纲》和《等级划分》中仅构成了"向来、一向"两个词语，作为一般的词语教学，特别是对低层次的教学对象，可以采用整体词义阐释的方式予以教学，毕竟，我们不可能对每一个词都进行语素解释。但对一些特殊的情形，如在同义词辨析中，"向"与"今"的反义阐释就会起到很好的效果。如我们在高级班的《汉语词汇》课上，使用《汉语词汇教程》①让学生完成一个同义词语选择的练习"一直/一向"：

我昨天下午（一直/一向）在宿舍学习，哪儿也没去。
约翰（一直/一向）喜欢晚饭后去湖边散步。

在没有将传承语素纳入词汇教学之前，我们惯常的做法是借助《现汉》或相关教材、工具书的解释，以词义为单位，先讲解两个词的意义，然后进行辨析，但效果一直不好。先看《现汉》对"一向""一直"的解释②：

一向：①〈名〉过去的某一段时期：前~雨水多（指较早的一段时期）｜这~工程的进度很快（指最近的一段时期）。②〈副〉a）表示从过去到现在：~俭朴｜~好客。b) 表示从上次见面到现在：你~好哇！

---

① 万艺玲：《汉语词汇教程》，北京语言文化大学出版社 2000 年版，第 99—100 页。
② 《现汉》，第 1529—1530 页。

一直：〈副〉①表示顺着一个方向不变：~走，不拐弯｜~往东，就到了。②表示动作始终不间断或状态始终不变：雨~下了一天一夜｜他干活儿~很卖力。③强调所指的范围：全村从老人~到小孩儿都非常热情。

很明显，依靠词义的整体解释很难准确辨析或讲解清楚二者的异同。我们尝试用分析传承语素的办法来教学。我们首先对"一直"和"一向"这两个词中的相异语素"向""直"进行了解释：根据《王力古汉》[①]，"向"有三个义项：①北窗。②朝向，面向。引申为方向，又为归向，又为向某方面发展。③从前，旧时。与"今"相对。《谷梁传·成公二年》："今之屈，向之骄也。""向"的三个义项，在《现汉》中分列为"向[1]"和"向[2]"[②]。义项①未见构词，义项②为"向[1]"，"方向"义；义项③为"向[2]"，"向来"义。其中与"一向"有关的应为义项③，也是我们在教学中需要向学生介绍的。"直"在《王力古汉》中也有三个义项[③]：①成直线形状，与"曲"相反。引申为正直，使正直，使伸直。②通"值"。当，临。引申为当值，值班。引申为价值，值得。③副词：只不过；特意；直接，一直。"直"在《现汉》中分列出 10 个义项[④]：

①〈形〉成直线的（跟"曲"相对）：笔~｜马路又平又~｜你把铁丝拉~。

②〈形〉跟地面垂直的（跟"横"相对）：~升机｜把标杆立~。

③〈形〉从上到下的；从前到后的（跟"横"相对）：~行的文字｜屋子很大，~里有两丈，横里有四丈。

④〈动〉挺直，使笔直：~起腰来。

⑤公正的；正义的：正~｜理~气壮。

⑥〈形〉直爽；直截：~性子｜心~口快｜~呼其名｜他嘴~，藏不住话。

---

① 《王力古汉》，第 106 页。
② 《现汉》，第 1424—1425 页。
③ 《王力古汉》，第 782 页。
④ 《现汉》，第 1670 页。

⑦〈名〉汉字的笔画,即"竖¹"④。

⑧〈副〉一直;径直;直接:~达|~到|~哭了一天|~朝村口走去。

⑨〈副〉一个劲儿;不断地:他看着我~笑|我冷得~哆嗦。

⑩〈副〉简直:痛得~像针扎一样难受。

所辨词语"一直"显然与可以作为副词使用的义项⑧⑨有关。

对"一直"和"一向"的辨析,我们在教学时选择了"向"作为突破口。"向"的上古义为"从前,旧时",与"今"相对,因此,"一向"强调的是从过去到现在的延续性,重点在已经呈现、出现的,是对已有印象、感觉的评价和说明;而"一直"虽然也可以用于过去和现在的情形,但由于"直"本身没有"从前、旧时"的语义,因此"一直"所描写、说明的只是动作或状态的持续、不间断,没有对时态的特别强调。

对同一教学内容采取不同的教学法进行试验,利用传承语素进行教学的效果明显要好,学生都普遍反映这种学习由于从源头上理解了二者的区别,所以不仅印象深刻,而且易于掌握并运用,再错率也很低。

五 同音语素教学的原则

在利用传承语素进行同音语素教学时,我们建议贯彻以下原则。

(1) 从常用传承语素入手,带动其他。我们归纳的228个常用传承语素相对于其他语素,使用频度高,学生接触早,教学时的难度就会相应降低。如表示"会合、聚会"的"会¹"是常用传承语素,在《等级大纲》和《等级划分》中构词很多,包括"会场、会见、会谈、会议、会晤、会员、社会、晚会、宴会、一会儿、大会、运动会、工会、开会、展览会、约会、招待会、拜会、这会儿、聚精会神、社会主义、协会、学会、议会、国会、集会、聚会"等,而表示"领悟、理解"义的"会²"也在《等级大纲》和《等级划分》中构成了"体会、误会、理会、领会"等词语,而且两个同音语素都可以作为甲级词和普及化等级词单独使用,是学生耳熟能详的常见词。我们在教学中就可以用此类语素作为同音语素教学的开始,在理解单个词义和语素义的基础上类推扩词,从而帮助学生树立语素构词的意识和运用语素组词的能力。

(2) 以构词能力强的同音语素为重点,以取得事半功倍之效。如表示"面孔、当面"义的"面²",在《等级大纲》中构成了"方面、见面、面积、面貌、面前、东面"等48条词语,而表示"面粉"义的同音语素"面¹",也构成了"面包、面条儿、面粉、面包车"等词语,有较强的构词能力。对这类语素,我们就可以在学习之初,如学习甲级词"见面、方面"时,就可以与同是甲级词的"面包、面条儿"放在一起比较并讲解,从而为今后的同音词教学打下良好基础。

(3) 由简单而复杂,循序渐进。同音语素以一对一为多,但也有一对多的情况。我们在教学之初最好先避开一对多的复杂组,以防止学生产生畏难情绪。如"长征、征求、特征","方面、方法、立方","忽略、战略、侵略"分别由三个不同的语素构成,而"复习、答复、恢复、复活节"分别由四个语素构成,如果在教学的开始阶段就将这些细致铺开,学习效果必然不理想。对这些一对多的同音语素,我们可以采取两种方法处理:一是暂时回避语素义,讲解时以理解整体词义为目标;二是化整为零,分散讲解。如"方",我们可以先讲解同为甲级词和普及化等级词的"方面、方向"中的"方¹"与"方法、方便"中的"方³",然后再逐步扩大到出现于较高级别的"立方"中的"方²"。

(4) 在进行同音语素教学时辅之以语源的讲解。为了引发学生学习的兴趣,同时也考虑到成人学生对中国古代文化的向往,教学时可以对同音语素的来源进行追溯。语源的选择要精心、适度,最好选择学生早有耳闻的文献,如《论语》《诗经》《老子》等,这样既可满足学生对古代文化知识的渴求,同时又有助于语言的本体教学。如表示"趋向、接近"义的"就¹"与表示"即使"义的"就²",分别构成了"一…就…、成就、就是说、就餐、就地、就近、就业、就职、迁就"与"就是、就是…也…、就算"等词语,学生很难理解两个同音语素的含义,我们就可以从古代词义分析入手进行教学,如《易·乾》:"水流湿,火就燥",这个"就¹"出现在对仗工整的句式中,水火相提,湿燥相对,前一个动词"流"又是现代常用义项,这样"就¹"的古义就很容易理解并记忆了。再如表示"志向"义的"志¹"与表示"记载"义的"志²",分别构成了"同志、意志、志愿、志气、斗志、壮志"和"标志、杂志"等词语,《书·舜典》:"诗言志"和《庄子·逍遥游》:"齐谐者,志怪者也"的解读,可以帮助学生对以上词语的理解。

(5) 同音语素的教学可以借助熟语进行。熟语言简意赅,上口易记,对学生具有很大的吸引力。而熟语,特别是成语,又保留了相当多的上古传承义,利用熟语进行同音语素教学,可以收到一举两得之效。如学习了源于《论语》的"温故知新"和"任重道远"后,学生理解了传承语素"故"和"道"的上古传承义为"旧的、从前的"和"道路、道理"等义,这样在学习《等级大纲》和《等级划分》中出现的词语"故事、故乡"和"道理、道德、道路、知道、街道、味道、一道、打交道、大道、地道、管道、轨道、楼道、渠道、便道、东道主、公道、跑道、隧道、通道"时,就觉得难度大大降低。

此外,同音语素教学还要特别注意那些现代已经不常见,但仍具有较强构词能力的语素,如上面举出的"就"例。再如"容纳"的"容"与"仪容"的"容",在《等级大纲》和《等级划分》中分别构成了"容易、容许、容量、容纳、容忍、内容、不容"和"形容、笑容、从容、阵容、从容不迫";本义为"水源",引申为"根本、本原"义的"原"与"平原"的"原",也在《等级大纲》和《等级划分》中构成了"原来、原谅、原料、原因、原则、原理、原始、原先、原材料、还原"和"草原、高原、平原"等词语,都是我们在进行同音语素教学时应该关注的。

第三节 利用传承语素拓展汉语词语

一 传承语素的拓展法探讨

词汇教学历来被认为由于不便于进行系统教学而困难重重。利用传承语素在音、义、形等方面的系联,构建一个以传承语素为核心的语素场,因势利导,把词典或生词表中看似孤立的一个个词语纳入相对系统化的范畴,将有效地改变这一局面。

胡明扬先生指出:"长期以来语汇教学是对外汉语教学的一个薄弱环节,并且多年来没有显著的改进。原因当然是多方面的。一是语汇本身是一个开放性的系统,每一个词语几乎都有自己的个性,共性不那么多,不便于进行系统的教学。二是语汇教学只能一个一个教,一个一个学,只能逐步积累,逐步加深,在一开始没有像学语音和语法那么多困难,所以引不起重视。"①

  词汇教学不同于语音和语法教学。三者虽然同时起步于语言教学的开端，但由于语音和语法的相对封闭性，易于进行系统教学，虽开始时问题较多，但往往可以用打歼灭战的方式集中解决相关问题，见效明显，教学过程也可以在一定阶段内基本完成。词汇教学则具有持久战的特点，它伴随着汉语学习的始终，而且由于其在语言系统内所处的建筑材料的地位，难以形成系统教学的规模，"一个一个教，一个一个学"的传统方法使在起首阶段看似容易的词语学习，却渐渐成为继续进步的障碍，这也是相当一部分的汉语学习者半途而废的重要原因。词语教学可否适当采用相对集中的方式进行，影响到国际汉语教学的整体方面，很值得我们做深入细致的研究。

  上文我们论述了传承语素的聚合性特点，指出词汇和语素的系统性及内在联系性，为建立语素场提供了可能。语素场理论对语素研究和教学是有意义的。为摸索一条词汇教学的新路子，我们在多年的教学中尝试将传承语素纳入语素场的范围，在语素场理论的指导下运用拓展法从事词汇教学，取得了一定效果。

  拓展法与传统教学法的不同在于：基于生词表却不囿于生词表，释义立足于课文中出现的义项又适时加以引申、扩大，在以语言教学为主的同时又注意到文化的导入，重视单个词的学习又时时不忘纳入系统内考察，把静态的词语学习纳入一种动态的过程。

  在利用拓展法进行词汇教学时，我们注意抓住一个语素在音、义、形等方面与其他语素可能形成的各种关系，因势利导，挖掘词语本身所拥有的文化内涵及在词汇系统内的方方面面的联系与影响，克服随意性，增强目的性，慎重却不失时机地扩大学生的词汇量，同时辅以滚雪球式的练习，变被动为主动，化静态为动态，把单词表中看似孤立的一个个词语有意识地纳入相对系统化的范畴，最大限度地发挥成人学生思维能力强、善于模仿并生成词语的优势，从而把词汇学习纳入一个良性循环的轨道，为词汇教学的相对系统性探索一条新路。我们的具体做法是：（1）从语素的外部形式入手拓展相关词语；（2）从语素的语义内涵入手系联、辨析词语；（3）从语素所包孕的社会文化入手向词语教学的深度开掘。

---

① 胡明扬：《对外汉语教学中语汇教学的若干问题》，《语言文字应用》1997 年第 1 期。

二　从语素的外部形式入手拓展相关词语

前面谈到，语素形场是以语素的外部形式为抓手而构建的。因语素的外部形式关联而发生相互影响和作用的语素包括同音语素和同形语素。由于合成词中的同素现象而构成的同素词也可以纳入"形"的范围。

每个语素都有它相对稳定的音、义形式，而语言中音少义多的矛盾，则使得同音语素的存在成为必然。汉语同音语素众多，这也是汉语言的一个十分突出的特点。与同音词一样，同音语素也可以分为同形同音语素和异形同音语素两种。在使用传承语素拓展法进行词汇教学时我们一般着眼于同形的同音语素，而较少顾及异形的同音语素，如"刚才"的"才"与"才能"的"才"，"晚会"的"会"和"误会"的"会"都属于同形同音语素，教师备课时就要尽可能把这些常用来构成合成词又易于拓展的同音语素予以整理，以便使词语教学有序、有效。至于异形的同音语素及其构词，在首次出现时我们基本不予考虑，但当学习到一组词中的另一个时，则会根据具体情况注意做好辨异工作，如"会话"与"绘画"，"树木"与"数目"，"抱负"与"报复"等。

根据我们的统计，《等级大纲》中与传承语素相关的同音语素有124组，涉及257个语素，占全部语素总数的8.24%。与传承语素相关的同形语素有97组，涉及206个语素，占全部语素总数的6.60%。数字本身就足以显示以同音语素和同形语素为主体的语素形场是一个可供挖掘和利用的丰厚教学资源。

同音语素与同形语素在对应关系上都有一个共同点，即每组大多为两个语素，形成一对一的关系，如同音语素"面包"的"面"与"面子"的"面"，在《等级大纲》中分属于甲级语素"面¹"和乙级语素"面²"。"面¹"有"面粉"义，在《等级大纲》中也构成了"面包、面条儿、面粉"等词，同时"面¹"还可以作为甲级词单独使用；而"面²"表示"脸、当面、部位或方面"等意思，在现代汉语中一般只用作构词成分，如《等级大纲》中的"见面、面对、面孔、面子、面目、面容、爱面子、迎面、方面、一面……一面　一方面……一方面、面对、面临、当面、露面、局面、体面、正面、四面八方、面面俱到、迎面"以及用作方位词后缀的"西面、南面、里面、外面、上面、下面、前面、后面"等。甲级词"面包、面条儿"和"见面、方面"同时出现于教学的初级阶段，由于这是两个构词能力都很强的语素，我们认为应该在教学之初便要说明二者的区别，一方面帮助学生理解词义，另一方面也可以确保词语拓展正确而有效地进行。再如"复习、答复、报复、复活节"分别由四个同音语素构成，利用字形的系联学习有关语素，既可以省去汉字教学的环节，又由于几个语素放在一起学习、比较，容易加深学生的印象。

汉语中还有不少同形语素。如"行háng"与"行xíng"等，在《等级大纲》和《等级划分》中构成了"银行、行列、行业、外行、内行"和"行动、行李、行人、行驶、行为、行政、进行、旅行、不行、举行、实行、送行、执行、发行、飞行、航行、可行、流行、试行、一行、游行"等词语；再如"恶è"和"恶ě"，则分别构成了"恶化""恶心"等词语。

同形语素一直是国际汉语词语教学的难点。我们曾在安徽大学国际教育学院高级班的《汉语词汇》课上对来自意大利、加拿大、印度尼西亚、埃塞俄比亚、俄罗斯、日本、韩国等7个国家的13个学生进行了一次与同形语素相关的词汇测试①。

测试题一　下列各组词中读音完全相同的，请用"√"标出：

1	好处 y　到处 y　处分 y　处理 y	9	一切 j　密切 y　亲切 y
2	干净 j　干杯 y　干活儿 y　干吗 y	10	青年 j　年青 y　青菜 b
3	率领 y　效率 y　草率 d	11	朝三暮四 d　朝代 d
4	避免 y　免得 b　不免 b	12	传播 y　传统 y　传记 d
5	宁静 d　安宁 d　宁可 y　宁愿 d	13	当然 j　当时 y　上当 y
6	少年 y　少数 y　不少 y　缺少 y	14	打倒 y　倒霉 b　反倒 y
7	参观 j　参加 j　人参 d	15	供给 y　给予 b　给以 b
8	差不多 y　差别 b　出差 d	16	年轻 j　轻松 y　减轻 y

测试题二　请给画线的字注上拼音：

当然 j	调查 y	部分 j	假如 b
上当 y	调整 y	充分 y	放假
房间 j	降低 y	觉得 j	步行 j
间接 d	投降 b	睡觉 j	银行 j

---

① 测试对象为在安徽大学国际教育学院学习的长期进修生，学习汉语的时间在三年左右。

我们用 j、y、b、d 分别表示《等级大纲》中的甲级词、乙级词、丙级词、丁级词。测试结果，24 个同形语素组，学生答案全部正确的为零，出错最少的有 3 组，最多的为 20 组。出错比较多的同形语素依次为"给、朝、参、率、倒、当、宁、传、差、分、假、处、间、降、调"，出错比较少的依次为"免、切、青、轻、行、觉、干"。我们让学生标注的词语 69% 为甲级词和乙级词，全部来自《等级大纲》中由传承语素构成的词语。学生出错率之高，也从一个方面说明了同形语素的迷惑性与我们前期教学的不足。

我们在测试后进行的教学思考是：同形语素教学要引起国际汉语教学界的高度重视。一般情况下，同形语素教学应该在一组中的第二个语素出现时立即进行。这样做，既可以帮助学生复习巩固已学的知识，又可以在一定程度上消除今后可能出现的误读或误用的隐患。对于汉语水平较高的教学对象，如果一组中的同形语素是常见且极易误读的，我们甚至建议在一组中的第一个同形语素出现时便同时告诉另一个同形语素的读音与意义。毕竟，通过课堂教学掌握的词汇总是有限的。而且对于外国学生，特别是印欧语系的学生来说，汉字的学习往往难于对语音及词义的掌握。在已经掌握了某个汉字的情况下，适度地扩展因字形而系联的一串语词，可以事半功倍地掌握一组词语。当然，是否进行以字形为系联的拓展，最终还是要根据教学的实际情况而定，如教学对象的接受程度、教学时间长短与教学目的等。

另外，利用同素词的素序关系来拓展相关词语，在国际汉语教学中具有可拓展的空间。根据我们的统计，《等级大纲》中的同素词全部与传承语素相关，其中全部由传承语素构成的有 44 组，传承语素和后起语素共同构成的有 4 组。由于大纲词语中的同素词只是现代汉语中很少的一部分，我们在教学时就要以传承语素教学的层次观为指导，注意适度扩展。以传承语素"心"构成的一组词语为例。在进行同素词教学时我们可以将"心"组词语分为相应的三个层次来进行拓展：一是同素词均在大纲词语中出现的，可以按出现级别由低到高的顺序来进行，如由"中心"拓展到"心中"；二是有一方在大纲词语中出现的，教学时可以大纲词语为基点而拓展到《现汉》词语，如由"细心、安心、灰心、甘心、狠心"等大纲词语系联到《现汉》相对应的"心细、心安、心灰、心甘、心狠"等同素词；三是在现代汉语中使用频繁而大纲词语中没有出现的同素词，如"心烦—烦心、心寒—寒心、心焦—焦心、心静—静心、心宽—宽心、心醉—醉心"等,我们则要根据教育对象和教学目的的实际情形予以系联,以拓展词汇教学的范围。

三 从语素的语义内涵入手系联词语

上文我们指出由同义语素、反义语素和多义语素的多向交叉所形成的错综复杂的语义联系,是我们建立语素义场的基础。着眼于语素的语义内涵,可以系联相当数量的词语。

(一) 利用一素多义现象拓展词语学习范围

一素多义现象是语言发展的必然,也具有人类语言的共同性,但多义现象的产生与运用,却具有民族性。根据我们的抽查与整体观测,传承语素很多为多义语素,恰当地利用多义语素内部意义上的各种系联来拓展词语学习的范围,是国际汉语词汇教学的一个重要方法。

利用多义语素拓展词语时要精心筛选,尽可能利用那些使用频率大、应用范围广的义项,而不可每个义项平均用力。如最常用传承语素"开"的基本义项是"打开","开门、开园、开口、开幕、开卷、开启"等用的便是其基本义项。"开"在汉语词汇系统中非常活跃,引申义有"打通、开辟"(开路、开垦)、"合拢或连接的东西展开、分离"(开胶、绽开、开放)、"河流解冻"(开河、开冻)、"解除封锁、禁令、限制等"(开戒、开禁、开释)、"发动或操纵"(开动、开车)、"军队由驻地或休息处出发"(开拔)、"开设"(开办)、"开始"(开学、开工、开演、开拍、开创、开端)、"举行"(开会)、"写出"(开价)、"支付"(开薪)、"除掉"(开除)、"液体受热而沸腾"(开水、开锅)"等十多个义项,我们在教学时不可能做到全面开花,而必须有所选择,如"开始义、举行义、展开义、发动义"等,就是一些具有良好拓展前景的义项,在《等级大纲》和《等级划分》中也构成了"开始、开学"(开始义)、"开会、召开"(举行义)、"开放、开展、展开"(展开义)和"开动、开夜车"(发动或操纵义)等词语。

(二) 利用同义或反义联系拓展词语学习范围

汉语词汇系统中存在着大量的同义、反义语素,这些语素相互间存在着因语义关涉而构建起来的千丝万缕的联系。在国际汉语词汇教学中恰当利用传承语素间同义、反义等各种联系,可以快速有效地扩大学生的词汇量。

如最常用语素"见"和"看",是《等级大纲》中的甲级词,也是《等级划分》中的最低入门等级词,使用频率极高。"看见"是甲级词和普及化等级词,为同义语素并列构成。"见"在《等级大纲》和《等级划分》中构成了"见面、看见、听见、意见、再见、会见、接见、碰见、遇见、见解、不见、不见得、可见、见识、见效、常见、由此可见、显而易见、罕见、偏见、预见"等,"看"也构成了"好看、看病、看见、看不起、看法、看来、看样子、难看、观看、眼看、看待、看起来、看望、看作/看做①"等。学生学习了"见"和"看",同时又学习了其联合构词"看见",知道这是两个同义词,同时也是同义语素。在接下来的学习中,《等级大纲》和《等级划分》中又有"观看、看望"等也是由两个同义语素构成的合成词,这样,"看、见、观、望"就形成了扩大的一组。以此类推,其他如"监视、注视"的"视","参观、观看、观光、观赏"的"观","游览、阅览室"的"览","目睹"的"睹"等,我们在学习这一组语素时,就可以分层次、有重点地予以安排,或以集中讲授的方式,或以滚雪球的方式,拓展与此有关的语素和词语。这种拓展也可以突破传承语素的界限,如与"看"相关的还有后起语素"瞧、瞪、盯"等。

另外,同素词中也有不少属于同义语素构词的,如"生产"与"产生","开展"与"展开",语素完全相同,仅仅调了个顺序,教学时只要告诉学生二者在词语搭配、使用范围等方面的不同,并给出相关情景会话便可完成教学目标,简便易行。

除了我们上面谈到的同义语素系联,利用反义语素所能创设的词语间的对立或反义关系拓展词语学习范围,也是语素场构建的重要一环。《等级大纲》和《等级划分》中的反义语素众多,其中《等级大纲》里仅《王力古汉》明确标明的就有75组。在75组反义语素中,有54组可以联合构词,如"男女、大小、生死"等,这都为语素的多方系联开辟了四通八达、可以广泛拓展的渠道。如"好"与"坏"为反义语素,学到"好处"一词,很自然就可以拓展出"坏处",再如"好人、好事、好

---

① 《现汉》,第726页,"看作"也作"看做"。《等级大纲》在丁级词中出现"看作",《等级划分》在二级(中级)词中出现"看做"。

话"与"坏人、坏事、坏话"等。

第四节　利用传承语素传播文化知识

语言是文化的载体，传承语素中更是负载并蕴含了丰富而复杂多变的文化元素。从语素所包孕的文化义入手，挖掘并探讨语素中所反映的汉民族的各种思想、观念，既可以帮助学生总体把握汉语的特点和规律、更好地理解词语本身，同时又可以扩大学生的知识面，帮助学生从一个新的角度理解中国文化的博大精深。

一　文化语素与语素文化

我们倡导在国际汉语教学中使用文化语素与语素文化的概念。这里首先要区别几个相关术语：文化词语、文化语素、语素文化。

文化词语是从词义的角度分析出的概念，如"推敲、名落孙山"，都是文化词语，"推敲"源自唐代诗人贾岛作诗的故事，"名落孙山"则见于宋代范公偁《过庭录》，婉言考试不中。这两个词语都蕴含了中国文化的内容，反映了中华民族严谨认真、委婉礼貌等传统美德。一般讲，文化词语的文化义不是所由构成的每个语素义的相加，也不是通过字面义引申出来的修辞义，而是由文化典故积淀并形成的整体意义。

文化语素不同。文化语素是从语素角度做出的分类，是对语素，特别是对传承语素所携带的文化因子的发掘与归纳。比如动植物语素"狗、犬、龙、马、龟、松、柏、桃"和颜色语素"红、黑、白、黄、紫"等所蕴含的象征意义，"姑、叔、伯、嫂"所代表的汉民族的特有称谓系统，都具有浓郁的中国文化色彩，蕴含着丰厚的民族风情。而上述"推敲、名落孙山"中的语素"推、敲、名、落、孙、山"，分别开来后就没有什么文化意蕴，只是一般语素，它们只有组合在一起后才能表示一种文化含义。

在国际汉语词汇教学中，由文化语素又可以导出语素文化的概念。所谓语素文化，就是通过传承语素的教学，将隐含在语素以及所由构成词语背后的文化因子挖掘出来，一方面可以帮助学生对词语的真正掌握，不易出错，另一方面也可以更好地实现语言教学与文化教学相结合、文化教学通过语言教学得以实现的目的。

语素文化是从语素的文化义发展而来,但二者不是同一个概念。语素的文化义是从词语解释的层面总结出的语素义的一种,旨在帮助学生理解词义;而语素文化是另一个层面的概念。它基于语素文化义的分析,但又上升到了中华传统文化教学的高度,从而使公认作为第二语言教学特点的文化教学真正进入学生的日常语言学习,可望可即,而不是处于凌空状态,脱离具体的课堂教学。

二 文化语素教学的方式

进行文化语素教学的方式有多种,具体使用要根据教学对象的特点而定。教学对象的汉语程度、学习目的、国别情况等,都会影响到教学方式的选择。我们在教学中尝试采取了以下几种方式。

(1) 随机式教学。所谓随机式教学,即在教学过程中,对偶见于各种教学材料的传承语素,采取随机解释、学习的方式,这种方式具有较大的灵活性,也是最常用的一种。随机式教学需要注意的是避免随意性。随机是根据教学实际的客观选择,而随意是一种不经周密思考和组织的主观行为。我们经常采取的方法是:精心选择与正在进行的课堂教学内容相关的传承语素进行讲解,然后再从该语素拓展出一批相关的文化词语,这样既丰富了课堂教学的内容,又扩大了学生的词汇量,同时也可以活跃课堂气氛,激发学生的学习兴趣与热情。如学到老舍的《北京的春节》一课①,先结合教学对"新年"中的"年"这个传承语素进行讲解,包括"年"的基本义、关于"年"的种种传说、中国过新年的传统习俗等等,然后再从"年"拓展出一批由"年"作为语素构成的文化词语,如"小年、新年、过年、年画儿、年三十、年饭、年夜、拜年"等。这样做同时兼顾了语言与文化两个方面,看似为不经意的教学安排,但由于课前经过教师的周密策划和准备,在课堂教学中可以产生很好的效果,学生非常欢迎。讲解可以在学习生词时随词讲授,也可以作为活跃课堂气氛的手段抓住某种契机适时穿插其间。

(2) 集合式教学。所谓集合式教学,就是在一段时间的词语学习后,集中与教学对象的学习材料、学习程度相适应的一组相关文化语素,集中

---

① 姜德梧:《高级汉语教程》(修订本) 第一册,经济科学出版社 2002 年版,第 50 页。

进行课堂讲解,并精心设计出数组易于学生掌握的相关词语组,从而达到举一反三、纲举目张之效。如"称谓语素组""颜色语素组""动植物语素组""数字语素组",将相关语素相对集中,系统性、目的性都明显优于随机式教学。如"称谓语素组",我们选取了《等级大纲》和《等级划分》中都出现的"父、母、兄、弟、妹、伯、叔、姑、姨、舅"等传承语素,说明这些语素在古代作为单音节词的含义,以及参与构词后的情况,再给出一组相关的词语,如"父亲、祖父、祖母、兄弟、妹妹、伯伯、叔叔、姑娘、阿姨、舅舅"等,说明汉语的一脉相承性。同时对于《等级大纲》和《等级划分》中出现的一些后起语素,从汉语称谓的系统性以及学生学习的实用性考虑,我们也分别予以整理讲解,并给出相应词语,如"姐姐、小姐"的"姐",在《说文》中为母亲的意思,这种现象说明了汉语语素的变化;"姑娘"中的"娘"是后起字;而现代常见的"爷""奶",则为后起语素。集合式教学要坚持的原则是:以大纲词语中出现的传承语素为中心与立足点,同时要兼顾学生实用的目的,将相关的后起语素纳入教学范围,并予以分别讲解。这种安排,既符合最大限度扩大学生词汇量的目的,同时又展现出传承语素的内涵丰富与源远流长,有助于树立汉语学习的动态发展观。

(3)专题式教学。所谓专题式教学,就是教学时围绕一个专题,以传承语素的讲授为切入点,深入探讨一个社会文化问题。专题教学的形式可以多样,内容选择更是丰富多彩,如我们尝试安排的专题教学"汉语熟语与中国文化""传承语素与汉语新词语的构造""传承语素与汉语民俗"等,都取得了预期效果,学生反响热烈。在高级班的《汉语词汇》课上,我们曾以"真、诚、信"为例,介绍汉民族言语交际的准则。我们首先梳理并讲解"真、诚、信"这三个传承语素的上古义:在真诚这个意义上,真、诚二字义同,但本义不同。"真"的本义为"天性、本性",经引申"真"才有信诚之意,为真诚、真正,如《韩非子·显学》:"孔子、墨子俱道尧舜,而取舍不同,皆自谓真尧舜。""诚"的本义为"心意真诚,不诡诈",《易·乾》:"修辞立其诚。"引申为真实。《韩非子·显学》:"尧舜不复生,将谁使定儒、墨之诚乎?""信"本义为"言语真实,不说谎"。《老子》:"信言不美,美言不信。"引申为诚实不欺,守信用。《论语·学而》:"与朋友交而不信乎?"又为相信,信任,《论语·公冶长》:"听其言而信其行。"又为形容词,真的,的确,《论语·

宪问》："信乎，夫子不言，不笑，不取乎?"①"诚"和"信"都有真实，不虚伪义，但"诚"偏重在内心的真诚，"信"偏重在言语的真实和能守信约。这三个语素在《等级大纲》和《等级划分》中构成了"真正、真理、真实、真诚、真相、真心、认真、半真半假；诚恳、诚实、诚心诚意、诚意、诚挚、忠诚；信任、信念、信赖、信仰、信用、信誉、相信、自信、坚信、确信、深信、威信"等词语。由"真、诚、信"及所构成的词语，我们可以引发出汉民族言语交际的准则②。这种教学方式，一般在每学期安排整体教学计划时就应该有所考虑，根据教学计划、内容安排和教学对象，挑选几个与教学有联系的专题，经过精心设计和准备，一般会收到很好的教学实效。

  需要指出的是，传承语素教学的目的是"利用"而非考源、炫博。教师在进行传承语素教学设计时，首先要考虑的是如何利用传承语素进行多快好省的词语教学。所谓多，即要考虑如何抓住构词性强的语素进行类推教学，扩大学生的词汇量；所谓快，即要考虑如何针对具体语素的构词情况，采用方便快捷的方式，以达到快速掌握的目的；所谓好，就是教学时尽力做到精心设计，有的放矢；所谓省，就是在有限的时间内，充分挖掘出传承语素的潜力，以简驭繁，举一反三。

  国际汉语教学既是语言教学，又是文化教学。以上分析充分表明，适当利用传承语素进行词语和文化教学，是调动学生学习热情、增强学生词语学习效果、扩展学生文化知识的有效途径，应该引起国际汉语教学界的高度重视。

---

① 参见《王力古汉》，第 28 页。
② 参见杨晓黎《试论汉民族言语交际准则》，《江淮论坛》1993 年第 2 期，《人大复印资料》1993 年第 8 期。

第八章

传承语素的个案分析：性别语素

《现汉》中收录的与性别相关的传承语素包括"雌/雄""牝/牡""公/母""男/女"等。"雌"为生物中能产生卵细胞的，与生物中能产生精细胞的"雄"相对，如"雌性、雌花、雌蕊、雄性、雄蜂"；"牝"为雌性的，指鸟兽，与雄性的"牡"相对，如"牝鸡、牝牛、牡牛"；"公"为（禽兽）雄性的，与雌性的"母"相对，如"公羊、母羊、母鸡"；"男"为人类两性之一的男性的，与"女"相对，如"男人、女人、男女老少"。从国际汉语词汇教学的实际出发，我们选取由性别语素"男、女"构成的词语作为重点考察对象。

"女"属于国际汉语词汇教学中的最常用传承语素，单用级别、构词级别及各级分布构词情况，均在大纲词语中处于突出位置。"男"虽不在我们圈定的常用传承语素之列，但由于其单用级别高，又与"女"同属《等级大纲》中的甲级词和《等级划分》中的最低入门等级词，同时还都属于《等级大纲》中的甲级字和《等级划分》中的普及化等级汉字，留学生接触早，熟悉程度高，非常适于进行拓展教学。

第一节　性别语素"男、女"构成的词语类别

"男、女"作为语素在现代汉语中具有相当强的构词能力，我们粗略统计即有 250 个。① 由性别语素构成的词语常常成对呈现，如《等级划分》中的"男孩儿/女孩儿""男朋友/女朋友""男生/女生""男人/女

---

① 考察的材料包括《汉语大词典》（1997）、《辞海》（1999）、《等级大纲》（2001）、《等级划分》（2010）、《现代汉语词典》（2012）以及散见于报刊网上的常用词语等。

人""男子/女子""男性/女性""男士/女士",以及由"男、女"并列构成的名词"男女"。从词语构成和语义特点两方面,我们首先对现代汉语中由性别语素构成的词语进行分类考察。

一 性别语素在前的

(一) 性别语素 + 指人的语素

性别语素与指人的语素结合构成词语时,"男、女"语素在成对的词语中往往对应并存。这些词语包括:

1. 在现代汉语中有同素同义短语可以换用的,如"男孩儿/女孩儿"的同义形式为"男孩子/女孩子",类似的有"男客/女客"与"男客人/女客人","男友/女友"与"男朋友/女朋友","男伴/女伴"与"男同伴/女同伴"等。

2. 在现代汉语中没有同素同义短语可以换用,只能以唯一形式存在的,如"男人/女人""男子/女子""男性/女性"等。

3. 有些虽在形式上对应并存,但意义上构不成反义关系的,如"男儿"的词典义为"男子汉",重在强调男性的健壮刚强;而"女儿"的词典义为"女孩子",只用于父母对子女的称谓,与"女儿"相对存在的是"儿子"而非"男儿"。

4. 因轻声等语音差异而形成同形不同义组合关系的,如表示"男性成年人"的"男人"(nánrén)与表示"女性成年人"的"女人"(nǔrén),表示"丈夫"义的"男人"(nán.ren)与表示"妻子"义的"女人"(nǔ.ren)等。

(二) 性别语素 + 表示身份/职业的语素(词)

1. "男、女"语素对应并存构成的词语。这类词语较为常见,在现代汉语中一般有同素同义短语可以换用,如"男/女生"与"男/女学生","男/女奴"与"男/女奴隶","男/女仆"与"男/女仆人","男/女星"与"男/女明星","男/女侍"与"男/女侍者"等,换用的部分多是同义单音节语素与双音节词语的对应调换。这可能反映了汉语词汇的某些发展规律,如由"生"到"学生",由"女学生"到"女生",显然受到汉语词语双音节发展规律的影响。不可换用的情况较少,如"男巫/女巫"的对应形式为"巫师/巫婆",这应该与"巫"本来的语义特征及其限定性有关。

2. "男、女"语素单向存在构成的词语。

（1）主体语素所代表的身份或职业往往有性别限定，如"女王""女皇""女记"等。传统意义上这些词语表示的身份或职业多为男性担当，突破这种性别限定，一般要用性别语素"女"加以限定和强化。这些词语的主体语素如"王""皇""记"等，在现代汉语中往往有相对应的双音节词，如"国王""皇帝""记者"等。

（2）有些词语的主体语素所代表的概念，本来有非常明确的性别限定，但由于指称对象的变化而实际性别限定有所突破。如"男妓"中的主体语素"妓"本来就是代表"妓女"这个概念的，当历史上以女性为主的职业被男性涉足时，就在这个已有性别定位的词语前贴上一个"男"性标签。类似的例子如"男妾"，也是由性别限定明确的"妾"的基本义，黏合上男性标签而成的。

3. "男、女"语素可以对应并存构成词语，但习惯上通常用于女性。如对女性士兵人们更习惯于用"女兵"表达，而对男性士兵却鲜用"男兵"，再如"女工、女佣、女角"等。有些在理论上可以对应构成成组的词语，但在人们的习惯上却只有单性的表达，而且以女性为多，如"女博士/博士、女教授/教授、女作家/作家、女法官/法官、女才子/才子、女秀才/秀才、女弟子/弟子、女贵族/贵族、女将军/将军、女老板/老板、女经理/经理、女店主/店主、女看守/看守、女骗子/骗子、女贩子/贩子、女疯子/疯子、女痞子/痞子、女白领/白领、女英雄/英雄、女霸主/霸主、女名人/名人、女强人/强人"等。这些词语的主体语素一般没有很强的性别限定，只有用于女性时才增加性别语素"女"予以强调，它们的通常形式，如"博士、教授、作家、法官、才子、强人"等，并不具有性别上的排他性。类似这样的用于男性的单向词语较少，如"男护士/护士、男护理/护理、男保姆/保姆"等。尽管上述词语理论上可以用"男、女"构成相对应的词语，但是性别标志呈现的只是单一性。对这类情况起决定作用的，主要还是长期以来职业、身份、社会分工形成的性别倾向和传统的思维定式。

（三）性别语素 + 通用语素

所谓通用语素，是指没有身份、职业、传统习惯等限定的常见语素。当性别语素与通用语素结合时，大多为"男、女"语素对应并存。常见的类型包括以下几种：

1. 服装类，如"男/女式""男/女装""男/女衣""男/女袜""男/女帽""男/女鞋""男/女裤"等；

2. 人声类，如"男/女声""男/女高音""男/女中音""男/女低音"等；

3. 其他：如"男/女方""男/女家""男/女队""男/女色""男/女权""男/女厕"等。

单向存在的情况较少，且其中大多数词语由语素"女"构成，语义上含有对女性的某种歧视，如"女流""女辈""女气""女人气"等。

此外，还有一种由性别词语"男子/女子"的简称与主体词语缩略形式组成的词语。这类性别语素与主体语素实际都是缩略形式的词语，其特点有二：一是"男、女"语素对应并存；二是缩略形式与全称形式并存，如"男子足球/女子足球"缩略为"男足/女足"，"男子单打/女子单打"简称作"男单/女单"，常见的"男双/女双""男篮/女篮""男校/女校""男牢/女牢"等，都属于此类。

二　性别语素在后的

（一）指人的语素 + 性别语素

指人的语素与性别语素结合一般构成并列式词语，这种情况下性别语素"男、女"在形式上并不对应。如"妻女"指"妻子和女儿"，"父女""母女"分别表示"父亲和女儿""母亲和女儿"，性别语素"女"实际为"女儿"的简称；相对应的"男"却以"子"或"儿"称代，如"父子""母子"和"妻儿"，"子"或"儿"实际为"儿子"的简称。虽然有的词语表面上看"男、女"语素可以对应并存，但对应组并不构成反义关系，如"儿男"指"男子汉"或"男孩儿"，而"儿女"的同义词为"子女"，即"儿子和女儿"。

（二）表示身份/职业的语素 + 性别语素

表示身份/职业的语素主要包括两种。一种为身份、职业性限定语素，如"修女"指天主教或东正教中出家修道的女子，"妓女"指以卖淫为业的女人，其中"修""妓"代表的是某种身份职业。"舞女、歌女、织女、婢女、使女、侍女、牧羊女"等皆属此类。

另一种为借有特征的处所语素表示某种身份和职业，如"吧女"指在酒吧间工作的女招待，"宫女"指被征选在宫廷里服役的女子，"村女"

指在乡村里生活的女子。

（三）通用限定性语素 + 性别语素

性别语素前为通用限定性语素时，性别语素多为单向存在，且以"女"性语素为主。限定性语素或为表示性态特征的语素，如"美女、丑女、靓女、妖女、疯女、淑女、烈女、贞女"中的"美、丑、靓、妖、疯、淑、烈、贞"等，都是对女性形态或品格予以限定的语素；或为身份、类别性语素，如"孙女、外孙女、侄女、外甥女"等词语中，限定性语素表示亲属辈分关系，"孤女、幼女、独生女、私生女、闺女、妇女"等词语中的限定语素则是划分不同类别的标准。

对应并存的情况较为少见，有以完全对举的方式出现的，如"少男/少女""长男/长女""大男/大女"；有以稍加变通的形式存在的，如"美女/美男子""俊男/俊女子"等。

（四）其他

性别语素在后的还有一些特殊的类型。一种是语素"女"与语素"男"同义的"子"构成一组对应关系，如"幼女/幼子、养女/养子、继女/继子、义女/义子、亡女/亡子、才女/才子、孝女/孝子、爱女/爱子、长女/长子、次女/次子、孙女/孙子、侄女/侄子、独生女/独生子、私生女/私生子"等，这些词语沿袭了古代汉语的某些表达习惯，语素"子"带有一定的文言色彩。

另一种是含有语素"女"的词语同无性别语素的词语构成一组对应关系，如"外甥女/外甥、外孙女/外孙、长孙女/长孙、曾孙女/曾孙、重孙女/重孙、内侄女/内侄、表侄女/表侄、侄孙女/侄孙"等，这实际上反映了"甥、孙、侄"等语素指称对象性别偏移的历史变化。

第二节 "男、女"词语的结构和语义特点

现代汉语中以"男、女"为语素构成的词语，内部构造与语义构成大致呈现出以下的特点。

一 丰富多样的内部构造

（一）从组合关系看

性别语素在前的多具有对称性与开放性特征，如性别语素居于词首时

往往可以构成对比模式，如"男人/女人、男方/女方、男声/女声"，由简称构成的词语"男足/女足、男校/女校、男婴/女婴"，以及习惯上加性别语素强调的词语"女博士、男护士"等，也都是由性别语素居前限定的。这种类型体现了一定的开放性构词特征。从总体上看，相对于构词模式较为固定、封闭的性别语素在后的词语，性别语素在前的词语在语言生活中出现的数量、频率居于多数。

（二）从结构类型看

与现代汉语双音节化趋势相一致，由"男、女"构成的词语以双音节词为主体，内部构造基本上为合成词中的复合式构词。其构造类型虽然包括了多种，如重迭式（"男男女女"）、并列式（"儿女"）、主谓式（"男女有别"）等，但偏正式结构为构词主体，如"男方、男家、男科、男生、男声、男士、男性、女皇、女眷、女权、女色、女神、女王"等。

（三）从词序上看

有男女语素同时共现的词语总是先男后女，其中以四音节词语为多，如"男女老少、男女平等、男女有别、男女关系、少男少女、大男大女、善男信女、红男绿女、男盗女娼、男耕女织、男尊女卑、男欢女爱、男婚女嫁"等。也有其他音节的，如"男女、男女队、男女授受不亲、男主外女主内、男大当婚，女大当嫁"等。

二　特征明显的语义构成

（一）重男轻女的深层观念

1. 性别语素在前的词语居多，反映了社会对性别差异的重视。因性别语素在前的多具有区别性与限定性特征，特别易于显现人们根深蒂固的性别文化观念。如"法官"本为两性均可从事的职业，但传统观念中更倾向于认为这种职业适于男性，因此人们在提到女性法官时，总是习惯于在通用词语"法官"前添加语素"女"以示不同寻常。类似的例子如"女老板""女教授""女英雄"，在看似客观平常的词语组合中，蕴含着不言而喻的性别差异观念。

2. 由"男、女"构成的词语一般都为名词性的通用词语，除了主体语素或词语本身已带有感情色彩以外（如"女痞子""私生女"，贬义色彩随"痞子""私生"而来，与添加的性别无关），在因性别而产生的贬义词语中，我们见到的仅为与女性有关的词语：或直接对女性表示歧视，如"女流""女辈";或借用语素"女"表达对不争气的男子的蔑视,如"女气""女人气""女儿气"等,这是本质上蔑视女性的反映。

3. 有些表现性别差异的熟语,同样明确无误地表达了"男尊女卑"的性别歧视。如"男主外女主内""男耕女织",虽然反映的是农业社会分工的某些特点,流露出的却是女性地位的卑微;"女子无才便是德""女人头发长见识短""嫁出去的女,泼出去的水""三个女人一台戏""唯女子与小人难养"等,则是赤裸裸地对女性的歧视;"男儿有泪不轻弹""男儿膝下有黄金""男子汉大丈夫"等,更使男性优越意识表露无遗。

(二)"重女轻男"的表层显现

"重女轻男"是男女语素构词中一个颇值得玩味的语言现象,其主要表现在构词能力和词语的分布上。语素"男"的组词能力远远弱于"女",由"女"构成的词语占了多数。造成这种不均衡分布的原因,是语素"女"相对于"男"构词时"你有我有,我有你无,我多你少"的优势情况。

1. "男"有"女"有。《现汉》由首语素"男"构成的词条有18个,其中有10条与语素"女"的构词对应并存,包括"男方/女方、男家/女家、男人(nánrén 男性成年人)/女人(nǚrén 女性成年人)、男人(nán.ren 丈夫)/女人(nǚ.ren 妻子)、男生/女生、男声/女声、男士/女士、男性/女性、男友/女友、男子/女子";5条为同语共现,包括"男盗女娼、男男女女、男女、男女关系、男尊女卑";1条为"男、女"语素形式上对应并存,但彼此不构成反义关系,即"男儿"/"女儿"。而传统医学早已有之,现作为新词语登陆现代语文生活的"男科",虽在词典中难觅与之对的"女科"(与之同义的为"妇科"),但报刊网页上早已频繁出现,在这种情况下性别语素不构成词语运用和语义上的根本差异。"男子汉"是唯一没有对应词语的,但"女汉子",即"言谈、举止等具有男子汉气概的女子",又在一定程度上填补了这个缺失。

2. "女"有"男"无。当"男、女"语素以单向的方式存在时,我们发现基本上都以语素"女"构词。主要反映在下列诸种:

(1)当主体语素所代表的概念与现代汉语中的词语同义并存时,出现于主体语素前的只有语素"女"。如"国王"本为没有性别限定的中性词,但由于国王的宝座传统上主要由男性把持,"女王"便在女性登上御座的同时应运而生，专指女性国王。相同的情况如"女皇""女眷"等。

（2）性别语素在后的词语一般都以语素"女"构词。"女"前出现的多是表示特别身份、职业的语素或形容词性语素，表明了社会对女性传统分工的共识和对女性价值的评判标准，如"吧女、宫女、舞女、歌女、使女、侍女、婢女"反映了社会对女性职业范围的圈定，而"淑女、烈女、贞女"等则体现了一种源远流长的传统道德评价。

当然，我们也注意到近些年单向构词中语素"男"在后的开始增多，如《现代汉语词典》（第6版，2012）收入的"型男"（"时尚、帅气的男子"），以及网络词语"凤凰男、理工男、经济适用男"等，这在一定程度上传递出社会对当今时代性别认识与评判标准的某些变化。

3. "女"多"男"少。这种情况主要出现在具有开放性构词的词语系列，如"女白领、女教授、女店主、女看守、女佣"等词语，习惯上只有单性"女"的表达，与之对应的"男"则很少使用，这应该是体现了社会对分工性别差异的倾向性认识。

（三）男女平等的对称表达

作为记录万事万物的符号，词语应当尽可能无所遗漏地囊括所有的指代对象。"男女"作为人类基本的两大性别，词语以性别对应的方式出现也可以说是语言的必然。

汉语中有大量"男、女"语素对应并存的构词，主要出现于性别语素在前的情况，如"男友/女友""男生/女生""男方/女方""男足/女足""男主人/女主人"等；性别语素在后时双向并存的相对较少，如"处男/处女""宅男/宅女"，还有些则限于对举的方式，如"大男/大女""长男/长女""少男/少女"。

一般说来，这些对称表达的性别词语系列反映的只是客观的性别差异，不存在因性别形成的职业、身份分工差异和传统的性别歧视观念，也只在这种情况下才真正体现出"男女平等"。

第三节 "男、女"词语的类推及其相关问题

一 "男、女"性别语素词语的类推

通过上述的考察和分析，我们对以"男、女"为语素词语的类推所

呈现的一般性规律及应遵循的限定性条件有如下认识。

（一）性别语素在前的类推

1. 性别语素在前的大多可以类推，如"男孩儿/女孩儿""男家/女家""男仆/女仆""男篮/女篮""男朋友/女朋友"，与之组合的常见成分包括了指人的语素、通用语素、表示身份与职业的语素、词语缩略形式及一般词语等多种类型。

2. 不可类推的一是对女性有歧视倾向的词语，如"女流、女辈、女气"；二是主体语素所代表的概念有某种程度的性别倾向，如"女王、女皇、女神、女兵、男妓"等，其中的"王（国王）""皇（皇帝）""神（神仙）""兵（士兵）""妓（妓女）"等主体语素具有传统上的性别和身份认同。

（二）性别语素在后的类推

1. 性别语素在后的大多不能作词典学意义上的严格类推。如前所述，少量的类推多限于对举的情况，如"少男/少女""大男/大女""型男/型女"等。

2. 某些情况下可以修辞上的仿拟手法类推构词。如仿"家庭妇女"而出现的"家庭妇男"，以及"舞男、歌男、吧男、白毛男"等。这种类推构成的词语有些可以在发展中逐步取得词的资格而进入普通话词汇，如因"处女"而产生的"处男"；有些则停留在仅为适应某些特定场合而出现的临时性构词阶段，如仿"白毛女"而出现的"白毛男"等。

3. 有一些规律性较强的可以比照类推的特殊类型。如表示亲属称谓时，含有语素"女"的三音节词语，常同无性别语素的双音节词语构成一组对应关系，可以比照类推，如"长孙女/长孙、外孙女/外孙、侄孙女/侄孙、曾孙女/曾孙、重孙女/重孙、内侄女/内侄、表侄女/表侄、外甥女/外甥"等；另外，"女"同与"男"等义的"子"常能构成一组可对应类推的关系，如"才女/才子、孝女/孝子、令女/令子、爱女/爱子、亡女/亡子、养女/养子、继女/继子、义女/义子、长女/长子、次女/次子、幼女/幼子、父女/父子、母女/母子、孙女/孙子、侄女/侄子、独生女/独生子、私生女/私生子"等。

二 教学中应注意的相关问题

（一）汉语教师应有利用"男、女"语素类推扩词的自觉意识。尽管

《等级大纲》在列出的 8822 个常用词语中,有"男、女"语素的词语只有 16 个,仅占总数的 0.18%,《等级划分》也是数量有限,但在实际语文生活中,由"男、女"语素构成的词语却使用频繁,数量极大,这就特别需要我们在日常教学中重视并加强此类词语的导入。零起点的学生在基础汉语课的 50 学时以内一般都会学习到"男、女"这两个成词语素,如《等级划分》的入门等级就已出现"男、女、男孩儿、女孩儿、男朋友、女朋友、男生、女生",《等级大纲》的甲级词中"男、女"也已出现,这都意味着用"男、女"语素类推扩词可以落实到国际汉语教学的各个阶段。

(二)要根据具体情况确定类推的数量和方式。在教学的开始阶段,一般可以采用随机、零星的方式进行,但当学生有一定感性认识与词语积累后,教师就可以根据学生实际情况而采取集中讲授的方式,这时候类推规律的阐述往往能起到纲举目张的作用,既帮助了学生把以往所学的零星词语合理地串到一起,又能对学生今后自如自主地学习打下一定的基础。一般讲,对开放性构词的类型要讲清原理,做到举一反三;对数量有限的封闭性构词类型则要视具体情况,可以一次性完成词语类推,也可以采取分批处理的方式。

(三)要注意对类推规律中特别现象的解释与归纳。如"女儿"与"男儿"语义上的不对称性,表示男性成年人的"男人"与轻声结尾指称"妻子"义的"女人"因语音差异而形成的同形不同义组合等等,都是类推中的特例或孤例。教学中我们切不可因这类词不具有普遍性而忽略不讲,因为这类似是而非的语言现象往往是学生认为汉语难学的重要原因。讲清了汉语中的个别现象,不但为学生今后可能遇到的类似问题扫清心理障碍,而且也能培养学生灵活掌握汉语,既遵循规律又不宥于成规的辩证观念。

(四)要注意类推规律的动态发展。语言是不断发展变化的动态系统,类推规律也不是静止不变的。我们说性别语素在后的一般不能有严格意义上的类推,常常是利用仿拟手法构成一些对应表达。但仿拟构词既然是新词语产生的重要途径,一些今天看似带有戏谑、幽默色彩的临时组词,可能很快就会以固定的形式出现在我们的语文生活中,如"男眷""型女"一类。因此我们在教学时要善于区别有不同发展走向的词语,尽量给学生一些具有前瞻性的分析、提示,切不可毫无变通地照搬词典与教科书的规定。

（五）利用"男、女"语素类推扩词时要注意挖掘其蕴含的丰厚的文化资源。融文化教学于日常的语言教学之中已成为国际汉语教学界的共识，"男、女"语素构词所体现的中国文化传统，涉及社会的许多领域，也较为集中地体现了汉民族的性别意识，如表示特别身份、职业的语素和形容词性语素对性别分工的固有认识及价值判断，语素"男"远远弱于"女"的构词能力所能引发的一系列话题等，都是我们利用词语进行文化教学时不可忽视的方面。

第九章

结　语

　　传承语素是指从上古汉语的词发展而来、在现代汉语中作为构词成分而存在的语素。这是基于已有的语素分类无法解决国际汉语词汇教学中的一些常见问题，以历史来源为标准进行语素分类而提出的概念。传承语素的提出不仅可以填补语素分类缺乏历时标准的空白，而且对国际汉语词汇教学具有重要意义。

　　总结本书对现代汉语传承语素及其相关问题的分析研究，我们获得以下结论。

　　一、语素作为现代汉语词语构成的最基本的要素，它的来源与形成过程，与汉语词语双音化的过程相生相伴，密不可分。在现代汉语词汇系统中，语素大多数是由上古汉语的词演变而来的，经历了一个从上古汉语的词转换为语素的语素化过程。语素化的发生是汉语词语双音化的自然结果，其普遍发生的时段应该在汉语发展史上的中古时期。从某种意义上说，语素化问题是汉语词汇发展研究最基本的问题。

　　二、作为语素化发生的主体，传承语素是现代汉语词汇系统中古今联系的纽带，是构成现代汉语词汇系统的基石。传承语素源于上古词语，在现代汉语中作为构词成分而存在，其承上启下的特殊身份帮助汉语词汇完成了具有里程碑意义的转变，同时也确立了语素化本身在汉语词汇发展史上的重要地位。

　　三、从来源角度划分出的语素类别，更加切合国际汉语教学的实际需要。目前广泛采用的汉语语素的共时分析，不能从根本上解决国际汉语词汇教学的问题。国际汉语教学界提倡进行语素教学的主要目的是帮助学生理解词义，而从来源角度划分出的传承语素类别，重视对语素本义和发展义的追溯与描写，对词语语义的教学和疑难问题的解释，意义十分重大，可以满足国际汉语教学界利用语素理解词义的实际需要。

四、传承语素在现代汉语词汇系统中具有很强的构词能力。《等级大纲》的全部 3120 个语素中，传承语素有 2425 个，占全部语素总数的 77.72%。其中合成词中的传承语素 2184 个，占传承语素总数的 90.06%。在未参与构词的 241 个传承语素中，实际不具有构词能力的仅 18 个，只占该类总数的 7.47%。若放入整个传承语素考察，《等级大纲》中不具构词能力的只为全部传承语素总数的 0.74%。

五、传承语素在大纲词语中呈现的均匀分布状况，显示传承语素教学可以分阶段、有重点，合理有序地系统安排。《等级大纲》构成合成词的 2184 个传承语素中，始出现于甲、乙、丙、丁四级构词的数目分别占该类总数的 24.77%、27.75%、22.53%和 24.95%，这种分布既有助于循序渐进地进行语素教学，同时也可以为国际汉语教材的编写提供科学依据。

六、在汉语教学的起始阶段即启动语素教学具有可行性。《等级大纲》中既参与构词又可以单用的传承语素共 1175 个，其中有 327 个可以作为甲级词使用。在可以作为甲级词使用的传承语素中，始见于甲级构词的 192 个，达到该类总数的 58.72%，而始见于丁级构词的仅占该类总数的 6.12%。在《等级划分》普及化等级词汇可以作为单音节词使用的 463 个传承语素中，有 29.59%可以同时构成最低入门等级词汇（一①），36.29%可以构成其他最常用词（一②），15.33%可以构成常用词（一③），这都充分说明了语素教学可以伴随国际汉语词汇教学的始终，而且有助于实现与词语教学同步进行的目标。

七、对传承语素的分级处理可以使语素教学的路径更为明晰。《等级大纲》和《等级划分》中对字、词均有分级，但没有对语素的分级。我们尝试在语料库的 2425 个传承语素中归纳出 228 个适用于国际汉语词汇教学的常用语素，并在此基础上进一步选定了 95 个最常用传承语素，从而使传承语素教学有了明确可见的把手，更加方便教师备课与教材设计。

八、传承语素义对上古义既有继承也有发展，其与词义的关系呈现出复杂多变的情况。传承语素在由单音节词而语素的发展过程中，语素义项也在不断增加。传承语素中的多义语素较多，其形成有语言内部的原因，也有社会文化的影响。传承语素的多义项并不在一个层面，可以分为先秦流传至今的传承义和在发展过程中产生的后起义两类，其中传承义为传承语素义的主体。《等级大纲》中表示相对相反含义的传承语素 75 组，反映出反义语素多素交叉、反义关系古今不一致等多种特点。同义语素的语义类型与替换,则表现出汉语词汇的丰富多彩。

九、传承语素与汉字的关系是由汉语与汉字关系所决定的。从中古开始的词汇语素化进程,使上古汉语中的很多单音节词在双音节化过程中转化为传承语素,一些词字也逐步转化为语素字。字与语素既有联系也有区别,《等级大纲》800个甲级字中的686个与传承语素的书写形式相同,其代表的语素总数则达到773个。传承语素与汉字的关系十分复杂,《等级大纲》与传承语素相关的同音语素和同形语素分别占全部语素总数的8.24%和6.60%。学界关于"字本位"的探讨,从本质上看是将"语素字"和"语素"混为一谈。如果我们在其基础上将"字本位"上升到"语素本位",并进而揭示传承语素所处的主体地位,就有可能提出更加符合汉语汉字规律和特点的教学理论和方法。

十、传承语素的主要特点表现为稳定性、能产性和聚合性。传承语素的相沿袭用及显现出的极强的构词能力,使其成为现代汉语词汇构成中最稳定的要素;传承语素间以其形、音、义系连为媒介而形成的传承语素场,则体现了传承语素的聚合性特征。

十一、传承语素教学是以理据性为主线,以文化元素揭示为切入点,以词语拓展法为重要手段的词语教学。传承语素用于国际汉语词汇教学,主要功能有三:一是利用传承语素理解汉语词语,包括理解词语的理性义和色彩义、进行同义词语辨析和多义词语教学、阐释与识别反义语素和同音语素等;二是利用传承语素拓展汉语词语,用类推或扩展的方式扩大学生的词汇量;三是利用传承语素传播文化知识,将语素文化的理念深入第二语言教学课堂。这三方面的功能,实际反映了传承语素教学的三个层次。传承语素教学要树立层次观:在理解的前提下拓展并进行文化语素教学;首先进行活性传承语素教学,然后开展惰性传承语素教学;按四级语素或在此基础上归纳的最常用传承语素、常用传承语素、其他的顺序递次由前而后安排教学;纲内为主,纲外为辅。

本书的研究及所获结论,对汉语词汇本体和国际汉语词汇教学研究的价值和意义,主要表现在以下六个方面。

一、本书探讨词的语素化及其形成条件,考察汉语发展史上语素化普遍发生的时段,揭示古汉语词汇语素化形成的途径和历程,不仅为本书的研究奠定了基石,而且在汉语语素的理论建构方面有所创新。

二、新的语素分类标准与类型的确立,使国际汉语教学界呼吁已久却难以贯彻的"语素教学法"有了更为科学合理的解释与易于实施的途径，是解决汉语词汇教学诸多难题的根本之举。

三、本书对国际汉语教学相关大纲的考察及在此基础上形成的传承语素表和最常用传承语素表，是国际汉语词汇教学研究的一项很有意义的基础性工作，相信会对国际汉语词汇教学产生较大影响。

四、考察所得出的《等级大纲》传承语素在始出现于甲、乙、丙、丁四级构词中呈现均匀分布态势的数据与结论，可以为合理有序地编写国际汉语教材提供支撑与参考，特别是对学界早有讨论的用"字词表"取代"生词表"的合理化建议提供了富有说服力的证明。

五、提出并阐释了传承语素教学的层次观念，在一定程度上丰富和发展了汉语作为第二语言教学的理论和方法。

六、通过典型个案的研究，摸索实现语素教学目标的有效方法和途径，从而使研究更具应用价值，对从事国际汉语教学的一线教师有着重要的参考作用。

附录一

《等级大纲》传承语素总表

(空白栏为在《等级大纲》中没参与构词的)

序号	传承语素	语素级别	序号	传承语素	语素级别	序号	传承语素	语素级别
1	哀	丁	24	柏	丁	47	保	乙
2	唉		25	败	乙	48	堡	丁
3	爱	甲	26	拜	丙	49	报	乙
4	隘	丁	27	班	乙	50	抱	乙
5	碍	丁	28	颁	丁	51	暴	丁
6	安	乙	29	斑		52	爆	丙
7	岸	丁	30	板	乙	53	卑	丁
8	按¹	乙	31	版	丙	54	杯	甲
9	按²	丁	32	办	甲	55	悲	丙
10	案	丙	33	半	甲	56	碑	
11	暗	丙	34	伴	丙	57	北	甲
12	昂	丁	35	瓣		58	贝	丁
13	熬		36	邦	丁	59	备	乙
14	傲	丙	37	傍	丙	60	背	乙
15	奥	丁	38	谤	丁	61	倍	丁
16	八	丙	39	棒	丁	62	被	乙
17	拔	丙	40	包	甲	63	惫	丁
18	把¹	丙	41	胞	丁	64	辈	丁
19	把²		42	剥 bāo		65	奔 bēn	丙
20	罢	丙	43	雹	丁	66	崩	丁
21	霸	丁	44	薄 báo		67	绷	丁
22	白	乙	45	宝	乙	68	本¹	乙
23	百	乙	46	饱	丁	69	奔 bèn	丁

序号	传承语素	语素级别	序号	传承语素	语素级别	序号	传承语素	语素级别
70	逼	丁	103	宾	丙	136	材	丙
71	鼻	丙	104	滨	丁	137	财	丙
72	比	甲	105	冰	乙	138	裁	丙
73	彼	丙	106	兵	丙	139	采	乙
74	笔	甲	107	丙		140	菜	乙
75	鄙	丁	108	秉	丁	141	参 cān	乙
76	币	丙	109	柄	丁	142	餐	丙
77	必	乙	110	饼	乙	143	残	丙
78	毕	丙	111	并¹	丁	144	蚕	
79	闭	丙	112	并²	乙	145	惭	丁
80	毙	丁	113	病	甲	146	惨	丁
81	痹	丁	114	拨	丁	147	仓	丁
82	弊	丁	115	波	丁	148	仓促	
83	碧	丁	116	剥 bō	丁	149	苍	丁
84	蔽	丁	117	播	乙	150	藏	丁
85	壁	乙	118	伯	丙	151	操	乙
86	避	乙	119	博¹	丁	152	槽	
87	臂	丙	120	博²	丁	153	草¹	乙
88	边	甲	121	搏	丁	154	草²	丁
89	编	丙	122	薄 bó	丁	155	册	丁
90	鞭	丁	123	簸	丁	156	侧	丁
91	贬	丁	124	卜 bǔ		157	厕	丙
92	扁		125	补	丁	158	测	乙
93	便 biàn	甲	126	捕	丙	159	策	丙
94	变	甲	127	不	甲	160	层	丙
95	遍	乙	128	布¹		161	曾	乙
96	辨	丁	129	布²	丙	162	叉	丙
97	辩	丁	130	步	甲	163	插	丙
98	标	丙	131	怖	丁	164	差 chā	丁
99	表	甲	132	部	甲	165	茶	乙
100	别¹ bié	乙	133	猜	丙	166	察	丙
101	别² bié	乙	134	才¹	丙	167	差 chà	乙
102	别 biè	丁	135	才²	甲	168	拆	

序号	传承语素	语素级别	序号	传承语素	语素级别	序号	传承语素	语素级别
169	柴	丙	202	称 chēng	乙	235	畴	丁
170	馋	丁	203	撑	丁	236	愁	丁
171	缠		204	成	甲	237	稠	丁
172	蝉		205	呈	丁	238	筹	丁
173	产	甲	206	承	丙	239	酬	丁
174	阐	丁	207	诚	丙	240	踌躇	
175	颤	丙	208	城	甲	241	丑	丁
176	昌	丁	209	乘	丙	242	臭	
177	猖狂		210	惩	丁	243	出	甲
178	长 cháng	乙	211	程	丙	244	初	甲
179	肠	乙	212	澄	丁	245	除	甲
180	尝	丁	213	盛 chéng		246	厨	丙
181	偿	丙	214	秤		247	础	乙
182	常	甲	215	痴	丁	248	储	丁
183	场	甲	216	池	乙	249	楚	乙
184	敞	丁	217	驰	丁	250	处 chǔ	乙
185	畅	丁	218	迟	乙	251	处 chù	甲
186	倡	丙	219	持	乙	252	畜 chù	丁
187	唱	丙	220	尺	甲	253	触	丙
188	超	乙	221	侈	丁	254	川	丁
189	朝 cháo	丁	222	齿	丁	255	穿	丁
190	潮	丙	223	耻	丁	256	传 chuán	乙
191	车	甲	224	斥	丁	257	船	乙
192	彻	丙	225	赤	丁	258	喘	丁
193	撤	丁	226	翅	丙	259	疮	
194	尘	丁	227	充	丙	260	窗	甲
195	臣	丁	228	冲 chōng	丙	261	床	甲
196	沉	丙	229	虫	丙	262	创	乙
197	辰	丁	230	重 chóng	乙	263	吹	丁
198	陈[1]	丁	231	崇	丙	264	炊	丁
199	陈[2]	丁	232	冲 chòng		265	垂	丙
200	晨	乙	233	抽		266	捶	
201	称 chèn	丁	234	仇	丙	267	锤	

序号	传承语素	语素级别	序号	传承语素	语素级别	序号	传承语素	语素级别
268	春	甲	301	答 dā	甲	334	到	甲
269	纯	丙	302	答 dá	丙	335	悼	丁
270	唇	丁	303	达	乙	336	盗	丙
271	蠢	丙	304	大	甲	337	道¹	甲
272	词	甲	305	代¹	乙	338	道²	乙
273	慈	丁	306	代²	甲	339	稻	丙
274	辞	丙	307	带	甲	340	得 dé	甲
275	磁	乙	308	待¹	乙	341	德	丙
276	雌		309	待²	乙	342	灯	甲
277	此	乙	310	怠	丁	343	登	乙
278	次	乙	311	贷	丁	344	等¹	乙
279	刺	丙	312	逮 dài	丁	345	低	乙
280	从¹	丙	313	戴	丁	346	堤	
281	从²	甲	314	丹		347	敌	丙
282	匆	丁	315	单	甲	348	涤	丁
283	葱		316	担 dān	乙	349	笛	丁
284	聪	丙	317	耽	丁	350	底	乙
285	丛		318	胆	乙	351	抵¹	丁
286	凑	丁	319	旦	丁	352	抵²	丙
287	粗	丙	320	但	甲	353	地	甲
288	促	丙	321	担 dàn	丁	354	弟	乙
289	醋		322	弹 dàn	丙	355	帝	丙
290	窜		323	淡	丁	356	递	丁
291	摧	丁	324	当 dāng	甲	357	第	甲
292	脆	丙	325	党	乙	358	的 dì	丙
293	粹	丁	326	当 dàng	乙	359	缔	丁
294	翠	丁	327	荡	丁	360	颠	丁
295	存	乙	328	刀	乙	361	典	乙
296	寸	丙	329	导	乙	362	点	甲
297	磋	丁	330	岛	丙	363	电	甲
298	挫	丁	331	倒 dǎo	乙	364	垫	
299	措	丙	332	倒 dào	丁	365	奠	丁
300	错	甲	333	蹈	丁	366	殿	丙

序号	传承语素	语素级别	序号	传承语素	语素级别	序号	传承语素	语素级别
367	雕	丁	400	段	乙	433	凡¹	丙
368	钓		401	断¹	乙	434	凡²	丁
369	调¹ diào	乙	402	断²	丙	435	烦	乙
370	掉	丙	403	锻	乙	436	繁	丙
371	跌		404	堆	丙	437	反	乙
372	叠	乙	405	队	乙	438	返	丁
373	丁		406	对	甲	439	犯	丙
374	顶	丁	407	蹲		440	泛	丙
375	定	甲	408	盾	丙	441	饭	甲
376	东	甲	409	顿	丙	442	范	丙
377	冬	甲	410	多	甲	443	贩	丁
378	董	丁	411	夺	丙	444	方¹	乙
379	动	甲	412	朵	乙	445	方²	
380	冻	丁	413	堕	丁	446	方³	乙
381	栋		414	惰	丁	447	防	乙
382	洞	丁	415	讹		448	妨	丁
383	都 dōu	甲	416	鹅		449	房	乙
384	斗	乙	417	蛾	丁	450	肪	丁
385	豆	丙	418	恶 è	丁	451	仿	丙
386	都 dū	乙	419	饿	丙	452	访	乙
387	督	丁	420	恩	丁	453	纺	乙
388	毒	丙	421	儿¹	乙	454	放	甲
389	读	乙	422	而	甲	455	飞	甲
390	独	丙	423	尔	丁	456	非	乙
391	堵	丁	424	耳	丙	457	肥	丙
392	睹	丁	425	二	丁	458	诽	丁
393	妒	丁	426	贰		459	废	丙
394	杜	丁	427	发	甲	460	沸	丁
395	度	甲	428	乏	丙	461	肺	
396	渡	丙	429	伐	丁	462	费	乙
397	端¹	丙	430	罚	丁	463	分 fēn	甲
398	端²	丙	431	法¹	乙	464	纷	丙
399	短	乙	432	番¹	丁	465	芬	丁

序号	传承语素	语素级别	序号	传承语素	语素级别	序号	传承语素	语素级别
466	坟	丁	499	辅	乙	532	干² gàn	乙
467	粉	乙	500	腐	丁	533	冈	丁
468	氛	丁	501	父	乙	534	纲	丙
469	分 fèn	丙	502	付	乙	535	缸	
470	奋	丙	503	妇	丙	536	钢	甲
471	愤	丙	504	负	乙	537	杠	丁
472	粪		505	附	乙	538	高	甲
473	丰	乙	506	复¹	乙	539	膏	丁
474	风	丙	507	复²	丙	540	稿	丁
475	封	甲	508	复³	丙	541	告	甲
476	锋	丁	509	复⁴	丙	542	胳	丙
477	蜂	丙	510	赴	丁	543	鸽	丁
478	逢	丁	511	副	乙	544	割	丙
479	缝 féng	丙	512	傅	乙	545	歌	丙
480	讽	丁	513	富	甲	546	革¹	丙
481	缝 fèng		514	赋	丁	547	革²	丁
482	凤	丁	515	缚	丁	548	格	丙
483	奉	丁	516	腹		549	隔	乙
484	否	丙	517	覆	丁	550	个	甲
485	夫	乙	518	改	甲	551	各	甲
486	肤	丙	519	盖	丙	552	根	乙
487	伏	丁	520	溉	丁	553	跟	乙
488	扶		521	概¹	乙	554	更 gēng	丁
489	服	乙	522	概²	丁	555	耕	丙
490	俘	丁	523	干¹ gān	甲	556	梗	
491	浮	丁	524	干² gān	丁	557	更 gèng	乙
492	符	丙	525	甘	丁	558	工	乙
493	幅	丁	526	肝	丁	559	弓	
494	福	乙	527	竿		560	公	乙
495	抚	丁	528	秆		561	功	丙
496	府	乙	529	敢	乙	562	攻	乙
497	斧	丁	530	感	乙	563	供	乙
498	俯		531	干¹ gàn	乙	564	宫	丙

序号	传承语素	语素级别	序号	传承语素	语素级别	序号	传承语素	语素级别
565	恭	丁	598	官¹	丙	631	寒	乙
566	巩	丙	599	官²	丁	632	罕	丁
567	拱		600	冠	丙	633	汉	乙
568	共	甲	601	棺	丁	634	汗	丙
569	贡	丙	602	馆	甲	635	旱	丙
570	沟	丁	603	管¹	乙	636	捍	丁
571	钩	丙	604	管²	丁	637	憾	丁
572	狗	丁	605	贯	丁	638	行 háng	甲
573	构	丙	606	惯	乙	639	航	丙
574	购	乙	607	灌	丙	640	毫	乙
575	姑¹	乙	608	光	乙	641	豪	丁
576	姑²	丁	609	广	乙	642	好 hǎo	甲
577	孤	丁	610	归	丁	643	好 hào	乙
578	辜	丁	611	龟		644	号¹	乙
579	古	乙	612	规	丙	645	号²	丙
580	谷¹	丁	613	闺	丁	646	浩	丁
581	谷²	丁	614	轨	丁	647	耗	丙
582	股	丙	615	鬼	丁	648	喝	
583	骨	丙	616	柜	丁	649	禾	丁
584	鼓	乙	617	贵	甲	650	合	甲
585	固¹	丙	618	桂	丁	651	何	乙
586	固²	丁	619	跪		652	和	乙
587	故¹	乙	620	国	甲	653	河	丙
588	故²	丙	621	果¹	乙	654	阁	丁
589	顾	甲	622	果²	丁	655	核¹	丁
590	瓜	乙	623	果³	丙	656	核²	丁
591	刮		624	裹	丁	657	荷	丁
592	寡	丁	625	过	甲	658	贺	丙
593	挂	乙	626	孩	乙	659	黑	甲
594	怪¹	乙	627	海	乙	660	痕	丁
595	怪²	丁	628	害	乙	661	狠	丁
596	关	甲	629	含	丙	662	恨	丙
597	观	乙	630	涵	丁	663	恒	丁

序号	传承语素	语素级别	序号	传承语素	语素级别	序号	传承语素	语素级别
664	横 héng	丁	697	槐	丁	730	魂	丁
665	衡	丁	698	坏	乙	731	混	丙
666	横 hèng	丁	699	欢	乙	732	活	甲
667	轰	丁	700	还	丁	733	火	甲
668	烘		701	环	乙	734	伙[1]	乙
669	红	乙	702	缓	丙	735	或	甲
670	宏	丁	703	幻	丁	736	货	丙
671	洪	丁	704	换	乙	737	获	乙
672	虹		705	患	丁	738	祸	丁
673	喉	丁	706	荒	丁	739	惑	
674	猴	丙	707	皇	丙	740	几 jī	丙
675	后	甲	708	黄	乙	741	讥	丁
676	厚	乙	709	煌	丁	742	击	丙
677	候[1]	乙	710	蝗	丁	743	饥	丁
678	候[2]	乙	711	灰	丙	744	机	乙
679	乎	丙	712	恢	丙	745	肌	丁
680	呼	乙	713	挥	乙	746	鸡	甲
681	忽[1]	乙	714	辉	丙	747	迹	丙
682	忽[2]	丁	715	徽	丁	748	积	丙
683	狐	丁	716	回	甲	749	基	乙
684	壶		717	悔	丙	750	绩	乙
685	湖		718	毁	丙	751	激	丙
686	虎	丙	719	汇[1]	丙	752	及	乙
687	互	乙	720	会[1] huì	甲	753	吉	丁
688	户	甲	721	会[2] huì	乙	754	级	甲
689	护	乙	722	绘	丁	755	即	丙
690	华[1]	丁	723	贿	丁	756	极	甲
691	华[2]	丁	724	秽	丁	757	急	甲
692	滑	乙	725	惠	丁	758	疾	丁
693	化	甲	726	慧	丁	759	集	甲
694	画	甲	727	昏	乙	760	嫉	
695	话	甲	728	婚	丙	761	辑	丁
696	怀	丙	729	浑	丁	762	籍	丁

序号	传承语素	语素级别	序号	传承语素	语素级别	序号	传承语素	语素级别
763	脊	丁	796	歼	丁	829	讲	乙
764	几 jǐ	丁	797	间 jiān	甲	830	奖	乙
765	给 jǐ	丙	798	肩	丁	831	匠	丁
766	己	乙	799	艰	丙	832	降 jiàng	乙
767	挤	丙	800	兼	丁	833	酱	乙
768	计	乙	801	监	丁	834	交	乙
769	记	乙	802	煎		835	郊	丙
770	纪¹	乙	803	俭	丁	836	骄	丙
771	纪²	丙	804	茧		837	焦	丁
772	忌		805	减	乙	838	教 jiāo	
773	技	乙	806	剪	丁	839	嚼 jiáo	
774	际	丙	807	检	乙	840	角	丙
775	季	乙	808	简	乙	841	狡	丁
776	既	乙	809	碱		842	脚	丙
777	济	乙	810	间 jiàn	丁	843	搅	丁
778	继	乙	811	见	甲	844	叫	乙
779	寂	丁	812	建	甲	845	轿	丁
780	寄	丁	813	剑		846	较	甲
781	加	甲	814	荐	丁	847	教 jiào	乙
782	夹	丙	815	贱		848	觉 jiào	乙
783	佳		816	健	乙	849	阶	丙
784	家	甲	817	渐	乙	850	皆	
785	嘉	丁	818	溅		851	接	甲
786	颊		819	践	乙	852	揭	丙
787	甲¹		820	鉴	丁	853	街	乙
788	甲²	丁	821	键	丙	854	节	甲
789	假¹ jiǎ	丙	822	箭	丙	855	劫	丁
790	价	乙	823	江		856	洁	丁
791	驾	乙	824	姜		857	结 jié	乙
792	嫁		825	将	甲	858	捷	丁
793	稼	丙	826	浆	丁	859	截	丁
794	奸	丁	827	僵		860	竭	丁
795	坚	乙	828	疆	丁	861	解	甲

序号	传承语素	语素级别	序号	传承语素	语素级别	序号	传承语素	语素级别
862	介	乙	895	井		928	巨	丙
863	戒	丁	896	颈		929	拒	丙
864	界	乙	897	景	丙	930	具¹	丙
865	诫	丁	898	警	丙	931	具²	丙
866	借	丙	899	净	乙	932	剧¹	丁
867	巾	丙	900	径	丁	933	惧	丁
868	今	乙	901	竞	丙	934	据	乙
869	斤	甲	902	竟¹	丙	935	距	乙
870	金	乙	903	敬	丙	936	锯	
871	津	丁	904	境	乙	937	聚	丙
872	筋	丙	905	静	甲	938	捐	丁
873	仅	乙	906	镜	丙	939	卷 juǎn	丁
874	紧	甲	907	纠¹	丙	940	卷 juàn	丙
875	谨	丁	908	纠²	丁	941	倦	丁
876	锦	丁	909	究	乙	942	绢	丙
877	尽 jǐn	乙	910	九		943	圈 juàn	
878	尽 jìn	丙	911	久	甲	944	决¹	甲
879	劲 jìn	丙	912	灸	丙	945	决²	丁
880	近	甲	913	酒	甲	946	绝	乙
881	进	甲	914	旧		947	觉 jué	乙
882	晋	丁	915	救	丙	948	掘	丁
883	浸		916	就	甲	949	军	乙
884	禁 jìn	丙	917	舅	丁	950	君	
885	京	丙	918	居	丙	951	均	乙
886	经¹	甲	919	拘	丁	952	菌	丙
887	经²	乙	920	鞠躬		953	俊	丁
888	茎		921	局¹	乙	954	峻	丁
889	惊	乙	922	局²	丁	955	开	甲
890	晶	丁	923	菊	丁	956	凯	丁
891	睛	乙	924	橘（桔）	乙	957	慨	丁
892	兢兢	丁	925	举	乙	958	堪	丁
893	精	乙	926	矩	丁	959	看 kàn	甲
894	鲸	丁	927	句	甲	960	康	乙

序号	传承语素	语素级别	序号	传承语素	语素级别	序号	传承语素	语素级别
961	慷慨		994	跨		1027	狼	丁
962	糠		995	块	甲	1028	廊	丁
963	亢	丁	996	快	甲	1029	朗	丙
964	抗	丙	997	会 kuài	丁	1030	浪	乙
965	炕		998	宽	丙	1031	劳	乙
966	考	甲	999	款¹	丁	1032	牢	丙
967	靠	乙	1000	筐	丁	1033	老¹	乙
968	科	甲	1001	狂	丙	1034	乐 lè	乙
969	颗	丁	1002	况¹	丁	1035	雷	丁
970	咳	乙	1003	旷	丁	1036	垒	丁
971	可¹	甲	1004	眶	丁	1037	累 lěi	丙
972	可²	丁	1005	亏	丙	1038	泪	丙
973	渴	丙	1006	葵	丁	1039	类	丙
974	克	丙	1007	愧	丁	1040	累 lèi	
975	刻	甲	1008	溃		1041	冷	乙
976	客	乙	1009	馈	丁	1042	厘	丙
977	课	甲	1010	昆	丁	1043	梨	
978	肯	乙	1011	困	甲	1044	狸	丁
979	垦	丁	1012	扩	丙	1045	离	甲
980	坑		1013	括	丙	1046	犁	
981	空	甲	1014	阔	乙	1047	黎	丁
982	孔¹	丙	1015	廊	丁	1048	礼	乙
983	孔²	丁	1016	腊	丁	1049	里¹	甲
984	恐	丙	1017	来	甲	1050	里²	甲
985	控¹	丙	1018	赖	丁	1051	理	乙
986	控²	丁	1019	兰	丁	1052	李	乙
987	口	甲	1020	栏	丁	1053	力	甲
988	枯	丁	1021	蓝		1054	历	乙
989	哭		1022	览	乙	1055	厉	丙
990	苦	甲	1023	揽	丁	1056	立	甲
991	库	丙	1024	烂	丙	1057	丽	丙
992	酷	丁	1025	滥		1058	利	乙
993	夸	丁	1026	郎	丁	1059	励	丙

序号	传承语素	语素级别	序号	传承语素	语素级别	序号	传承语素	语素级别
1060	例	甲	1093	林	丙	1126	赂	丁
1061	隶	丁	1094	临	乙	1127	鹿	
1062	栗	丁	1095	淋		1128	路	乙
1063	粒	丁	1096	灵	丙	1129	驴	
1064	连[1]	乙	1097	玲珑		1130	旅	乙
1065	怜	丙	1098	凌	丁	1131	履	丁
1066	莲	丁	1099	铃	丙	1132	律	丙
1067	联	乙	1100	陵	丁	1133	虑	丙
1068	廉	丁	1101	龄	丙	1134	率 lù	丙
1069	镰	丁	1102	领	甲	1135	绿	丁
1070	练	甲	1103	令	乙	1136	卵	
1071	炼	乙	1104	流	乙	1137	乱	乙
1072	良	丙	1105	留	甲	1138	掠	丁
1073	凉	甲	1106	瘤	丁	1139	略[1]	丁
1074	梁	丙	1107	柳	丁	1140	略[2]	丁
1075	粮	丙	1108	六		1141	略[3]	丙
1076	粱	丁	1109	龙	丁	1142	轮	丙
1077	量 liáng	乙	1110	咙	丁	1143	论	乙
1078	两	丙	1111	笼 lóng	丁	1144	罗	丁
1079	谅	乙	1112	聋		1145	骡	丁
1080	量 liàng	乙	1113	隆	丁	1146	络	丁
1081	辽	丁	1114	笼 lǒng	丁	1147	落	乙
1082	疗	丁	1115	垄	丁	1148	麻[1]	乙
1083	聊[1]	丁	1116	楼	乙	1149	马	甲
1084	僚	丁	1117	陋	丁	1150	骂	
1085	了[1] liǎo	甲	1118	漏	丁	1151	埋 mái	丁
1086	料[1]	丙	1119	露 lòu	丙	1152	买	乙
1087	列	丙	1120	炉	丁	1153	迈	
1088	劣	丙	1121	房	丁	1154	麦	丙
1089	烈	丙	1122	鲁	丁	1155	卖	乙
1090	猎	丁	1123	露 lù	丙	1156	脉	丙
1091	裂	丙	1124	陆	丙	1157	蛮	丁
1092	邻	丙	1125	录	甲	1158	满	甲

序号	传承语素	语素级别	序号	传承语素	语素级别	序号	传承语素	语素级别
1159	慢	丙	1192	迷	乙	1225	漠	丙
1160	漫	丁	1193	米¹	甲	1226	墨	乙
1161	蔓	丁	1194	秘	丙	1227	没 mò	丁
1162	芒	丁	1195	密	乙	1228	默	丁
1163	盲	丁	1196	蜜	乙	1229	谋	丙
1164	茫	丁	1197	眠	丁	1230	某	丙
1165	毛	乙	1198	绵	丁	1231	母	甲
1166	矛	丙	1199	免	丙	1232	亩	
1167	茅	丁	1200	勉	丁	1233	姆	丁
1168	氂	丁	1201	面¹	甲	1234	木	乙
1169	茂	丁	1202	面²	乙	1235	目	乙
1170	冒	甲	1203	苗	丁	1236	牧	丁
1171	贸	丙	1204	妙	乙	1237	墓	丁
1172	貌	丙	1205	庙		1238	幕	丙
1173	枚		1206	灭	乙	1239	睦	丁
1174	玫瑰		1207	蔑	丁	1240	慕	丙
1175	眉	丁	1208	民	乙	1241	暮	丁
1176	梅	丁	1209	敏	丁	1242	纳	丁
1177	媒	丁	1210	名	甲	1243	男	乙
1178	每		1211	明¹	乙	1244	南	甲
1179	美	乙	1212	明²	乙	1245	难 nán	甲
1180	妹	乙	1213	鸣	丁	1246	难 nàn	丙
1181	昧	丁	1214	铭	丁	1247	囊	丁
1182	闷 mēn	丁	1215	命¹	乙	1248	乃	
1183	门	甲	1216	命²	乙	1249	奈	丁
1184	闷 mèn	丁	1217	谬	丁	1250	耐	乙
1185	萌	丁	1218	模 mó	丙	1251	挠	丁
1186	盟	丁	1219	膜	丁	1252	脑	丙
1187	蒙		1220	摩	丁	1253	能	甲
1188	猛	丙	1221	磨	丙	1254	内	甲
1189	梦	乙	1222	末	丙	1255	泥	乙
1190	眯		1223	沫	丁	1256	拟	丁
1191	弥	丁	1224	莫	丁	1257	逆	丁

序号	传承语素	语素级别	序号	传承语素	语素级别	序号	传承语素	语素级别
1258	年	甲	1291	陪	丙	1324	平	甲
1259	念¹	甲	1292	培	丁	1325	评	乙
1260	念²	丙	1293	沛	丁	1326	凭	丁
1261	鸟		1294	佩	丁	1327	屏	丁
1262	凝	丁	1295	配	乙	1328	瓶	乙
1263	宁 níng	丁	1296	喷	丁	1329	萍	丁
1264	宁 nìng	丁	1297	盆	丙	1330	坡	
1265	牛	甲	1298	烹	丁	1331	颇	
1266	农	乙	1299	朋	乙	1332	迫	丙
1267	浓	丁	1300	棚		1333	破	乙
1268	弄	丙	1301	蓬勃	丁	1334	魄	丁
1269	奴	丁	1302	捧	丁	1335	剖	丁
1270	怒	乙	1303	批¹	乙	1336	铺 pū	
1271	女	甲	1304	坯		1337	扑	丁
1272	暖	甲	1305	披		1338	仆	丁
1273	殴	丁	1306	皮	乙	1339	朴	丙
1274	呕	丁	1307	疲	丙	1340	普	丙
1275	偶¹	丁	1308	脾	丙	1341	谱	丁
1276	偶²	丁	1309	匹		1342	七	丁
1277	拍	丙	1310	僻	丁	1343	妻	丙
1278	徘徊		1311	辟	丙	1344	凄	丙
1279	排¹	丙	1312	譬	丁	1345	戚	丙
1280	排²	甲	1313	偏¹	丁	1346	期	甲
1281	攀	丙	1314	篇		1347	欺	丙
1282	盘	乙	1315	便 pián	乙	1348	漆	丁
1283	判	丙	1316	片	乙	1349	齐	甲
1284	叛	丁	1317	漂 piāo		1350	其	乙
1285	盼	乙	1318	飘	丙	1351	奇	丙
1286	畔		1319	瞥		1352	歧	丁
1287	庞	丁	1320	贫	丙	1353	骑	
1288	旁	甲	1321	频	丁	1354	棋	丁
1289	袍	丁	1322	品	丙	1355	旗	丙
1290	泡	丁	1323	聘	丁	1356	乞	丁

序号	传承语素	语素级别	序号	传承语素	语素级别	序号	传承语素	语素级别
1357	企	丁	1390	且¹	丁	1423	娶	
1358	岂	丁	1391	且²	甲	1424	去	甲
1359	启	丙	1392	切 qiē	乙	1425	趣	丙
1360	起	甲	1393	怯	丁	1426	全	甲
1361	气	甲	1394	窃	丁	1427	权	丙
1362	弃	丙	1395	亲	乙	1428	泉	丁
1363	泣	丁	1396	侵	丙	1429	拳	丁
1364	器	乙	1397	钦	丁	1430	犬	
1365	洽	丁	1398	芹	丁	1431	劝	丙
1366	千	乙	1399	琴	丁	1432	券	丁
1367	迁	丁	1400	禽		1433	缺	乙
1368	牵	丁	1401	勤	丙	1434	却	丙
1369	铅	乙	1402	青	甲	1435	雀	丁
1370	谦	丁	1403	轻	甲	1436	确	乙
1371	前	甲	1404	倾	丁	1437	鹊	丁
1372	钱	乙	1405	清	甲	1438	裙	丙
1373	钳	丁	1406	蜻蜓		1439	群	乙
1374	潜	丁	1407	情	乙	1440	然	乙
1375	浅	丁	1408	顷	丁	1441	燃	丙
1376	遣	丁	1409	请	甲	1442	染	乙
1377	谴	丁	1410	庆	丙	1443	壤	丁
1378	歉	丙	1411	穷	丙	1444	让	丁
1379	枪	丙	1412	丘	丁	1445	扰	丙
1380	墙	丙	1413	秋	甲	1446	绕	乙
1381	强 qiáng	乙	1414	求	甲	1447	热	甲
1382	强 qiǎng	丁	1415	区	乙	1448	人	甲
1383	敲		1416	曲 qū	丁	1449	仁	丁
1384	侨	丁	1417	驱	丁	1450	忍	丙
1385	桥	乙	1418	屈	丁	1451	刃	丁
1386	巧	乙	1419	趋	丁	1452	任¹	乙
1387	翘		1420	渠	丙	1453	韧	丁
1388	切 qiē		1421	曲 qǔ	丁	1454	饪	丁
1389	茄	丁	1422	取	甲	1455	仍	乙

序号	传承语素	语素级别	序号	传承语素	语素级别	序号	传承语素	语素级别
1456	日¹	甲	1489	森	丙	1522	涉	丁
1457	荣	丁	1490	杀	丁	1523	摄	丙
1458	容¹	乙	1491	沙	丙	1524	参 shēn	丁
1459	容²	丙	1492	纱		1525	申	丁
1460	熔		1493	厦	丁	1526	伸	丁
1461	融	丁	1494	筛	丁	1527	身	甲
1462	柔	丁	1495	山	乙	1528	呻	丁
1463	揉		1496	删		1529	绅	丁
1464	肉	丙	1497	珊瑚		1530	深	乙
1465	如¹	甲	1498	扇	丙	1531	神	甲
1466	如²	丙	1499	善	丙	1532	审	丙
1467	乳		1500	擅	丁	1533	肾	丁
1468	辱	丁	1501	伤	乙	1534	甚	丁
1469	入	乙	1502	商		1535	渗	丁
1470	锐	丙	1503	裳	丁	1536	慎	丁
1471	瑞	丁	1504	赏	丙	1537	升	丙
1472	润	丁	1505	上¹	甲	1538	生¹	甲
1473	若¹	丙	1506	上²	甲	1539	生²	乙
1474	若²	丁	1507	尚	丙	1540	生³	甲
1475	弱	丙	1508	烧	甲	1541	声	甲
1476	洒		1509	稍	乙	1542	牲	丙
1477	塞 sāi		1510	勺	丙	1543	绳	丙
1478	三	丙	1511	少 shǎo	甲	1544	省¹	丙
1479	叁		1512	少 shào	丙	1545	省²	乙
1480	散 sǎn	丙	1513	绍	乙	1546	胜	甲
1481	散 sàn	乙	1514	奢	丁	1547	圣	丁
1482	桑	丁	1515	舌	丁	1548	盛	丁
1483	丧	丁	1516	蛇	丁	1549	尸	丁
1484	骚	丁	1517	舍 shě	丁	1550	失	丙
1485	扫	丙	1518	舍 shè	乙	1551	师	乙
1486	嫂	丙	1519	设	乙	1552	诗	丙
1487	塞 sè	丁	1520	社		1553	施	
1488	色	甲	1521	射	丙	1554	湿	丙

序号	传承语素	语素级别	序号	传承语素	语素级别	序号	传承语素	语素级别
1555	十	甲	1588	寿	丁	1621	双	乙
1556	石	丙	1589	受	乙	1622	霜	
1557	时	乙	1590	兽	丁	1623	爽	丁
1558	识	乙	1591	售	丙	1624	谁	
1559	实	乙	1592	授	丙	1625	水	甲
1560	拾¹	甲	1593	瘦		1626	税	丁
1561	食	乙	1594	书	甲	1627	睡	甲
1562	史	乙	1595	叔	丙	1628	顺	乙
1563	使¹	甲	1596	殊	丙	1629	说	甲
1564	使²	丙	1597	梳	丙	1630	丝	丙
1565	始	乙	1598	疏	丁	1631	司	丙
1566	屎		1599	舒	乙	1632	私	乙
1567	士	丙	1600	输¹	丁	1633	思	乙
1568	世	乙	1601	输²		1634	斯	丁
1569	市	甲	1602	蔬	丙	1635	死	丙
1570	示	乙	1603	熟	乙	1636	四	丙
1571	式	丙	1604	暑	丙	1637	寺	丁
1572	事	甲	1605	署¹	丁	1638	伺	丁
1573	侍	丁	1606	署²	丁	1639	似	丙
1574	势	丙	1607	数 shǔ		1640	饲	丁
1575	视	乙	1608	鼠	丁	1641	肆¹	丁
1576	试	甲	1609	属	丙	1642	松¹	丁
1577	饰	丁	1610	术	乙	1643	耸	
1578	室	甲	1611	束	乙	1644	讼	丁
1579	是	甲	1612	述	丙	1645	诵	丁
1580	适	甲	1613	树		1646	送	乙
1581	逝	丁	1614	竖		1647	颂	丁
1582	释	丙	1615	数 shù	乙	1648	搜	丙
1583	誓	丁	1616	刷	乙	1649	艘	
1584	收	甲	1617	衰	丁	1650	嗽	乙
1585	手	甲	1618	帅		1651	苏	丁
1586	守	丙	1619	率¹ shuài	丙	1652	俗	丙
1587	首	甲	1620	率² shuài	丁	1653	诉	乙

序号	传承语素	语素级别	序号	传承语素	语素级别	序号	传承语素	语素级别
1654	肃	丙	1687	潭		1720	听	甲
1655	素	丙	1688	坦	丁	1721	亭	丁
1656	速	丙	1689	叹	丙	1722	庭	乙
1657	宿	乙	1690	炭	丁	1723	停	乙
1658	酸	丁	1691	探	丙	1724	挺[1]	丁
1659	蒜		1692	汤		1725	艇	
1660	算	甲	1693	堂	乙	1726	通	甲
1661	虽	乙	1694	塘	丁	1727	同	甲
1662	随	乙	1695	滔	丁	1728	铜	
1663	岁	丙	1696	逃	丙	1729	童	丙
1664	碎	丙	1697	桃	丁	1730	统	丙
1665	隧	丁	1698	陶	丁	1731	桶	
1666	穗		1699	讨	乙	1732	筒	丁
1667	孙	丁	1700	特	乙	1733	痛	甲
1668	损	丁	1701	疼	丁	1734	偷	乙
1669	笋		1702	腾	丙	1735	头[1]	甲
1670	缩	丙	1703	梯	丙	1736	投	乙
1671	所[1]	乙	1704	提	甲	1737	凸	
1672	所[2]	乙	1705	题	甲	1738	秃	
1673	索	丁	1706	蹄		1739	突	乙
1674	锁	丙	1707	体	乙	1740	图	甲
1675	他	甲	1708	剃		1741	徒	丁
1676	它	甲	1709	涕	丁	1742	涂	乙
1677	踏 tà	丁	1710	惕	丁	1743	途	丁
1678	踢	丁	1711	替	乙	1744	屠	丁
1679	台[1]	乙	1712	天	甲	1745	土	乙
1680	太	甲	1713	田	乙	1746	吐 tǔ	
1681	态	乙	1714	填	丁	1747	兔	丙
1682	泰	丁	1715	条	甲	1748	团	甲
1683	贪	丁	1716	调[1] tiáo	丙	1749	推	乙
1684	坛		1717	挑 tiǎo	丁	1750	退	丙
1685	弹 tán		1718	跳	甲	1751	吞	
1686	谈	乙	1719	铁	乙	1752	屯	

序号	传承语素	语素级别	序号	传承语素	语素级别	序号	传承语素	语素级别
1753	拖	丙	1786	违	丙	1819	诬	丁
1754	脱	乙	1787	唯	丁	1820	无	乙
1755	妥	丙	1788	惟	丁	1821	梧桐	
1756	椭	丁	1789	维¹	丙	1822	五	丁
1757	拓	丁	1790	维²	丁	1823	午	乙
1758	唾	丁	1791	伟	乙	1824	伍	丙
1759	蛙	丁	1792	伪	丁	1825	武	丙
1760	瓦	丁	1793	尾	丙	1826	侮	丁
1761	袜	乙	1794	委¹	丙	1827	舞	丁
1762	外	甲	1795	委²	丁	1828	勿	
1763	弯	丙	1796	为 wèi	甲	1829	务	乙
1764	丸		1797	卫	丙	1830	物	乙
1765	完	甲	1798	未	乙	1831	误	乙
1766	玩	甲	1799	位	乙	1832	悟	丙
1767	顽	丁	1800	味	乙	1833	晤	丁
1768	挽	丙	1801	畏	丁	1834	恶 wù	丁
1769	晚	甲	1802	胃		1835	雾	丁
1770	惋	丁	1803	慰	丙	1836	夕	丁
1771	万	乙	1804	温	乙	1837	西	甲
1772	汪洋		1805	文	乙	1838	吸	乙
1773	亡	丙	1806	闻	甲	1839	析	丙
1774	王	丙	1807	蚊	丁	1840	息	乙
1775	网	乙	1808	吻		1841	牺	丙
1776	往	乙	1809	问	甲	1842	惜	丙
1777	枉	丁	1810	翁	丁	1843	稀	
1778	妄	丁	1811	我	甲	1844	溪	
1779	忘	乙	1812	沃	丁	1845	锡	
1780	望	甲	1813	卧	丁	1846	熄	丁
1781	危	乙	1814	握	甲	1847	膝	丁
1782	威	丁	1815	乌	丁	1848	习	乙
1783	微	丙	1816	污	乙	1849	席	丙
1784	为 wéi	甲	1817	巫		1850	袭	丁
1785	围	甲	1818	屋	甲	1851	洗	甲

序号	传承语素	语素级别	序号	传承语素	语素级别	序号	传承语素	语素级别
1852	喜	乙	1885	现	乙	1918	效²	丁
1853	戏	丙	1886	乡	乙	1919	校	乙
1854	系	甲	1887	相 xiāng	甲	1920	笑	甲
1855	细	乙	1888	香	甲	1921	啸	丁
1856	隙	丁	1889	厢	丁	1922	歇	丁
1857	虾		1890	箱	乙	1923	协	丁
1858	峡	丙	1891	详	丙	1924	胁	丁
1859	狭	丁	1892	降 xiáng	丁	1925	挟	丁
1860	辖	丁	1893	祥	丁	1926	谐	丁
1861	霞		1894	翔	丁	1927	携	丁
1862	下¹	甲	1895	享	丙	1928	血 xiě	
1863	下²	甲	1896	响	甲	1929	写	甲
1864	夏	甲	1897	想	甲	1930	泄	丁
1865	仙	丁	1898	相¹ xiàng	丁	1931	屑	
1866	先	甲	1899	相² xiàng	乙	1932	械	丙
1867	纤	丙	1900	向¹	甲	1933	谢	乙
1868	掀	丁	1901	向²	丁	1934	心	甲
1869	鲜	乙	1902	巷		1935	辛	乙
1870	闲	丙	1903	项¹	丁	1936	欣	丁
1871	弦		1904	象¹	丙	1937	新	甲
1872	贤	丁	1905	象²		1938	薪	丁
1873	咸		1906	像	甲	1939	信	甲
1874	衔	丁	1907	橡	丁	1940	芯	丁
1875	嫌	丁	1908	削 xiāo		1941	兴 xīng	丙
1876	显	丙	1909	宵	丁	1942	星	乙
1877	险	乙	1910	消	乙	1943	腥	
1878	县	丙	1911	销		1944	刑	丁
1879	线	乙	1912	潇		1945	行 xíng	甲
1880	限	丙	1913	小	甲	1946	形	丙
1881	宪	丁	1914	晓	丙	1947	型	丙
1882	陷	丁	1915	孝	丁	1948	醒	丙
1883	羡	丙	1916	肖		1949	兴 xìng	乙
1884	献	丁	1917	效¹	丙	1950	杏	

序号	传承语素	语素级别	序号	传承语素	语素级别	序号	传承语素	语素级别
1951	姓	甲	1984	选	乙	2017	盐	
1952	幸	乙	1985	穴		2018	颜	乙
1953	性	乙	1986	削 xuē	丁	2019	掩	丙
1954	凶	丙	1987	学	甲	2020	眼	甲
1955	兄	丙	1988	雪	丙	2021	演	甲
1956	汹涌		1989	血 xuè	丙	2022	厌	丙
1957	胸	丁	1990	熏		2023	宴	乙
1958	雄	乙	1991	巡	丁	2024	艳	丁
1959	熊	丙	1992	旬	丁	2025	验	乙
1960	休	乙	1993	询	丁	2026	雁	丁
1961	修	乙	1994	循		2027	燕	丁
1962	羞	丁	1995	训	丙	2028	央	丙
1963	朽	丁	1996	讯	丙	2029	殃	丁
1964	秀	丁	1997	迅	丙	2030	扬	乙
1965	绣	丁	1998	逊	丁	2031	羊	
1966	嗅		1999	压	乙	2032	阳	乙
1967	袖	丙	2000	鸦	丁	2033	杨	丁
1968	须	乙	2001	鸭	丁	2034	仰	丁
1969	虚	丙	2002	牙	乙	2035	养	丙
1970	墟	丁	2003	崖		2036	痒	
1971	徐	丁	2004	哑		2037	要 yāo	乙
1972	许[1]	甲	2005	雅		2038	妖	丁
1973	序	丙	2006	亚	丁	2039	腰	丁
1974	叙	丁	2007	讶	丁	2040	邀	丙
1975	畜 xù	丁	2008	烟	丙	2041	窑	
1976	绪	丙	2009	淹	丁	2042	谣	丁
1977	续	甲	2010	延	丙	2043	摇	丙
1978	酗	丁	2011	严	乙	2044	遥	丁
1979	蓄	丁	2012	言	乙	2045	药	乙
1980	宣	丙	2013	岩	丁	2046	要 yào	丙
1981	喧	丁	2014	沿	丙	2047	钥	丁
1982	悬	丙	2015	炎	丁	2048	耀	丁
1983	旋	丙	2016	研	乙	2049	也	甲

序号	传承语素	语素级别	序号	传承语素	语素级别	序号	传承语素	语素级别
2050	冶	丁	2083	易¹	乙	2116	佣	丁
2051	野	丙	2084	易²	丙	2117	拥	丙
2052	业	乙	2085	疫	丁	2118	庸	丁
2053	叶	丙	2086	益¹	丙	2119	永	乙
2054	夜	乙	2087	益²	丁	2120	咏	丁
2055	液	丙	2088	意	乙	2121	泳	乙
2056	一	甲	2089	毅	丁	2122	勇	丙
2057	衣	乙	2090	翼	丁	2123	涌	丁
2058	医	乙	2091	因	乙	2124	踊	丁
2059	依	丙	2092	阴	丙	2125	用	甲
2060	壹		2093	姻	丙	2126	优	丙
2061	仪¹	丁	2094	音	乙	2127	忧	丁
2062	宜	乙	2095	吟	丁	2128	幽	丁
2063	姨	乙	2096	淫	丁	2129	悠	丙
2064	移	乙	2097	银	甲	2130	尤	乙
2065	遗	丁	2098	引	乙	2131	由	乙
2066	疑	丙	2099	饮	丙	2132	犹	丁
2067	乙		2100	隐	丁	2133	犹豫	
2068	已	甲	2101	印	乙	2134	邮	乙
2069	以¹	甲	2102	应 yīng	甲	2135	游	乙
2070	以²	乙	2103	英	丙	2136	友	乙
2071	蚁	丁	2104	婴	丁	2137	有	甲
2072	倚		2105	樱	丁	2138	又	乙
2073	义¹	丁	2106	鹰		2139	右	乙
2074	义²	乙	2107	迎	乙	2140	幼	丙
2075	亿	丁	2108	盈	丁	2141	诱	丁
2076	艺	乙	2109	营¹	丙	2142	于	乙
2077	议	丙	2110	营²	丁	2143	余	乙
2078	亦		2111	蝇	丁	2144	鱼	丙
2079	异	丙	2112	赢	丁	2145	娱	丁
2080	役	丁	2113	颖	丁	2146	渔	丁
2081	抑	丁	2114	影	乙	2147	愉	丁
2082	译	乙	2115	应 yìng	乙	2148	愚	丁

序号	传承语素	语素级别	序号	传承语素	语素级别	序号	传承语素	语素级别
2149	榆	丁	2182	源	丙	2215	遭	乙
2150	舆	丁	2183	猿	丁	2216	糟	乙
2151	与 yǔ	丙	2184	远	甲	2217	凿	丁
2152	予	丙	2185	怨	丁	2218	早	甲
2153	宇	丁	2186	院	甲	2219	枣	
2154	羽	丙	2187	愿	乙	2220	澡	乙
2155	雨	乙	2188	曰		2221	灶	
2156	语	乙	2189	约	乙	2222	皂	丙
2157	与 yù	丁	2190	月	甲	2223	造	乙
2158	玉	丙	2191	悦	丁	2224	燥	丙
2159	吁	丁	2192	阅	丙	2225	躁	丁
2160	育	乙	2193	跃	丙	2226	则¹	丙
2161	狱	丁	2194	越¹	丙	2227	则²	乙
2162	浴	丁	2195	乐 yuè	乙	2228	择	丙
2163	预	乙	2196	晕		2229	泽	丁
2164	域	丁	2197	云	丙	2230	责	乙
2165	欲	丁	2198	孕	丁	2231	贼	
2166	喻	丁	2199	运¹	甲	2232	增	乙
2167	寓	丙	2200	运²	丙	2233	赠	丁
2168	御	丁	2201	酝酿		2234	渣	
2169	裕	丁	2202	蕴	丁	2235	轧	
2170	遇	甲	2203	杂	甲	2236	闸	
2171	愈	丙	2204	灾	乙	2237	诈	丁
2172	誉	丁	2205	栽	丁	2238	宅	丁
2173	冤	丙	2206	宰		2239	窄	丁
2174	元¹	丙	2207	载 zǎi	丁	2240	债	丁
2175	员	乙	2208	载 zài	丙	2241	沾	
2176	园	乙	2209	再	甲	2242	瞻	
2177	原¹	乙	2210	在	甲	2243	斩	丁
2178	原²	丙	2211	暂	丙	2244	展	乙
2179	圆	乙	2212	赞	丁	2245	盏	
2180	援	丙	2213	葬	丁	2246	战	丙
2181	缘	丁	2214	脏	丙	2247	张	乙

序号	传承语素	语素级别	序号	传承语素	语素级别	序号	传承语素	语素级别
2248	章	甲	2281	征³	丁	2314	指	乙
2249	彰	丁	2282	筝	丁	2315	至	乙
2250	长¹ zhǎng	乙	2283	蒸	丙	2316	志¹	乙
2251	长² zhǎng	乙	2284	正 zhēng	丁	2317	志²	丁
2252	掌	乙	2285	整	乙	2318	制	乙
2253	丈¹		2286	正 zhèng	甲	2319	帜	丁
2254	丈²	丙	2287	证	丙	2320	治	甲
2255	胀	丙	2288	郑重		2321	质¹	乙
2256	障	丁	2289	政	乙	2322	质²	丁
2257	招	乙	2290	症	丙	2323	挚	
2258	朝 zhāo	丁	2291	之¹	乙	2324	秩	丙
2259	沼	丁	2292	之²	丙	2325	致¹	乙
2260	召	丙	2293	支¹	乙	2326	致²	丁
2261	兆		2294	支²	乙	2327	智	丁
2262	照	甲	2295	汁		2328	滞	丁
2263	罩	丙	2296	只 zhī	丁	2329	稚	丁
2264	遮		2297	枝	丁	2330	置	丙
2265	折 zhé	丁	2298	知	乙	2331	中 zhōng	甲
2266	者	乙	2299	织	甲	2332	忠	丁
2267	蔗	丁	2300	肢	丁	2333	终	丙
2268	贞	丁	2301	脂	丁	2334	钟	甲
2269	针	乙	2302	蜘蛛		2335	衷	丁
2270	珍	丁	2303	执	丙	2336	肿	丁
2271	真	甲	2304	侄	丁	2337	种 zhǒng	甲
2272	诊	丁	2305	直	甲	2338	种 zhòng	丙
2273	枕	丁	2306	值	乙	2339	众	丙
2274	阵¹	丙	2307	职	丙	2340	重 zhòng	甲
2275	振	丙	2308	植	丙	2341	中 zhòng	
2276	镇	丙	2309	殖	丁	2342	州	
2277	震	丙	2310	止	乙	2343	舟	
2278	争	乙	2311	只 zhǐ	甲	2344	周	甲
2279	征¹	丁	2312	旨	丁	2345	洲	
2280	征²	乙	2313	址	丙	2346	粥	

序号	传承语素	语素级别	序号	传承语素	语素级别	序号	传承语素	语素级别
2347	宙	丁	2380	缀	丁	2413	组	甲
2348	昼	丁	2381	准¹	甲	2414	祖	乙
2349	骤	丁	2382	拙	丁	2415	钻 zuān	乙
2350	株		2383	捉	丁	2416	钻 zuàn	丁
2351	珠	丙	2384	卓	丁	2417	最	甲
2352	诸	丁	2385	浊	丁	2418	罪	丙
2353	猪		2386	酌	丁	2419	醉	丙
2354	竹	丙	2387	啄		2420	尊	丙
2355	烛	丁	2388	琢	丁	2421	遵	丙
2356	逐	丙	2389	咨	丁	2422	昨	乙
2357	主	乙	2390	姿	丁	2423	左	乙
2358	拄		2391	资	丙	2424	作	甲
2359	煮		2392	滋	丁	2425	坐	乙
2360	瞩	丁	2393	紫				
2361	助	乙	2394	子 zǐ	丙			
2362	注¹	乙	2395	字	乙			
2363	驻	丁	2396	自¹	乙			
2364	柱	丁	2397	自²	乙			
2365	祝	乙	2398	子 zi	乙			
2366	著	丙	2399	宗	丁			
2367	筑	丙	2400	综	丙			
2368	铸	丁	2401	棕	丁			
2369	爪		2402	踪	丁			
2370	专	乙	2403	总	乙			
2371	转 zhuǎn	乙	2404	纵¹	丁			
2372	传 zhuàn	丁	2405	纵²	丁			
2373	妆	丁	2406	走	乙			
2374	庄¹	丙	2407	奏	丁			
2375	装¹	丙	2408	租	乙			
2376	壮	丙	2409	足¹	乙			
2377	状	丙	2410	足²	乙			
2378	撞		2411	族	乙			
2379	追		2412	阻	丁			

附录二

《等级大纲》四级传承语素表

甲级语素（298）

序号	传承语素	构词级别	单用级别	序号	传承语素	构词级别	单用级别	序号	传承语素	构词级别	单用级别
1	爱	甲	甲	27	带	甲	甲	53	馆	甲	甲
2	办	甲	甲	28	当	甲	甲	54	贵	甲	甲
3	半	甲	甲	29	到	甲	甲	55	国	甲	甲
4	杯	甲	甲	30	得 dé	甲	甲	56	过	甲	甲
5	北	甲	甲	31	灯	甲	甲	57	好 hǎo	甲	甲
6	比	甲	甲	32	地	甲	甲	58	黑	甲	甲
7	笔	甲	甲	33	第	甲	甲	59	后	甲	甲
8	边	甲	甲	34	点	甲	甲	60	画	甲	甲
9	变	甲	甲	35	电	甲	甲	61	话	甲	甲
10	表	甲	甲	36	东	甲	甲	62	回	甲	甲
11	病	甲	甲	37	冬	甲	甲	63	会[1]	甲	甲
12	不	甲	甲	38	动	甲	甲	64	活	甲	甲
13	才	甲	甲	39	都 dōu	甲	甲	65	鸡	甲	甲
14	常	甲	甲	40	对	甲	甲	66	急	甲	甲
15	场	甲	甲	41	多	甲	甲	67	加	甲	甲
16	车	甲	甲	42	发	甲	甲	68	家	甲	甲
17	成	甲	甲	43	饭	甲	甲	69	间 jiān	甲	甲
18	城	甲	甲	44	放	甲	甲	70	见	甲	甲
19	出	甲	甲	45	飞	甲	甲	71	接	甲	甲
20	窗	甲	甲	46	分 fēn	甲	甲	72	节	甲	甲
21	床	甲	甲	47	封	甲	甲	73	斤	甲	甲
22	春	甲	甲	48	改	甲	甲	74	紧	甲	甲
23	词	甲	甲	49	高	甲	甲	75	近	甲	甲
24	从[2]	甲	甲	50	个	甲	甲	76	进	甲	甲
25	错	甲	甲	51	各	甲	甲	77	久	甲	甲
26	大	甲	甲	52	关	甲	甲	78	酒	甲	甲

序号	传承语素	构词级别	单用级别	序号	传承语素	构词级别	单用级别	序号	传承语素	构词级别	单用级别
79	就	甲	甲	117	上[1]	甲	甲	155	下[2]	甲	甲
80	句	甲	甲	118	上[2]	甲	甲	156	夏	甲	甲
81	开	甲	甲	119	少 shǎo	甲	甲	157	先	甲	甲
82	看 kàn	甲	甲	120	声	甲	甲	158	香	甲	甲
83	刻	甲	甲	121	十	甲	甲	159	响	甲	甲
84	课	甲	甲	122	市	甲	甲	160	想	甲	甲
85	口	甲	甲	123	事	甲	甲	161	向[1]	甲	甲
86	苦	甲	甲	124	试	甲	甲	162	像	甲	甲
87	块	甲	甲	125	是	甲	甲	163	小	甲	甲
88	快	甲	甲	126	收	甲	甲	164	笑	甲	甲
89	来	甲	甲	127	手	甲	甲	165	写	甲	甲
90	离	甲	甲	128	书	甲	甲	166	心	甲	甲
91	里[1]	甲	甲	129	水	甲	甲	167	新	甲	甲
92	里[2]	甲	甲	130	睡	甲	甲	168	信	甲	甲
93	了[1] liǎo	甲	甲	131	说	甲	甲	169	行 xíng	甲	甲
94	留	甲	甲	132	算	甲	甲	170	姓	甲	甲
95	马	甲	甲	133	他	甲	甲	171	学	甲	甲
96	满	甲	甲	134	它	甲	甲	172	也	甲	甲
97	门	甲	甲	135	太	甲	甲	173	一	甲	甲
98	面[1]	甲	甲	136	提	甲	甲	174	用	甲	甲
99	内	甲	甲	137	天	甲	甲	175	有	甲	甲
100	南	甲	甲	138	条	甲	甲	176	远	甲	甲
101	难 nán	甲	甲	139	跳	甲	甲	177	月	甲	甲
102	能	甲	甲	140	听	甲	甲	178	再	甲	甲
103	年	甲	甲	141	通	甲	甲	179	在	甲	甲
104	牛	甲	甲	142	头[1]	甲	甲	180	早	甲	甲
105	女	甲	甲	143	外	甲	甲	181	真	甲	甲
106	暖	甲	甲	144	完	甲	甲	182	正	甲	甲
107	起	甲	甲	145	玩	甲	甲	183	只 zhǐ	甲	甲
108	前	甲	甲	146	晚	甲	甲	184	中 zhōng	甲	甲
109	轻	甲	甲	147	为 wéi	甲	甲	185	钟	甲	甲
110	请	甲	甲	148	为 wèi	甲	甲	186	种 zhòng	甲	甲
111	秋	甲	甲	149	问	甲	甲	187	重	甲	甲
112	去	甲	甲	150	我	甲	甲	188	周	甲	甲
113	全	甲	甲	151	西	甲	甲	189	最	甲	甲
114	热	甲	甲	152	洗	甲	甲	190	作	甲	甲
115	人	甲	甲	153	系	甲	甲	191	包	甲	乙
116	日[1]	甲	甲	154	下[1]	甲	甲	192	便 biàn	甲	乙

附录二 《等级大纲》四级传承语素表

序号	传承语素	构词级别	单用级别	序号	传承语素	构词级别	单用级别	序号	传承语素	构词级别	单用级别
193	步	甲	乙	231	科	甲	乙	269	首	甲	乙
194	部	甲	乙	232	可[1]	甲	乙	270	题	甲	乙
195	产	甲	乙	233	空	甲	乙	271	同	甲	乙
196	尺	甲	乙	234	困	甲	乙	272	痛	甲	乙
197	初	甲	乙	235	力	甲	乙	273	图	甲	乙
198	除	甲	乙	236	立	甲	乙	274	团	甲	乙
199	处 chù	甲	乙	237	例	甲	乙	275	望	甲	乙
200	答 dá	甲	乙	238	练	甲	乙	276	围	甲	乙
201	代[2]	甲	乙	239	凉	甲	乙	277	闻	甲	乙
202	单	甲	乙	240	领	甲	乙	278	握	甲	乙
203	但	甲	乙	241	录	甲	乙	279	屋	甲	乙
204	道[1]	甲	乙	242	冒	甲	乙	280	相 xiāng	甲	乙
205	定	甲	乙	243	米[1]	甲	乙	281	许[1]	甲	乙
206	度	甲	乙	244	名	甲	乙	282	眼	甲	乙
207	而	甲	乙	245	母	甲	乙	283	演	甲	乙
208	富	甲	乙	246	排[2]	甲	乙	284	已	甲	乙
209	干[1] gān	甲	乙	247	旁	甲	乙	285	以[1]	甲	乙
210	钢	甲	乙	248	平	甲	乙	286	银	甲	乙
211	告	甲	乙	249	期	甲	乙	287	应 yīng	甲	乙
212	共	甲	乙	250	齐	甲	乙	288	遇	甲	乙
213	顾	甲	乙	251	气	甲	乙	289	院	甲	乙
214	行 háng	甲	乙	252	且[2]	甲	乙	290	运[1]	甲	乙
215	合	甲	乙	253	青	甲	乙	291	杂	甲	乙
216	户	甲	乙	254	清	甲	乙	292	章	甲	乙
217	化	甲	乙	255	求	甲	乙	293	照	甲	乙
218	火	甲	乙	256	取	甲	乙	294	织	甲	乙
219	或	甲	乙	257	如[1]	甲	乙	295	直	甲	乙
220	级	甲	乙	258	色	甲	乙	296	治	甲	乙
221	极	甲	乙	259	烧	甲	乙	297	准[1]	甲	乙
222	集	甲	乙	260	身	甲	乙	298	组	甲	乙
223	建	甲	乙	261	神	甲	乙				
224	将	甲	乙	262	生[1]	甲	乙				
225	较	甲	乙	263	生[3]	甲	乙				
226	解	甲	乙	264	胜	甲	乙				
227	经[1]	甲	乙	265	拾[1]	甲	乙				
228	静	甲	乙	266	使[1]	甲	乙				
229	决[1]	甲	乙	267	室	甲	乙				
230	考	甲	乙	268	适	甲	乙				

乙级语素（524）

序号	传承语素	构词级别	单用级别	序号	传承语素	构词级别	单用级别	序号	传承语素	构词级别	单用级别
1	安	甲	丙	35	容[1]	甲	丙	69	何	甲	丁
2	必	甲	丙	36	散 sàn	甲	丙	70	继	甲	丁
3	别[1] bié	甲	丙	37	生[2]	甲	丙	71	驾	甲	丁
4	播	甲	丙	38	束	甲	丙	72	界	甲	丁
5	迟	甲	丙	39	虽	甲	丙	73	联	甲	丁
6	代[1]	甲	丙	40	特	甲	丙	74	旅	甲	丁
7	烦	甲	丙	41	误	甲	丙	75	麻[1]	甲	丁
8	反	甲	丙	42	险	甲	丙	76	目	甲	丁
9	方[1]	甲	丙	43	现	甲	丙	77	器	甲	丁
10	非	甲	丙	44	须	甲	丙	78	商	甲	丁
11	服	甲	丙	45	扬	甲	丙	79	社	甲	丁
12	负	甲	丙	46	易[1]	甲	丙	80	师	甲	丁
13	公	甲	丙	47	音	甲	丙	81	时	甲	丁
14	惯	甲	丙	48	迎	甲	丙	82	识	甲	丁
15	广	甲	丙	49	游	甲	丙	83	实	甲	丁
16	机	甲	丙	50	愿	甲	丙	84	食	甲	丁
17	计	甲	丙	51	张	甲	丙	85	史	甲	丁
18	觉 jiào	甲	丙	52	者	甲	丙	86	始	甲	丁
19	结 jié	甲	丙	53	整	甲	丙	87	世	甲	丁
20	精	甲	丙	54	之[1]	甲	丙	88	视	甲	丁
21	净	甲	丙	55	知	甲	丙	89	数 shù	甲	丁
22	觉 jué	甲	丙	56	助	甲	丙	90	思	甲	丁
23	客	甲	丙	57	总	甲	丙	91	讨	甲	丁
24	礼	甲	丙	58	租	甲	丙	92	体	甲	丁
25	理	甲	丙	59	足[1]	甲	丙	93	文	甲	丁
26	利	甲	丙	60	操	甲	丁	94	舞	甲	丁
27	炼	甲	丙	61	法[1]	甲	丁	95	物	甲	丁
28	论	甲	丙	62	福	甲	丁	96	喜	甲	丁
29	批[1]	甲	丙	63	复[1]	甲	丁	97	消	甲	丁
30	评	甲	丙	64	感	甲	丁	98	校	甲	丁
31	其	甲	丙	65	工	甲	丁	99	星	甲	丁
32	铅	甲	丙	66	故[1]	甲	丁	100	续	甲	丁
33	亲	甲	丙	67	观	甲	丁	101	言	甲	丁
34	情	甲	丙	68	寒	甲	丁	102	验	甲	丁

序号	传承语素	构词级别	单用级别	序号	传承语素	构词级别	单用级别	序号	传承语素	构词级别	单用级别
103	阳	甲	丁	139	姑¹	甲	0	175	明¹	甲	0
104	医	甲	丁	140	果¹	甲	0	176	明²	甲	0
105	因	甲	丁	141	孩	甲	0	177	念¹	甲	0
106	园	甲	丁	142	汉	甲	0	178	农	甲	0
107	原¹	甲	丁	143	候¹	甲	0	179	朋	甲	0
108	增	甲	丁	144	忽¹	甲	0	180	便 pián	甲	0
109	掌	甲	丁	145	互	甲	0	181	切 qiè	甲	0
110	志¹	甲	丁	146	欢	甲	0	182	确	甲	0
111	主	甲	丁	147	基	甲	0	183	然	甲	0
112	族	甲	丁	148	绩	甲	0	184	绍	甲	0
113	板	甲	0	149	己	甲	0	185	舍 shè	甲	0
114	备	甲	0	150	纪¹	甲	0	186	示	甲	0
115	参 cān	甲	0	151	技	甲	0	187	舒	甲	0
116	晨	甲	0	152	济	甲	0	188	术	甲	0
117	持	甲	0	153	坚	甲	0	189	嗽	甲	0
118	础	甲	0	154	检	甲	0	190	诉	甲	0
119	楚	甲	0	155	简	甲	0	191	宿	甲	0
120	磁	甲	0	156	健	甲	0	192	所²	甲	0
121	导	甲	0	157	践	甲	0	193	态	甲	0
122	弟	甲	0	158	教 jiào	甲	0	194	堂	甲	0
123	典	甲	0	159	介	甲	0	195	庭	甲	0
124	都 dū	甲	0	160	今	甲	0	196	突	甲	0
125	锻	甲	0	161	经²	甲	0	197	袜	甲	0
126	儿¹	甲	0	162	睛	甲	0	198	危	甲	0
127	方³	甲	0	163	究	甲	0	199	伟	甲	0
128	房	甲	0	164	橘（桔）	甲	0	200	午	甲	0
129	访	甲	0	165	康	甲	0	201	务	甲	0
130	丰	甲	0	166	咳	甲	0	202	息	甲	0
131	夫	甲	0	167	览	甲	0	203	习	甲	0
132	府	甲	0	168	劳	甲	0	204	相² xiàng	甲	0
133	辅	甲	0	169	乐	甲	0	205	谢	甲	0
134	父	甲	0	170	历	甲	0	206	辛	甲	0
135	附	甲	0	171	谅	甲	0	207	兴 xìng	甲	0
136	傅	甲	0	172	妹	甲	0	208	幸	甲	0
137	概¹	甲	0	173	面²	甲	0	209	休	甲	0
138	干² gàn	甲	0	174	民	甲	0	210	研	甲	0

序号	传承语素	构词级别	单用级别	序号	传承语素	构词级别	单用级别	序号	传承语素	构词级别	单用级别
211	颜	甲	0	247	被	乙	甲	283	老[1]	乙	甲
212	宴	甲	0	248	遍	乙	甲	284	冷	乙	甲
213	要 yāo	甲	0	249	菜	乙	甲	285	流	乙	甲
214	业	甲	0	250	草[1]	乙	甲	286	楼	乙	甲
215	衣	甲	0	251	茶	乙	甲	287	路	乙	甲
216	宜	甲	0	252	差 chà	乙	甲	288	乱	乙	甲
217	以[2]	甲	0	253	长 cháng	乙	甲	289	买	乙	甲
218	义[2]	甲	0	254	抽	乙	甲	290	卖	乙	甲
219	艺	甲	0	255	船	乙	甲	291	毛	乙	甲
220	译	甲	0	256	次	乙	甲	292	男	乙	甲
221	意	甲	0	257	刀	乙	甲	293	片	乙	甲
222	影	甲	0	258	倒 dǎo	乙	甲	294	瓶	乙	甲
223	永	甲	0	259	低	乙	甲	295	破	乙	甲
224	泳	甲	0	260	读	乙	甲	296	千	乙	甲
225	尤	甲	0	261	短	乙	甲	297	钱	乙	甲
226	邮	甲	0	262	段	乙	甲	298	桥	乙	甲
227	友	甲	0	263	敢	乙	甲	299	山	乙	甲
228	愉	甲	0	264	干[1] gàn	乙	甲	300	深	乙	甲
229	语	甲	0	265	根	乙	甲	301	熟	乙	甲
230	育	甲	0	266	跟	乙	甲	302	树	乙	甲
231	预	甲	0	267	更 gèng	乙	甲	303	双	乙	甲
232	员	甲	0	268	挂	乙	甲	304	送	乙	甲
233	澡	甲	0	269	海	乙	甲	305	谈	乙	甲
234	责	甲	0	270	号[1]	乙	甲	306	停	乙	甲
235	展	甲	0	271	和	乙	甲	307	推	乙	甲
236	政	甲	0	272	红	乙	甲	308	脱	乙	甲
237	注[1]	甲	0	273	坏	乙	甲	309	万	乙	甲
238	子 zi	甲	0	274	换	乙	甲	310	往	乙	甲
239	自[1]	甲	0	275	黄	乙	甲	311	忘	乙	甲
240	祖	甲	0	276	会[2]	乙	甲	312	位	乙	甲
241	昨	甲	0	277	记	乙	甲	313	细	乙	甲
242	白	乙	甲	278	讲	乙	甲	314	药	乙	甲
243	百	乙	甲	279	交	乙	甲	315	夜	乙	甲
244	班	乙	甲	280	叫	乙	甲	316	又	乙	甲
245	报	乙	甲	281	街	乙	甲	317	右	乙	甲
246	抱	乙	甲	282	举	乙	甲	318	雨	乙	甲

附录二 《等级大纲》四级传承语素表

序号	传承语素	构词级别	单用级别	序号	传承语素	构词级别	单用级别	序号	传承语素	构词级别	单用级别
319	圆	乙	甲	355	朵	乙	乙	391	落	乙	乙
320	长² zhǎng	乙	甲	356	方²	乙	乙	392	美	乙	乙
321	指	乙	甲	357	防	乙	乙	393	梦	乙	乙
322	祝	乙	甲	358	费	乙	乙	394	密	乙	乙
323	字	乙	甲	359	付	乙	乙	395	妙	乙	乙
324	走	乙	甲	360	副	乙	乙	396	灭	乙	乙
325	左	乙	甲	361	隔	乙	乙	397	木	乙	乙
326	坐	乙	甲	362	供	乙	乙	398	泥	乙	乙
327	按¹	乙	乙	363	古	乙	乙	399	盘	乙	乙
328	败	乙	乙	364	鼓	乙	乙	400	皮	乙	乙
329	保	乙	乙	365	怪¹	乙	乙	401	强 qiáng	乙	乙
330	背	乙	乙	366	管¹	乙	乙	402	巧	乙	乙
331	本¹	乙	乙	367	光	乙	乙	403	区	乙	乙
332	避	乙	乙	368	害	乙	乙	404	缺	乙	乙
333	冰	乙	乙	369	毫	乙	乙	405	群	乙	乙
334	并²	乙	乙	370	好 hào	乙	乙	406	染	乙	乙
335	补	乙	乙	371	厚	乙	乙	407	绕	乙	乙
336	采	乙	乙	372	呼	乙	乙	408	仍	乙	乙
337	超	乙	乙	373	滑	乙	乙	409	入	乙	乙
338	称 chēng	乙	乙	374	环	乙	乙	410	伤	乙	乙
339	重 chóng	乙	乙	375	挥	乙	乙	411	稍	乙	乙
340	处 chǔ	乙	乙	376	及	乙	乙	412	省²	乙	乙
341	传	乙	乙	377	既	乙	乙	413	受	乙	乙
342	创	乙	乙	378	减	乙	乙	414	刷	乙	乙
343	此	乙	乙	379	奖	乙	乙	415	私	乙	乙
344	存	乙	乙	380	降 jiàng	乙	乙	416	随	乙	乙
345	待¹	乙	乙	381	金	乙	乙	417	所¹	乙	乙
346	待²	乙	乙	382	仅	乙	乙	418	台¹	乙	乙
347	党	乙	乙	383	尽	乙	乙	419	替	乙	乙
348	当 dàng	乙	乙	384	军	乙	乙	420	田	乙	乙
349	道²	乙	乙	385	靠	乙	乙	421	铁	乙	乙
350	登	乙	乙	386	肯	乙	乙	422	偷	乙	乙
351	等¹	乙	乙	387	浪	乙	乙	423	投	乙	乙
352	调¹ diào	乙	乙	388	连¹	乙	乙	424	涂	乙	乙
353	断¹	乙	乙	389	量 liáng	乙	乙	425	土	乙	乙
354	队	乙	乙	390	临	乙	乙	426	未	乙	乙

序号	传承语素	构词级别	单用级别	序号	传承语素	构词级别	单用级别	序号	传承语素	构词级别	单用级别
427	无	乙	乙	463	胆	乙	丙	499	配	乙	丙
428	吸	乙	乙	464	底	乙	丙	500	任[1]	乙	丙
429	鲜	乙	乙	465	叠	乙	丙	501	设	乙	丙
430	线	乙	乙	466	斗	乙	丙	502	顺	乙	丙
431	乡	乙	乙	467	纺	乙	丙	503	网	乙	丙
432	性	乙	乙	468	粉	乙	丙	504	味	乙	丙
433	雄	乙	乙	469	攻	乙	丙	505	温	乙	丙
434	修	乙	乙	470	购	乙	丙	506	污	乙	丙
435	选	乙	乙	471	瓜	乙	丙	507	箱	乙	丙
436	压	乙	乙	472	护	乙	丙	508	严	乙	丙
437	牙	乙	乙	473	昏	乙	丙	509	姨	乙	丙
438	移	乙	乙	474	伙[1]	乙	丙	510	引	乙	丙
439	印	乙	乙	475	获	乙	丙	511	应 yìng	乙	丙
440	由	乙	乙	476	季	乙	丙	512	余	乙	丙
441	于	乙	乙	477	价	乙	丙	513	遭	乙	丙
442	约	乙	乙	478	渐	乙	丙	514	糟	乙	丙
443	灾	乙	乙	479	酱	乙	丙	515	长[1] zhǎng	乙	丙
444	造	乙	乙	480	惊	乙	丙	516	招	乙	丙
445	则[2]	乙	乙	481	境	乙	丙	517	征[2]	乙	丙
446	曾	乙	乙	482	局[1]	乙	丙	518	支[1]	乙	丙
447	针	乙	乙	483	据	乙	丙	519	值	乙	丙
448	争	乙	乙	484	距	乙	丙	520	制	乙	丙
449	止	乙	乙	485	绝	乙	丙	521	质[1]	乙	丙
450	至	乙	乙	486	均	乙	丙	522	致[1]	乙	丙
451	转 zhuǎn	乙	乙	487	阔	乙	丙	523	专	乙	丙
452	自[2]	乙	乙	488	乐 lè	乙	丙	524	足[2]	乙	丙
453	钻 zuān	乙	乙	489	量 liàng	乙	丙				
454	宝	乙	丙	490	令	乙	丙				
455	壁	乙	丙	491	迷	乙	丙				
456	别[2]	乙	丙	492	蜜	乙	丙				
457	饼	乙	丙	493	命[1]	乙	丙				
458	测	乙	丙	494	命[2]	乙	丙				
459	肠	乙	丙	495	墨	乙	丙				
460	池	乙	丙	496	耐	乙	丙				
461	达	乙	丙	497	怒	乙	丙				
462	担 dān	乙	丙	498	盼	乙	丙				

丙级语素（539）

序号	传承语素	构词级别	单用级别	序号	传承语素	构词级别	单用级别	序号	传承语素	构词级别	单用级别
1	案	乙	丁	36	邻	乙	丁	71	异	乙	丁
2	拜	乙	丁	37	陆	乙	丁	72	营¹	乙	丁
3	版	乙	丁	38	率 lǜ	乙	丁	73	优	乙	丁
4	币	乙	丁	39	免	乙	丁	74	玉	乙	丁
5	臂	乙	丁	40	品	乙	丁	75	源	乙	丁
6	标	乙	丁	41	燃	乙	丁	76	阅	乙	丁
7	餐	乙	丁	42	沙	乙	丁	77	跃	乙	丁
8	叉	乙	丁	43	善	乙	丁	78	暂	乙	丁
9	触	乙	丁	44	失	乙	丁	79	战	乙	丁
10	促	乙	丁	45	施	乙	丁	80	证	乙	丁
11	脆	乙	丁	46	式	乙	丁	81	植	乙	丁
12	盗	乙	丁	47	授	乙	丁	82	置	乙	丁
13	敌	乙	丁	48	属	乙	丁	83	终	乙	丁
14	独	乙	丁	49	似	乙	丁	84	众	乙	丁
15	繁	乙	丁	50	俗	乙	丁	85	著	乙	丁
16	蜂	乙	丁	51	素	乙	丁	86	筑	乙	丁
17	否	乙	丁	52	损	乙	丁	87	尊	乙	丁
18	复²	乙	丁	53	王	乙	丁	88	傲	乙	0
19	复³	乙	丁	54	尾	乙	丁	89	傍	乙	0
20	格	乙	丁	55	伍	乙	丁	90	悲	乙	0
21	功	乙	丁	56	悟	乙	丁	91	鼻	乙	0
22	骨	乙	丁	57	显	乙	丁	92	毕	乙	0
23	故²	乙	丁	58	限	乙	丁	93	宾	乙	0
24	击	乙	丁	59	兴 xīng	乙	丁	94	伯	乙	0
25	积	乙	丁	60	形	乙	丁	95	布²	乙	0
26	激	乙	丁	61	型	乙	丁	96	材	乙	0
27	禁 jìn	乙	丁	62	兄	乙	丁	97	厕	乙	0
28	景	乙	丁	63	熊	乙	丁	98	策	乙	0
29	敬	乙	丁	64	虚	乙	丁	99	察	乙	0
30	居	乙	丁	65	训	乙	丁	100	柴	乙	0
31	拒	乙	丁	66	讯	乙	丁	101	倡	乙	0
32	具¹	乙	丁	67	邀	乙	丁	102	彻	乙	0
33	菌	乙	丁	68	野	乙	丁	103	承	乙	0
34	良	乙	丁	69	液	乙	丁	104	诚	乙	0
35	梁	乙	丁	70	依	乙	丁	105	程	乙	0

序号	传承语素	构词级别	单用级别	序号	传承语素	构词级别	单用级别	序号	传承语素	构词级别	单用级别
106	翅	乙	0	143	航	乙	0	180	控[1]	乙	0
107	充	乙	0	144	号[2]	乙	0	181	扩	乙	0
108	虫	乙	0	145	贺	乙	0	182	括	乙	0
109	崇	乙	0	146	猴	乙	0	183	朗	乙	0
110	厨	乙	0	147	乎	乙	0	184	累 lěi	乙	0
111	从[1]	乙	0	148	虎	乙	0	185	泪	乙	0
112	聪	乙	0	149	皇	乙	0	186	厘	乙	0
113	措	乙	0	150	恢	乙	0	187	李	乙	0
114	答 dā	乙	0	151	辉	乙	0	188	厉	乙	0
115	稻	乙	0	152	悔	乙	0	189	丽	乙	0
116	德	乙	0	153	婚	乙	0	190	励	乙	0
117	的 dì	乙	0	154	几 jī	乙	0	191	怜	乙	0
118	帝	乙	0	155	给 jǐ	乙	0	192	粮	乙	0
119	豆	乙	0	156	迹	乙	0	193	烈	乙	0
120	断[2]	乙	0	157	纪[2]	乙	0	194	林	乙	0
121	盾	乙	0	158	际	乙	0	195	灵	乙	0
122	耳	乙	0	159	稼	乙	0	196	龄	乙	0
123	乏	乙	0	160	艰	乙	0	197	律	乙	0
124	范	乙	0	161	键	乙	0	198	虑	乙	0
125	仿	乙	0	162	郊	乙	0	199	略[3]	乙	0
126	纷	乙	0	163	骄	乙	0	200	轮	乙	0
127	分 fèn	乙	0	164	阶	乙	0	201	麦	乙	0
128	奋	乙	0	165	巾	乙	0	202	脉	乙	0
129	愤	乙	0	166	京	乙	0	203	矛	乙	0
130	风	乙	0	167	警	乙	0	204	贸	乙	0
131	肤	乙	0	168	竞	乙	0	205	貌	乙	0
132	符	乙	0	169	竟[1]	乙	0	206	秘	乙	0
133	妇	乙	0	170	镜	乙	0	207	模 mó	乙	0
134	胳	乙	0	171	纠[1]	乙	0	208	漠	乙	0
135	革[1]	乙	0	172	灸	乙	0	209	慕	乙	0
136	巩	乙	0	173	巨	乙	0	210	脑	乙	0
137	贡	乙	0	174	具[2]	乙	0	211	判	乙	0
138	构	乙	0	175	卷 juàn	乙	0	212	疲	乙	0
139	固[1]	乙	0	176	绢	乙	0	213	脾	乙	0
140	冠	乙	0	177	抗	乙	0	214	辟	乙	0
141	规	乙	0	178	克	乙	0	215	迫	乙	0
142	果[3]	乙	0	179	恐	乙	0	216	朴	乙	0

序号	传承语素	构词级别	单用级别	序号	传承语素	构词级别	单用级别	序号	传承语素	构词级别	单用级别
217	普	乙	0	254	司	乙	0	291	叶	乙	0
218	妻	乙	0	255	肃	乙	0	292	疑	乙	0
219	戚	乙	0	256	速	乙	0	293	议	乙	0
220	欺	乙	0	257	梯	乙	0	294	易²	乙	0
221	奇	乙	0	258	调¹ tiáo	乙	0	295	益¹	乙	0
222	旗	乙	0	259	童	乙	0	296	姻	乙	0
223	企	乙	0	260	统	乙	0	297	英	乙	0
224	启	乙	0	261	兔	乙	0	298	拥	乙	0
225	弃	乙	0	262	微	乙	0	299	勇	乙	0
226	歉	乙	0	263	违	乙	0	300	悠	乙	0
227	侵	乙	0	264	维¹	乙	0	301	羽	乙	0
228	庆	乙	0	265	委¹	乙	0	302	元¹	乙	0
229	趣	乙	0	266	卫	乙	0	303	原²	乙	0
230	裙	乙	0	267	慰	乙	0	304	援	乙	0
231	扰	乙	0	268	武	乙	0	305	运²	乙	0
232	容²	乙	0	269	析	乙	0	306	赞	乙	0
233	如²	乙	0	270	牺	乙	0	307	脏	乙	0
234	锐	乙	0	271	惜	乙	0	308	皂	乙	0
235	嫂	乙	0	272	席	乙	0	309	燥	乙	0
236	森	乙	0	273	纤	乙	0	310	则¹	乙	0
237	扇	乙	0	274	羡	乙	0	311	择	乙	0
238	勺	乙	0	275	详	乙	0	312	丈²	乙	0
239	少 shào	乙	0	276	享	乙	0	313	召	乙	0
240	舌	乙	0	277	象	乙	0	314	执	乙	0
241	牲	乙	0	278	晓	乙	0	315	职	乙	0
242	绳	乙	0	279	效¹	乙	0	316	址	乙	0
243	石	乙	0	280	械	乙	0	317	秩	乙	0
244	使²	乙	0	281	袖	乙	0	318	珠	乙	0
245	士	乙	0	282	序	乙	0	319	竹	乙	0
246	势	乙	0	283	绪	乙	0	320	逐	乙	0
247	释	乙	0	284	宣	乙	0	321	庄¹	乙	0
248	叔	乙	0	285	血 xuè	乙	0	322	状	乙	0
249	殊	乙	0	286	迅	乙	0	323	资	乙	0
250	蔬	乙	0	287	延	乙	0	324	综	乙	0
251	暑	乙	0	288	厌	乙	0	325	遵	乙	0
252	述	乙	0	289	央	乙	0	326	八	丙	甲
253	率¹ shuài	乙	0	290	要¹ yào	乙	0	327	层	丙	甲

序号	传承语素	构词级别	单用级别	序号	传承语素	构词级别	单用级别	序号	传承语素	构词级别	单用级别
328	唱	丙	甲	365	冲 chōng	丙	乙	402	某	丙	乙
329	掉	丙	甲	366	刺	丙	乙	403	弄	丙	乙
330	顿	丙	甲	367	粗	丙	乙	404	排[1]	丙	乙
331	饿	丙	甲	368	寸	丙	乙	405	陪	丙	乙
332	歌	丙	甲	369	岛	丙	乙	406	盆	丙	乙
333	河	丙	甲	370	渡	丙	乙	407	飘	丙	乙
334	挤	丙	甲	371	端[2]	丙	乙	408	枪	丙	乙
335	角	丙	甲	372	堆	丙	乙	409	穷	丙	乙
336	脚	丙	甲	373	夺	丙	乙	410	渠	丙	乙
337	借	丙	甲	374	凡[1]	丙	乙	411	劝	丙	乙
338	渴	丙	甲	375	犯	丙	乙	412	却	丙	乙
339	两	丙	甲	376	肥	丙	乙	413	忍	丙	乙
340	慢	丙	甲	377	缝 féng	丙	乙	414	弱	丙	乙
341	念[2]	丙	甲	378	盖	丙	乙	415	扫	丙	乙
342	拍	丙	甲	379	割	丙	乙	416	蛇	丙	乙
343	墙	丙	甲	380	官[1]	丙	乙	417	射	丙	乙
344	肉	丙	甲	381	含	丙	乙	418	升	丙	乙
345	三	丙	甲	382	汗	丙	乙	419	诗	丙	乙
346	省[1]	丙	甲	383	恨	丙	乙	420	湿	丙	乙
347	死	丙	甲	384	灰	丙	乙	421	丝	丙	乙
348	四	丙	甲	385	混	丙	乙	422	碎	丙	乙
349	岁	丙	甲	386	货	丙	乙	423	缩	丙	乙
350	退	丙	甲	387	即	丙	乙	424	探	丙	乙
351	雪	丙	甲	388	夹	丙	乙	425	逃	丙	乙
352	阴	丙	甲	389	假[1] jiǎ	丙	乙	426	拖	丙	乙
353	鱼	丙	甲	390	箭	丙	乙	427	弯	丙	乙
354	云	丙	甲	391	尽 jìn	丙	乙	428	戏	丙	乙
355	装[1]	丙	甲	392	劲 jìn	丙	乙	429	闲	丙	乙
356	暗	丙	乙	393	救	丙	乙	430	县	丙	乙
357	拔	丙	乙	394	孔[1]	丙	乙	431	醒	丙	乙
358	闭	丙	乙	395	宽	丙	乙	432	沿	丙	乙
359	编	丙	乙	396	烂	丙	乙	433	养	丙	乙
360	兵	丙	乙	397	类	丙	乙	434	摇	丙	乙
361	捕	丙	乙	398	列	丙	乙	435	与 yǔ	丙	乙
362	猜	丙	乙	399	铃	丙	乙	436	阵[1]	丙	乙
363	插	丙	乙	400	露 lòu	丙	乙	437	种 zhòng	丙	乙
364	乘	丙	乙	401	磨	丙	乙	438	追	丙	乙

序号	传承语素	构词级别	单用级别	序号	传承语素	构词级别	单用级别	序号	传承语素	构词级别	单用级别
439	醉	丙	乙	476	售	丙	丙	513	劣	丙	丁
440	把[1]	丙	丙	477	梳	丙	丙	514	谋	丙	丁
441	罢	丙	丙	478	锁	丙	丙	515	难 nàn	丙	丁
442	奔 bēn	丙	丙	479	挽	丙	丙	516	贫	丙	丁
443	才[1]	丙	丙	480	凶	丙	丙	517	勤	丙	丁
444	潮	丙	丙	481	悬	丙	丙	518	权	丙	丁
445	沉	丙	丙	482	烟	丙	丙	519	赏	丙	丁
446	仇	丙	丙	483	越[1]	丙	丙	520	尚	丙	丁
447	垂	丙	丙	484	载 zài	丙	丙	521	摄	丙	丁
448	纯	丙	丙	485	胀	丙	丙	522	审	丙	丁
449	抵[2]	丙	丙	486	罩	丙	丙	523	搜	丙	丁
450	毒	丙	丙	487	镇	丙	丙	524	叹	丙	丁
451	端[1]	丙	丙	488	震	丙	丙	525	腾	丙	丁
452	废	丙	丙	489	之[2]	丙	丙	526	妥	丙	丁
453	宫	丙	丙	490	壮	丙	丙	527	亡	丙	丁
454	钩	丙	丙	491	子 zǐ	丙	丙	528	峡	丙	丁
455	股	丙	丙	492	罪	丙	丙	529	旋	丙	丁
456	灌	丙	丙	493	伴	丙	丁	530	掩	丙	丁
457	旱	丙	丙	494	爆	丙	丁	531	饮	丙	丁
458	耗	丙	丙	495	彼	丙	丁	532	幼	丙	丁
459	怀	丙	丙	496	财	丙	丁	533	予	丙	丁
460	毁	丙	丙	497	裁	丙	丁	534	寓	丙	丁
461	汇[1]	丙	丙	498	残	丙	丁	535	愈	丙	丁
462	揭	丙	丙	499	颠	丙	丁	536	冤	丙	丁
463	聚	丙	丙	500	偿	丙	丁	537	振	丙	丁
464	狂	丙	丙	501	蠢	丙	丁	538	蒸	丙	丁
465	牢	丙	丙	502	辞	丙	丁	539	症	丙	丁
466	料[1]	丙	丙	503	弹 dàn	丙	丁				
467	裂	丙	丙	504	殿	丙	丁				
468	露 lù	丙	丙	505	泛	丙	丁				
469	猛	丙	丙	506	复[4]	丙	丁				
470	末	丙	丙	507	纲	丙	丁				
471	幕	丙	丙	508	耕	丙	丁				
472	攀	丙	丙	509	缓	丙	丁				
473	若[1]	丙	丙	510	筋	丙	丁				
474	散 sǎn	丙	丙	511	库	丙	丁				
475	守	丙	丙	512	亏	丙	丁				

丁级语素（823）

序号	传承语素	构词级别	单用级别	序号	传承语素	构词级别	单用级别	序号	传承语素	构词级别	单用级别
1	饱	丁	甲	34	堵	丁	乙	67	仰	丁	乙
2	倍	丁	甲	35	逢	丁	乙	68	腰	丁	乙
3	朝 cáo	丁	甲	36	浮	丁	乙	69	窄	丁	乙
4	穿	丁	甲	37	幅	丁	乙	70	捉	丁	乙
5	吹	丁	甲	38	肝	丁	乙	71	棒	丁	丙
6	戴	丁	甲	39	狗	丁	乙	72	辈	丁	丙
7	二	丁	甲	40	鬼	丁	乙	73	奔 bèn	丁	丙
8	几	丁	甲	41	肩	丁	乙	74	柄	丁	丙
9	寄	丁	甲	42	剪	丁	乙	75	拨	丁	丙
10	绿	丁	甲	43	卷 juǎn	丁	乙	76	惨	丁	丙
11	七	丁	甲	44	颗	丁	乙	77	撤	丁	丙
12	浅	丁	甲	45	枯	丁	乙	78	撑	丁	丙
13	让	丁	甲	46	狼	丁	乙	79	丑	丁	丙
14	酸	丁	甲	47	雷	丁	乙	80	喘	丁	丙
15	疼	丁	甲	48	粒	丁	乙	81	凑	丁	丙
16	五	丁	甲	49	龙	丁	乙	82	抵[1]	丁	丙
17	亿	丁	甲	50	漏	丁	乙	83	罚	丁	丙
18	赢	丁	甲	51	略[1]	丁	乙	84	番[1]	丁	丙
19	支[2]	丁	甲	52	埋 mái	丁	乙	85	返	丁	丙
20	只 zhī	丁	甲	53	浓	丁	乙	86	坟	丁	丙
21	岸	丁	乙	54	喷	丁	乙	87	甘	丁	丙
22	逼	丁	乙	55	捧	丁	乙	88	稿	丁	丙
23	并[1]	丁	乙	56	偏[1]	丁	乙	89	沟	丁	丙
24	藏	丁	乙	57	扑	丁	乙	90	怪[2]	丁	丙
25	册	丁	乙	58	牵	丁	乙	91	归	丁	丙
26	尝	丁	乙	59	且[1]	丁	乙	92	裹	丁	丙
27	愁	丁	乙	60	杀	丁	乙	93	核[1]	丁	丙
28	淡	丁	乙	61	伸	丁	乙	94	狠	丁	丙
29	倒 dào	丁	乙	62	填	丁	乙	95	横 héng	丁	丙
30	递	丁	乙	63	雾	丁	乙	96	患	丁	丙
31	顶	丁	乙	64	掀	丁	乙	97	荒	丁	丙
32	冻	丁	乙	65	献	丁	乙	98	甲[1]	丁	丙
33	洞	丁	乙	66	胸	丁	乙	99	兼	丁	丙

序号	传承语素	构词级别	单用级别	序号	传承语素	构词级别	单用级别	序号	传承语素	构词级别	单用级别
100	搅	丁	丙	135	惩	丁	丁	170	厦	丁	丁
101	截	丁	丙	136	贷	丁	丁	171	衔	丁	丁
102	夸	丁	丙	137	担 dàn	丁	丁	172	销	丁	丁
103	筐	丁	丙	138	荡	丁	丁	173	泄	丁	丁
104	苗	丁	丙	139	恩	丁	丁	174	刑	丁	丁
105	鸣	丁	丙	140	伐	丁	丁	175	翼	丁	丁
106	墓	丁	丙	141	伏	丁	丁	176	诱	丁	丁
107	泡	丁	丙	142	赴	丁	丁	177	欲	丁	丁
108	蓬勃	丁	丙	143	绘	丁	丁	178	葬	丁	丁
109	凭	丁	丙	144	祸	丁	丁	179	斩	丁	丁
110	漆	丁	丙	145	奸	丁	丁	180	传 zhuàn	丁	丁
111	棋	丁	丙	146	劫	丁	丁	181	奏	丁	丁
112	琴	丁	丙	147	捐	丁	丁	182	哀	丙	0
113	税	丁	丙	148	掘	丁	丁	183	碍	丙	0
114	踏 tà	丁	丙	149	俊	丁	丁	184	奥	丙	0
115	桃	丁	丙	150	赖	丁	丁	185	柏	丙	0
116	挺[1]	丁	丙	151	垒	丁	丁	186	胞	丙	0
117	瓦	丁	丙	152	膜	丁	丁	187	暴	丙	0
118	卧	丁	丙	153	莫	丁	丁	188	痹	丙	0
119	嫌	丁	丙	154	拟	丁	丁	189	辩	丙	0
120	陷	丁	丙	155	聘	丁	丁	190	波	丙	0
121	绣	丁	丙	156	谱	丁	丁	191	剥	丙	0
122	淹	丁	丙	157	迁	丁	丁	192	博[1]	丙	0
123	涌	丁	丙	158	泉	丁	丁	193	薄	丙	0
124	怨	丁	丙	159	券	丁	丁	194	惭	丙	0
125	栽	丁	丙	160	筛	丁	丁	195	仓	丙	0
126	凿	丁	丙	161	渗	丁	丁	196	苍	丙	0
127	债	丁	丙*	162	盛	丁	丁	197	草[2]	丙	0
128	沾	丁	丙	163	寺	丁	丁	198	差 chā	丙	0
129	枝	丁	丙	164	贪	丁	丁	199	畅	丙	0
130	肿	丁	丙	165	炭	丁	丁	200	尘	丙	0
131	驻	丁	丙	166	塘	丁	丁	201	陈[1]	丙	0
132	铸	丁	丙	167	挑 tiǎo	丁	丁	202	齿	丙	0
133	馋	丁	丁	168	畏	丁	丁	203	斥	丙	0
134	呈	丁	丁	169	熄	丁	丁	204	赤	丙	0

序号	传承语素	构词级别	单用级别	序号	传承语素	构词级别	单用级别	序号	传承语素	构词级别	单用级别
205	酬	丙	0	240	柜	丙	0	275	鲸	丙	0
206	唇	丙	0	241	憾	丙	0	276	径	丙	0
207	匆	丙	0	242	豪	丙	0	277	舅	丙	0
208	摧	丙	0	243	阂	丙	0	278	局²	丙	0
209	挫	丙	0	244	痕	丙	0	279	矩	丙	0
210	逮 dài	丙	0	245	衡	丙	0	280	剧¹	丙	0
211	耽	丙	0	246	宏	丙	0	281	倦	丙	0
212	旦	丙	0	247	洪	丙	0	282	决²	丙	0
213	蹈	丙	0	248	喉	丙	0	283	酷	丙	0
214	奠	丙	0	249	候²	丙	0	284	款¹	丙	0
215	雕	丙	0	250	忽²	丙	0	285	况¹	丙	0
216	督	丙	0	251	华²	丙	0	286	愧	丙	0
217	恶 è	丙	0	252	幻	丙	0	287	昆	丙	0
218	尔	丙	0	253	煌	丙	0	288	廓	丙	0
219	凡²	丙	0	254	慧	丙	0	289	滥	丙	0
220	妨	丙	0	255	浑	丙	0	290	廊	丙	0
221	沸	丙	0	256	魂	丙	0	291	黎	丙	0
222	氛	丙	0	257	饥	丙	0	292	隶	丙	0
223	讽	丙	0	258	肌	丙	0	293	疗	丙	0
224	腐	丙	0	259	疾	丙	0	294	僚	丙	0
225	缚	丙	0	260	辑	丙	0	295	猎	丙	0
226	溉	丙	0	261	籍	丙	0	296	陵	丙	0
227	概²	丙	0	262	寂	丙	0	297	柳	丙	0
228	干² gān	丙	0	263	歼	丙	0	298	咙	丙	0
229	膏	丙	0	264	监	丙	0	299	笼 lóng	丙	0
230	鸽	丙	0	265	荐	丙	0	300	笼 lǒng	丙	0
231	孤	丙	0	266	鉴	丙	0	301	垄	丙	0
232	辜	丙	0	267	浆	丙	0	302	炉	丙	0
233	谷¹	丙	0	268	疆	丙	0	303	掠	丙	0
234	谷²	丙	0	269	焦	丙	0	304	略²	丙	0
235	固²	丙	0	270	狡	丙	0	305	络	丙	0
236	寡	丙	0	271	洁	丙	0	306	漫	丙	0
237	官²	丙	0	272	捷	丙	0	307	盲	丙	0
238	管²	丙	0	273	竭	丙	0	308	茅	丙	0
239	轨	丙	0	274	谨	丙	0	309	眉	丙	0

序号	传承语素	构词级别	单用级别	序号	传承语素	构词级别	单用级别	序号	传承语素	构词级别	单用级别
310	梅	丙	0	345	舍 shě	丙	0	380	厢	丙	0
311	盟	丙	0	346	涉	丙	0	381	降 xiáng	丙	0
312	眠	丙	0	347	申	丙	0	382	向²	丙	0
313	勉	丙	0	348	甚	丙	0	383	相¹ xiàng	丙	0
314	蔑	丙	0	349	慎	丙	0	384	宵	丙	0
315	敏	丙	0	350	圣	丙	0	385	淆	丙	0
316	牧	丙	0	351	饰	丙	0	386	协	丙	0
317	凝	丙	0	352	逝	丙	0	387	胁	丙	0
318	宁 nìng	丙	0	353	寿	丙	0	388	欣	丙	0
319	奴	丙	0	354	兽	丙	0	389	朽	丙	0
320	偶¹	丙	0	355	署¹	丙	0	390	墟	丙	0
321	袍	丙	0	356	衰	丙	0	391	叙	丙	0
322	培	丙	0	357	伺	丙	0	392	削 xuē	丙	0
323	佩	丙	0	358	饲	丙	0	393	旬	丙	0
324	譬	丙	0	359	松¹	丙	0	394	询	丙	0
325	剖	丙	0	360	诵	丙	0	395	循	丙	0
326	谦	丙	0	361	颂	丙	0	396	逊	丙	0
327	强 qiǎng	丙	0	362	孙	丙	0	397	鸭	丙	0
328	侨	丙	0	363	索	丙	0	398	亚	丙	0
329	倾	丙	0	364	惕	丙	0	399	讶	丙	0
330	顷	丙	0	365	亭	丙	0	400	岩	丙	0
331	丘	丙	0	366	徒	丙	0	401	艳	丙	0
332	屈	丙	0	367	途	丙	0	402	燕	丙	0
333	曲 qū	丙	0	368	蛙	丙	0	403	谣	丙	0
334	曲 qǔ	丙	0	369	顽	丙	0	404	遥	丙	0
335	拳	丙	0	370	枉	丙	0	405	耀	丙	0
336	雀	丙	0	371	威	丙	0	406	冶	丙	0
337	壤	丙	0	372	维²	丙	0	407	仪¹	丙	0
338	荣	丙	0	373	委²	丙	0	408	遗	丙	0
339	柔	丙	0	374	蚊	丙	0	409	义¹	丙	0
340	辱	丙	0	375	诬	丙	0	410	抑	丙	0
341	润	丙	0	376	侮	丙	0	411	益²	丙	0
342	若²	丙	0	377	恶 wù	丙	0	412	毅	丙	0
343	丧	丙	0	378	袭	丙	0	413	隐	丙	0
344	骚	丙	0	379	宪	丙	0	414	婴	丙	0

序号	传承语素	构词级别	单用级别	序号	传承语素	构词级别	单用级别	序号	传承语素	构词级别	单用级别
415	蝇	丙	0	450	忠	丙	0	485	博[2]	丁	0
416	踊	丙	0	451	衷	丙	0	486	搏	丁	0
417	娱	丙	0	452	宙	丙	0	487	簸	丁	0
418	渔	丙	0	453	骤	丙	0	488	怖	丁	0
419	愚	丙	0	454	柱	丙	0	489	侧	丁	0
420	宇	丙	0	455	姿	丙	0	490	闸	丁	0
421	狱	丙	0	456	滋	丙	0	491	昌	丁	0
422	浴	丙	0	457	宗	丙	0	492	敞	丁	0
423	域	丙	0	458	纵[2]	丙	0	493	朝	丁	0
424	御	丙	0	459	阻	丙	0	494	臣	丁	0
425	裕	丙	0	460	隘	丁	0	495	辰	丁	0
426	誉	丙	0	461	按[2]	丁	0	496	陈[2]	丁	0
427	缘	丙	0	462	昂	丁	0	497	称 chèn	丁	0
428	猿	丙	0	463	霸	丁	0	498	澄	丁	0
429	钥	丙	0	464	颁	丁	0	499	痴	丁	0
430	悦	丙	0	465	邦	丁	0	500	驰	丁	0
431	载 zǎi	丙	0	466	谤	丁	0	501	侈	丁	0
432	躁	丙	0	467	雹	丁	0	502	耻	丁	0
433	泽	丙	0	468	堡	丁	0	503	畴	丁	0
434	赠	丙	0	469	卑	丁	0	504	稠	丁	0
435	宅	丙	0	470	贝	丁	0	505	筹	丁	0
436	障	丙	0	471	惫	丁	0	506	储	丁	0
437	折 zhé	丙	0	472	崩	丁	0	507	畜 chù	丁	0
438	珍	丙	0	473	绷	丁	0	508	川	丁	0
439	诊	丙	0	474	鄙	丁	0	509	炊	丁	0
440	枕	丙	0	475	毙	丁	0	510	慈	丁	0
441	征[1]	丙	0	476	弊	丁	0	511	粹	丁	0
442	征[3]	丙	0	477	碧	丁	0	512	翠	丁	0
443	殖	丙	0	478	蔽	丁	0	513	磋	丁	0
444	志[2]	丙	0	479	鞭	丁	0	514	怠	丁	0
445	帜	丙	0	480	贬	丁	0	515	悼	丁	0
446	挚	丙	0	481	辨	丁	0	516	涤	丁	0
447	致[2]	丙	0	482	别 biè	丁	0	517	笛	丁	0
448	智	丙	0	483	滨	丁	0	518	缔	丁	0
449	稚	丙	0	484	秉	丁	0	519	颠	丁	0

序号	传承语素	构词级别	单用级别	序号	传承语素	构词级别	单用级别	序号	传承语素	构词级别	单用级别
520	董	丁	0	555	核[2]	丁	0	590	惧	丁	0
521	睹	丁	0	556	荷	丁	0	591	峻	丁	0
522	妒	丁	0	557	恒	丁	0	592	凯	丁	0
523	杜	丁	0	558	轰	丁	0	593	慨	丁	0
524	堕	丁	0	559	狐	丁	0	594	堪	丁	0
525	惰	丁	0	560	华[1]	丁	0	595	亢	丁	0
526	蛾	丁	0	561	槐	丁	0	596	可[2]	丁	0
527	贩	丁	0	562	还	丁	0	597	垦	丁	0
528	肪	丁	0	563	蝗	丁	0	598	孔[2]	丁	0
529	诽	丁	0	564	徽	丁	0	599	控[2]	丁	0
530	芬	丁	0	565	贿	丁	0	600	会 kuài	丁	0
531	锋	丁	0	566	秽	丁	0	601	旷	丁	0
532	凤	丁	0	567	惠	丁	0	602	眶	丁	0
533	奉	丁	0	568	惑	丁	0	603	葵	丁	0
534	俘	丁	0	569	讥	丁	0	604	溃	丁	0
535	抚	丁	0	570	吉	丁	0	605	馈	丁	0
536	斧	丁	0	571	嫉	丁	0	606	腊	丁	0
537	赋	丁	0	572	脊	丁	0	607	兰	丁	0
538	覆	丁	0	573	嘉	丁	0	608	栏	丁	0
539	冈	丁	0	574	甲[2]	丁	0	609	揽	丁	0
540	杠	丁	0	575	俭	丁	0	610	郎	丁	0
541	革[2]	丁	0	576	间 jiàn	丁	0	611	狸	丁	0
542	更	丁	0	577	剑	丁	0	612	栗	丁	0
543	恭	丁	0	578	匠	丁	0	613	莲	丁	0
544	姑[2]	丁	0	579	轿	丁	0	614	廉	丁	0
545	棺	丁	0	580	戒	丁	0	615	镰	丁	0
546	贯	丁	0	581	诫	丁	0	616	梁	丁	0
547	闺	丁	0	582	津	丁	0	617	辽	丁	0
548	桂	丁	0	583	锦	丁	0	618	聊[1]	丁	0
549	果[2]	丁	0	584	晋	丁	0	619	凌	丁	0
550	涵	丁	0	585	晶	丁	0	620	瘤	丁	0
551	罕	丁	0	586	兢兢	丁	0	621	隆	丁	0
552	捍	丁	0	587	纠[2]	丁	0	622	陋	丁	0
553	浩	丁	0	588	拘	丁	0	623	虏	丁	0
554	禾	丁	0	589	菊	丁	0	624	鲁	丁	0

序号	传承语素	构词级别	单用级别	序号	传承语素	构词级别	单用级别	序号	传承语素	构词级别	单用级别
625	赂	丁	0	660	庞	丁	0	695	擅	丁	0
626	履	丁	0	661	沛	丁	0	696	裳	丁	0
627	箩	丁	0	662	烹	丁	0	697	奢	丁	0
628	骡	丁	0	663	僻	丁	0	698	呻	丁	0
629	蛮	丁	0	664	频	丁	0	699	参 shēn		
630	蔓	丁	0	665	屏	丁	0	700	绅	丁	0
631	芒	丁	0	666	萍	丁	0	701	肾	丁	0
632	茫	丁	0	667	魄	丁	0	702	尸	丁	0
633	氅	丁	0	668	仆	丁	0	703	侍	丁	0
634	茂	丁	0	669	凄	丁	0	704	誓	丁	0
635	媒	丁	0	670	歧	丁	0	705	疏	丁	0
636	昧	丁	0	671	乞	丁	0	706	输¹	丁	0
637	闷 mèn	丁	0	672	岂	丁	0	707	署²	丁	0
638	萌	丁	0	673	泣	丁	0	708	鼠	丁	0
639	弥	丁	0	674	洽	丁	0	709	率² shuài		
640	绵	丁	0	675	钳	丁	0	710	爽	丁	0
641	铭	丁	0	676	潜	丁	0	711	斯	丁	0
642	谬	丁	0	677	遣	丁	0	712	肆¹	丁	0
643	摩	丁	0	678	谴	丁	0	713	讼	丁	0
644	沫	丁	0	679	茄	丁	0	714	苏	丁	0
645	默	丁	0	680	怯	丁	0	715	隧	丁	0
646	没 mò	丁	0	681	窃	丁	0	716	蹋	丁	0
647	姆	丁	0	682	钦	丁	0	717	泰	丁	0
648	睦	丁	0	683	芹	丁	0	718	坦	丁	0
649	暮	丁	0	684	驱	丁	0	719	滔	丁	0
650	纳	丁	0	685	趋	丁	0	720	陶	丁	0
651	奈	丁	0	686	鹊	丁	0	721	涕	丁	0
652	囊	丁	0	687	仁	丁	0	722	筒	丁	0
653	挠	丁	0	688	刃	丁	0	723	屠	丁	0
654	逆	丁	0	689	韧	丁	0	724	椭	丁	0
655	宁 níng	丁	0	690	饪	丁	0	725	拓	丁	0
656	殴	丁	0	691	融	丁	0	726	唾	丁	0
657	呕	丁	0	692	瑞	丁	0	727	惋	丁	0
658	偶²	丁	0	693	塞 sè	丁	0	728	妄	丁	0
659	叛	丁	0	694	桑	丁	0	729	唯	丁	0

序号	传承语素	构词级别	单用级别	序号	传承语素	构词级别	单用级别	序号	传承语素	构词级别	单用级别
730	惟	丁	0	765	鸦	丁	0	800	筝	丁	0
731	伪	丁	0	766	雅	丁	0	801	正 zhēng	丁	0
732	翁	丁	0	767	炎	丁	0	802	肢	丁	0
733	沃	丁	0	768	雁	丁	0	803	脂	丁	0
734	乌	丁	0	769	殃	丁	0	804	侄	丁	0
735	巫	丁	0	770	杨	丁	0	805	旨	丁	0
736	晤	丁	0	771	妖	丁	0	806	质[2]	丁	0
737	夕	丁	0	772	蚁	丁	0	807	滞	丁	0
738	膝	丁	0	773	役	丁	0	808	昼	丁	0
739	隙	丁	0	774	疫	丁	0	809	诸	丁	0
740	狭	丁	0	775	吟	丁	0	810	烛	丁	0
741	辖	丁	0	776	淫	丁	0	811	瞩	丁	0
742	仙	丁	0	777	樱	丁	0	812	妆	丁	0
743	贤	丁	0	778	盈	丁	0	813	缀	丁	0
744	祥	丁	0	779	营[2]	丁	0	814	卓	丁	0
745	翔	丁	0	780	颖	丁	0	815	拙	丁	0
746	项[1]	丁	0	781	佣	丁	0	816	浊	丁	0
747	橡	丁	0	782	庸	丁	0	817	酌	丁	0
748	孝	丁	0	783	咏	丁	0	818	琢	丁	0
749	肖	丁	0	784	忧	丁	0	819	咨	丁	0
750	效[2]	丁	0	785	幽	丁	0	820	棕	丁	0
751	啸	丁	0	786	犹	丁	0	821	踪	丁	0
752	挟	丁	0	787	榆	丁	0	822	纵[1]	丁	0
753	谐	丁	0	788	舆	丁	0	823	钻 zuàn	丁	0
754	携	丁	0	789	与 yù	丁	0				
755	薪	丁	0	790	吁	丁	0				
756	芈	丁	0	791	喻	丁	0				
757	羞	丁	0	792	孕	丁	0				
758	秀	丁	0	793	蕴	丁	0				
759	徐	丁	0	794	诈	丁	0				
760	畜 xù	丁	0	795	瞻	丁	0				
761	酗	丁	0	796	彰	丁	0				
762	蓄	丁	0	797	沼	丁	0				
763	喧	丁	0	798	蔗	丁	0				
764	巡	丁	0	799	贞	丁	0				

附录三

《等级划分》普及化等级词汇传承语素总表

(空白栏为在《等级划分》普及化等级词汇中未见构词或未单用的)

序号	传承语素	构词级别	单用级别	序号	传承语素	构词级别	单用级别
1	爱	一②	一②	26	必	一②	
2	安	一①		27	边	一①	一②
3	按[1]	一③	一③	28	遍	一③	一②
4	八		一①	29	变	一②	一②
5	把[1]	一③	一①	30	便	一①	
6	把[2]		一②	31	标	一②	
7	白	一①	一①	32	表	一②	一②
8	百	一③	一①	33	别[1]	一①	一①
9	班	一①	一②	34	别[2]	一③	
10	板	一②	一③	35	病	一①	一①
11	半	一①	一①	36	并[1]	一②	一③
12	办	一②		37	并[2]		一③
13	包	一①	一①	38	播	一②	
14	保	一②	一③	39	补	一③	一②
15	报	一②	一③	40	不		
16	抱		一②	41	部	一②	一②
17	杯	一②	一②	42	步	一②	一③
18	北	一①	一①	43	布[1]		一③
19	背	一②	一②	44	布[2]	一③	
20	备	一②		45	才[1]	一③	
21	被	一③		46	才[2]	一①	一①
22	本[1]	一①	一①	47	材	一③	
23	比	一②	一①	48	采	一③	
24	笔	一②	一②	49	菜	一②	一①
25	币	一②		50	参 cān	一②	

序号	传承语素	构词级别	单用级别	序号	传承语素	构词级别	单用级别
51	餐	一②		88	创	一③	
52	草[1]	一③	一②	89	吹		一②
53	曾	一②		90	春	一②	
54	层		一②	91	词	一②	一②
55	茶	一②	一①	92	此		一②
56	察	一②		93	次	一①	一①
57	差 chà	一①	一①	94	从[2]	一①	
58	产	一③		95	存	一③	一②
59	常	一①	一①	96	错	一②	一①
60	长 cháng	一①	一①	97	答 dā	一②	
61	场	一①	一①	98	答 dá	一①	
62	唱	一①	一①	99	达	一②	
63	超	一②		100	大	一①	一①
64	朝 cháo		一③	101	代[1]	一②	一③
65	车	一①	一①	102	代[2]	一②	一③
66	晨			103	带		
67	称 chēng	一③	一②	104	待[1]	一③	
68	承			105	待[2]		
69	程			106	单	一②	
70	成	一②	一③	107	但	一①	一②
71	城	一②	一③	108	当	一①	一①
72	持	一②		109	刀		一②
73	冲 chōng		一③	110	导	一③	
74	重 chóng	一②	一③	111	倒 dǎo		一②
75	充	一③		112	倒 dào		一②
76	初	一②	一③	113	到	一①	一①
77	出	一①	一①	114	道[1]	一②	一②
78	除	一②		115	道[2]	一②	
79	础	一②		116	得 dé	一①	一②
80	楚			117	的 dì		
81	处 chǔ	一③		118	灯		一②
82	处 chù	一②		119	等[1]	一②	一②
83	穿		一①	120	低		一②
84	船	一②	一②	121	底	一②	
85	传 chuán	一③		122	弟		
86	窗	一②		123	地 dì	一①	一③
87	床	一②	一②	124	第	一①	一①

序号	传承语素	构词级别	单用级别	序号	传承语素	构词级别	单用级别
125	点	一①	一①	162	非	一①	
126	典	一②		163	费	一②	一③
127	电	一①	一①	164	分	一②	一①
128	掉	一②		165	丰	一③	
129	调 diào	一③	一③	166	风	一②	一②
130	定	一②	一②	167	封		一②
131	东	一①	一①	168	否	一③	
132	冬	一②		169	夫		
133	动	一①	一①	170	服	一①	
134	都 dōu		一①	171	福	一②	一③
135	读		一②	172	府	一③	
136	度	一②	一②	173	父	一②	
137	短	一②	一②	174	负		
138	段		一②	175	富	一③	一③
139	断¹	一②	一②	176	复¹	一②	
140	断²	一③		177	改	一②	一②
141	队	一②	一②	178	概¹	一②	
142	对	一①	一①	179	干¹ gān	一①	一①
143	顿		一②	180	感	一②	
144	多	一①	一①	181	敢		一②
145	饿		一①	182	干¹ gàn	一①	一①
146	儿¹	一①		183	高		
147	而	一②		184	告	一②	
148	二	一①	一①	185	歌	一①	一①
149	发	一②	一②	186	格	一②	
150	法¹	一②		187	个	一②	一①
151	烦	一②		188	各	一②	一②
152	反	一③		189	跟		一①
153	饭	一①	一①	190	根	一③	
154	范	一③		191	更 gèng	一③	一①
155	方¹	一①		192	工	一①	
156	方³	一①		193	公	一②	
157	房	一①		194	功	一②	
158	防	一③	一③	195	共	一②	
159	访	一③		196	孤	一②	
160	放	一①	一①	197	古	一③	一③
161	飞	一①	一①	198	故¹	一②	

序号	传承语素	构词级别	单用级别	序号	传承语素	构词级别	单用级别
199	故²	一③		236	护	一②	
200	顾	一②		237	华²	一②	
201	挂		一②	238	化	一③	一③
202	怪¹	一②		239	画	一②	一②
203	关	一①	一①	240	话	一①	一①
204	观	一②		241	坏	一③	一①
205	馆	一②		242	欢	一①	
206	管¹	一②	一②	243	环	一②	一②
207	惯	一②		244	还 huán		一①
208	光	一②		245	换	一②	
209	广	一②		246	黄	一③	
210	规	一②		247	回	一①	一①
211	贵		一①	248	会¹	一①	一①
212	国	一①	一①	249	会²	一③	
213	果¹	一①		250	婚	一②	
214	果³	一②		251	活	一①	一①
215	过	一①	一①	252	火	一①	一①
216	孩	一①		253	或	一②	一②
217	海	一③	一②	254	鸡	一①	
218	害	一②		255	机	一①	
219	汉	一①		256	积	一③	
220	行 háng	一②	一③	257	基	一②	
221	好 hǎo	一①	一①	258	及	一②	
222	好 hào	一②		259	级	一②	一②
223	号¹	一③	一①	260	极	一②	
224	喝		一①	261	集	一③	
225	河		一②	262	急	一②	一②
226	合	一②		263	几 jǐ		一①
227	何	一③		264	己	一②	
228	和	一②		265	计	一②	
229	黑	一②	一①	266	记	一①	一①
230	红	一②	一②	267	纪¹	一②	
231	后	一①	一①	268	技	一②	
232	候¹	一①		269	际	一②	
233	忽¹	一②		270	济	一③	
234	湖		一②	271	继	一②	
235	互	一②		272	寄		一②

序号	传承语素	构词级别	单用级别	序号	传承语素	构词级别	单用级别
273	绩	一②		310	京	一②	
274	家	一①	一①	311	经¹	一②	
275	加	一②	一②	312	经²	一②	
276	假¹ jiǎ	一③	一①	313	精	一②	
277	价	一②		314	景	一③	
278	坚	一②		315	警	一②	
279	间 jiān	一①	一①	316	净	一①	
280	检	一②		317	静	一②	一②
281	简	一②		318	境	一②	
282	见	一①	一①	319	究	一②	
283	建	一②	一③	320	九		一①
284	将	一②	一③	321	酒	一①	一①
285	讲	一②	一②	322	久	一②	
286	交	一②	一②	323	旧		一②
287	教 jiāo		一①	324	就	一②	一①
288	脚		一②	325	局¹	一②	
289	角	一③	一②	326	举	一②	一②
290	叫	一②	一①	327	句	一②	一②
291	较	一②	一③	328	具¹	一③	
292	教 jiào	一②		329	具²	一③	
293	觉 jiào	一①		330	据	一③	
294	接	一②	一②	331	决¹	一②	
295	街	一③	一②	332	觉 jué	一①	
296	节	一②	一②	333	绝	一③	
297	结 jié	一②		334	军	一③	
298	解	一②		335	开	一①	一①
299	介	一②		336	看 kàn	一①	一①
300	界	一②		337	康	一②	
301	借		一①	338	考	一②	一②
302	今		一①	339	靠	一③	一②
303	金	一③	一③	340	科	一②	一②
304	斤	一②	一②	341	可¹	一①	
305	仅	一②	一③	342	渴		一①
306	尽 jǐn	一③		343	刻	一②	一③
307	紧	一②	一③	344	克	一③	
308	进	一①	一①	345	客	一②	
309	近	一②	一②	346	课	一①	一①

序号	传承语素	构词级别	单用级别	序号	传承语素	构词级别	单用级别
347	肯	一②		384	林	一③	
348	空	一②	一③	385	领	一③	一③
349	口	一①	一①	386	留	一②	一②
350	哭		一②	387	流	一②	一②
351	苦	一③	一②	388	六		一①
352	块	一①	一①	389	龙		一③
353	快	一②	一①	390	楼	一②	一①
354	困	一②	一③	391	路	一①	一①
355	来	一①		392	录	一③	一③
356	蓝	一③		393	乱		一②
357	浪	一②		394	论	一②	
358	劳	一②		395	络	一③	
359	老¹	一①	一①	396	落	一③	
360	乐 lè	一②	一③	397	旅	一②	
361	类	一③	一③	398	绿	一②	一②
362	累 lèi		一①	399	麻¹	一②	
363	冷		一①	400	马	一①	一①
364	离	一②	一②	401	买		一①
365	礼	一②		402	卖		一②
366	里¹	一②		403	满	一②	一②
367	里²	一①	一①	404	慢		一①
368	理	一②		405	毛	一②	
369	李	一②		406	媒	一③	
370	力	一①	一③	407	每		一②
371	历	一②		408	美	一③	一③
372	立	一②		409	妹	一②	一②
373	利	一②		410	门	一①	
374	例	一②		411	迷	一③	一③
375	连¹	一③	一②	412	米¹	一②	一②
376	联	一②		413	面¹	一①	
377	练	一②	一②	414	面²	一①	
378	凉	一②	一②	415	民	一②	
379	量 liáng	一②	一②	416	明¹	一①	
380	两		一①	417	名	一①	一③
381	量 liàng	一③		418	命¹	一③	
382	了¹ liǎo		一②	419	模 mó	一③	
383	烈	一②		420	某		一③

序号	传承语素	构词级别	单用级别	序号	传承语素	构词级别	单用级别
421	母	一②		458	期	一①	一②
422	木	一②		459	齐	一②	一③
423	目	一②		460	其	一②	
424	男	一①	一①	461	奇	一②	
425	南	一①	一①	462	骑	一②	一②
426	难 nán	一②	一①	463	起	一①	一①
427	脑	一①		464	气	一①	一③
428	内	一②		465	器	一③	
429	能	一①	一①	466	千	一③	一②
430	年	一①	一①	467	前	一①	一①
431	念¹	一③	一②	468	钱	一①	一①
432	鸟		一②	469	强 qiáng	一③	一②
433	牛	一①	一①	470	墙		一②
434	农	一②		471	桥		一②
435	弄		一②	472	且²	一②	
436	暖	一②		473	切 qiè	一②	
437	女	一①	一①	474	亲	一③	一③
438	拍		一②	475	青	一②	
439	排¹		一③	476	清	一②	
440	排²		一②	477	轻	一②	一②
441	判	一③		478	情	一②	
442	旁	一①		479	请	一①	一①
443	朋	一①		480	庆	一②	
444	配	一③	一③	481	秋	一②	
445	披	一②		482	求	一②	一②
446	批¹	一②	一②	483	区	一③	一③
447	皮	一②	一②	484	取	一②	
448	篇		一②	485	去	一①	一①
449	便 pián	一②		486	全	一①	一①
450	片	一②	一②	487	缺	一②	一③
451	品	一③		488	确	一②	
452	平	一①	一②	489	群	一③	一③
453	评	一②		490	然	一①	
454	瓶	一②	一②	491	让		一①
455	破	一③	一②	492	热	一②	一①
456	普	一②		493	人	一①	一①
457	七		一①	494	任¹	一③	一③

序号	传承语素	构词级别	单用级别	序号	传承语素	构词级别	单用级别
495	仍	一③	一③	532	时	一①	一③
496	日[1]	一①	一①	533	识	一①	
497	容[1]	一②		534	实	一②	
498	肉		一①	535	食	一②	
499	如[1]	一②		536	史	一②	
500	如[2]	一②		537	使[1]	一②	一③
501	入	一②		538	始	一②	
502	三		一①	539	士	一②	
503	色	一②		540	示	一②	
504	沙	一③		541	世	一②	
505	山	一②	一①	542	市	一②	一②
506	善	一③		543	式	一②	
507	伤	一②	一③	544	势	一③	
508	商	一①		545	事	一②	一①
509	上[1]	一①	一①	546	试	一②	一②
510	上[2]	一①		547	视	一①	
511	少 shǎo	一①	一①	548	是	一①	一①
512	少 shào	一②		549	适	一②	
513	绍	一②		550	室	一②	一③
514	设	一②		551	收	一②	一②
515	社	一②		552	首	一③	
516	谁		一①	553	手	一①	一①
517	身	一①		554	受	一②	一③
518	深	一③	一②	555	书	一①	一①
519	神	一②		556	舒	一②	
520	升	一③	一③	557	输[1]	一③	
521	生[1]	一①		558	输[2]		一②
522	生[2]	一①		559	属	一②	一③
523	生[3]		一③	560	熟	一③	
524	声	一②		561	数 shǔ		一②
525	省[1]		一②	562	术	一②	
526	省[2]		一②	563	束	一②	一①
527	胜	一②	一③	564	树	一③	一①
528	失	一②		565	数 shù	一②	
529	师	一①		566	双	一③	一②
530	十	一③	一①	567	水	一①	一①
531	石	一②		568	睡	一①	一①

序号	传承语素	构词级别	单用级别	序号	传承语素	构词级别	单用级别
569	说	一①	一①	606	停	一②	一②
570	顺	一②		607	挺¹	一②	
571	司	一②		608	通	一②	一②
572	思	一②		609	同	一①	
573	死		一①	610	痛	一③	一③
574	四		一①	611	头¹	一③	一②
575	似 sì	一③		612	突	一②	
576	送	一②	一①	613	图	一②	
577	诉	一②		614	土		一③
578	速	一③		615	团	一③	一③
579	算	一②	一②	616	推	一②	
580	虽	一②		617	退	一②	一③
581	随	一②	一③	618	外	一①	一①
582	岁		一①	619	完	一②	一①
583	所¹	一③	一③	620	玩	一①	一①
584	所²	一①		621	晚	一①	
585	他	一①	一①	622	万	一③	一②
586	它	一②	一②	623	王	一③	
587	台¹	一③	一③	624	网	一①	一②
588	太	一②	一①	625	往	一③	一②
589	态	一②		626	忘	一①	一①
590	谈	一③	一②	627	望	一②	
591	汤		一②	628	危	一②	
592	堂	一②		629	为 wéi	一①	一③
593	讨	一②		630	围	一②	一③
594	特	一②		631	位	一②	一②
595	疼		一②	632	为 wèi	一①	一②
596	题	一②	一②	633	味	一②	
597	提	一②	一②	634	温	一②	
598	体	一①		635	文	一①	
599	天	一①	一①	636	闻	一②	一②
600	条	一②	一②	637	问	一①	一①
601	调 tiáo	一②	一②	638	我	一①	一①
602	跳	一②		639	握	一②	
603	铁	一②	一③	640	屋	一③	
604	听	一①	一①	641	无	一③	
605	庭	一②		642	五		一①

序号	传承语素	构词级别	单用级别	序号	传承语素	构词级别	单用级别
643	午	一①		680	写	一③	一①
644	武	一②		681	血 xiě		一③
645	舞	一②		682	谢	一①	
646	务	一②		683	心	一②	
647	物	一②		684	新	一①	一②
648	误	一②		685	信	一②	一②
649	西	一①	一①	686	星	一①	
650	息	一①		687	形	一③	
651	习	一①		688	行 xíng	一②	一①
652	席	一③		689	兴 xìng	一①	
653	洗	一①	一①	690	幸	一②	
654	喜	一①		691	性	一③	一③
655	戏	一②		692	姓	一③	一②
656	系	一①	一②	693	雄	一③	
657	下¹	一①	一①	694	修	一③	一②
658	下²	一①	一①	695	休	一①	
659	夏	一②		696	须	一②	
660	先	一①	一①	697	许¹	一①	
661	显	一②		698	续	一②	
662	险	一③		699	宣	一③	
663	现	一①		700	选	一③	一②
664	线	一③	一②	701	学	一①	一①
665	乡	一②		702	雪		一②
666	相 xiāng	一②		703	训	一③	
667	香		一②	704	压	一③	一②
668	响	一②	一②	705	烟		一③
669	想	一②	一①	706	言	一②	
670	向¹	一①		707	研	一②	
671	象¹	一③		708	颜	一②	
672	象²	一①		709	眼	一③	一②
673	像	一②	一②	710	演	一②	一②
674	相² xiàng	一②		711	验	一②	
675	消	一②		712	央	一③	
676	小	一①	一①	713	羊		一②
677	校	一②		714	阳	一②	
678	效¹	一③		715	养	一②	一②
679	笑	一①	一①	716	要 yāo	一②	

序号	传承语素	构词级别	单用级别	序号	传承语素	构词级别	单用级别
717	要[1] yào		一①	754	游	一②	一②
718	药	一③	一②	755	友	一①	
719	也	一②	一①	756	有	一①	一①
720	业	一②		757	又		一①
721	夜	一③	一③	758	右	一②	一②
722	一	一①	一①	759	于	一②	
723	衣	一①		760	鱼		一②
724	医	一①		761	与 yǔ		一③
725	依	一③		762	雨		一②
726	宜	一②		763	语	一①	
727	已	一②		764	育	一②	
728	以[1]	一①		765	预	一③	
729	以[2]	一①		766	园	一②	
730	亿		一②	767	员	一②	
731	义[1]	一③		768	原[1]	一②	
732	义[2]	一②		769	远	一②	一①
733	艺	一③		770	愿	一②	
734	议	一②		771	院	一①	一③
735	易[1]	一②		772	约	一②	一②
736	易[2]	一③		773	月	一②	一①
737	意	一①		774	越[1]	一②	一②
738	因	一①		775	乐 yuè	一②	
739	音	一②		776	运[1]	一②	
740	银	一②	一③	777	运[2]	一③	
741	印	一②		778	杂	一②	
742	应 yīng	一①		779	再	一①	一①
743	英	一③		780	在	一①	一①
744	迎	一②		781	早	一①	一①
745	营[1]	一②		782	澡	一②	
746	影	一②		783	造	一③	一③
747	应 yìng	一③		784	责	一②	
748	永	一②		785	增	一②	
749	泳	一②		786	展	一②	
750	用	一①	一①	787	张	一②	一②
751	优	一②		788	章	一③	
752	由	一②	一③	789	长[1] zhǎng	一②	
753	邮	一②		790	长[2] zhǎng	一②	一①

序号	传承语素	构词级别	单用级别	序号	传承语素	构词级别	单用级别
791	掌	一②		828	注¹	一③	
792	招	一③		829	祝	一②	一②
793	照	一②	一③	830	专	一②	
794	者	一②		831	转 zhuǎn	一③	一②
795	真	一①	一①	832	装¹	一③	
796	争	一③	一③	833	状	一③	
797	整	一②	一③	834	追		一②
798	正 zhèng	一①	一①	835	准¹	一②	一③
799	证	一②	一③	836	资	一②	
800	政	一③		837	子 zǐ	一③	
801	之¹	一②		838	自¹	一②	
802	支¹	一②		839	自²	一③	
803	支²		一②	840	字	一①	一①
804	只 zhī		一③	841	子 zi	一①	
805	知	一①		842	总	一②	
806	织	一②		843	走	一①	一①
807	直	一②	一③	844	租	一②	一②
808	值	一②	一③	845	足¹	一②	
809	职	一②		846	足²	一③	
810	只 zhǐ	一②	一②	847	族	一③	
811	止	一②		848	组	一②	一②
812	指	一③	一③	849	最	一①	一①
813	至	一②		850	昨	一①	
814	志¹	一③		851	左	一②	一②
815	志²	一②		852	作	一①	
816	制	一③		853	坐	一①	一①
817	治	一③	一③				
818	致¹	一③					
819	中 zhōng	一①	一①				
820	终	一②					
821	钟	一②	一③				
822	种 zhǒng	一②	一②				
823	众	一②					
824	重 zhòng	一①	一①				
825	周	一②	一②				
826	主	一②					
827	助	一①					

附录四

基于国际汉语词汇教学的常用传承语素表

(加"*"号的为95个最常用传承语素)

序号	传承语素	单用级别		构词级别		举例	备注
		《等级大纲》	《等级划分》	《等级大纲》	《等级划分》		
1	爱	甲	一②	甲	一②	爱好、可爱	
2	办	甲	一②	甲	一②	办法、怎么办	
3	*半	甲	一①	甲	一①	半天、一半	
4	包	乙	一①	甲	一①	面包、包子	
5	杯	甲	一②	甲	一②	杯子、干杯	
6	*北	甲	一①	甲	一①	北边、东北	
7	比	甲	一①	甲	一②	比较、相比	
8	笔	甲	一②	甲	一②	笔记本	
9	边	甲	一②	甲	一②	北边、下边	
10	变	甲	一②	甲	一②	变成、改变	
11	表	甲	一②	甲	一②	表示、手表	
12	*病	甲	一①	甲	一①	病人、看病	
13	*不	甲	一①	甲	一①	对不起、不错	
14	步	乙	一③	甲	一②	进步、初步	
15	部	乙	一②	甲	一②	部分、全部	
16	*才²	甲	一①	甲	一①	刚才	才¹(才能、人才)
17	*常	甲	一①	甲	一①	常常、非常	
18	*场	甲	一①	甲	一①	机场、场合	
19	*车	甲	一①	甲	一①	车子、火车	
20	成	甲	一③	甲	一②	完成、成立	
21	城	甲	一③	甲	一②	城市、长城	

附录四 基于国际汉语词汇教学的常用传承语素表

续表

序号	传承语素	单用级别《等级大纲》	单用级别《等级划分》	构词级别《等级大纲》	构词级别《等级划分》	举例	备注
22	*出	甲	一①	甲	一①	出来、提出	
23	初	乙	一③	甲	一②	初级、年初	
24	床	甲	一②	甲	一②	起床	
25	词	甲	一②	甲	一②	词典	
26	*从²	甲	一①	甲	一①	从来、自从	从¹（服从、从容）
27	错	甲	一①	甲	一②	错误、不错	
28	*大	甲	一①	甲	一①	大学、长大	
29	代²	乙	一③	甲	一②	年代、古代	代¹（代表、代替）
30	带	甲	一②	甲	一②	带来、带领	
31	但	乙	一②	甲	一①	但是、不但	
32	*当	甲	一①	甲	一①	当然、应当	
33	*到	甲	一①	甲	一①	看到、到达	
34	道¹	乙	一②	甲	一①	知道、道路	道²（难道、报道）
35	得 dé	甲	一②	甲	一①	得到、觉得	
36	地 dì	甲	一③	甲	一①	地点、各地	
37	*第	甲	一①	甲	一①	第二	
38	*点	甲	一①	甲	一①	一点儿、优点	
39	*电	甲	一①	甲	一①	电话、电脑	
40	定	乙	一②	甲	一②	一定、定期	
41	*东	甲	一①	甲	一①	东边、东西	
42	*动	甲	一①	甲	一①	活动、动物	
43	度	乙	一②	甲	一②	态度、温度	
44	*对	甲	一①	甲	一①	对不起、不对	
45	*多	甲	一①	甲	一①	多少、许多	
46	发	甲	一②	甲	一②	发现、出发	
47	*饭	甲	一①	甲	一①	饭店、晚饭	
48	*放	甲	一①	甲	一①	放假、放心	
49	*飞	甲	一①	甲	一①	飞机、起飞	
50	分	甲	一①	甲	一②	分数、部分	

序号	传承语素	单用级别		构词级别		举例	备注
		《等级大纲》	《等级划分》	《等级大纲》	《等级划分》		
51	富	乙	一③	甲	一③	丰富	
52	改	甲	一②	甲	一②	改变、修改	
53	干¹ gān	乙	一①	甲	一①	干杯、干净	干² gàn（干涉、干扰）
54	*高	甲	一①	甲	一①	高兴、提高	
55	个	甲	一①	甲	一②	整个、个人	
56	各	甲	一②	甲	一②	各地、各种	
57	*关	甲	一①	甲	一①	没关系、关心	
58	*国	甲	一①	甲	一①	中国、外国人	
59	*过	甲	一①	甲	一①	过来、见过	
60	行 háng	乙	一③	甲	一②	银行、银行卡	
61	*好 hǎo	甲	一①	甲	一①	好看、最好	
62	合	乙	一③	甲	一③	合适、适合	
63	黑	甲	一①	甲	一②	黑板、黑色	
64	*后	甲	一①	甲	一①	后边、以后	
65	化	乙	一③	甲	一②	文化、变化	
66	画	甲	一②	甲	一②	画儿、图画	
67	话	甲	一③	甲	一①	电话、说话	
68	*回	甲	一①	甲	一①	回来、回家	
69	*会¹	甲	一①	甲	一①	开会、晚会	会²（体会、误会）
70	*活	甲	一①	甲	一①	活动、生活	
71	火	乙	一①	甲	一①	火车	
72	或	乙	一③	甲	一③	或者	
73	*鸡	甲	一①	甲	一①	鸡蛋	
74	级	乙	一②	甲	一②	初级、高级	
75	急	甲	一②	甲	一②	着急、紧急	
76	加	甲	一②	甲	一②	加入、参加	
77	*家	甲	一①	甲	一①	家里、大家	
78	*间 jiān	甲	一①	甲	一①	房间、时间	
79	*见	甲	一①	甲	一①	见面、看见	

续表

序号	传承语素	单用级别		构词级别		举例	备注
		《等级大纲》	《等级划分》	《等级大纲》	《等级划分》		
80	建	乙	一③	甲	一②	建议、建立	
81	将	乙	一③	甲	一②	将来、将近	
82	较	乙	一③	甲	一②	比较	
83	接	甲	一②	甲	一②	接到、直接	
84	节	甲	一②	甲	一②	节日、春节	
85	斤	甲	一②	甲	一②	公斤	
86	紧	甲	一③	甲	一②	紧张、赶紧	
87	*进	甲	一①	甲	一①	进来、请进	
88	近	甲	一②	甲	一②	最近、近期	
89	静	乙	一②	甲	一②	安静	
90	久	甲	一③	甲	一②	不久、好久	
91	*酒	甲	一①	甲	一①	酒店、红酒	
92	就	甲	一①	甲	一②	就要、成就	
93	句	甲	一②	甲	一②	句子	
94	*开	甲	一①	甲	一①	开车、打开	
95	*看 kàn	甲	一①	甲	一①	看病、好看	
96	考	乙	一②	甲	一②	考试、考察	
97	科	乙	一②	甲	一②	科学、科技	
98	刻	甲	一③	甲	一②	立刻、时刻	
99	*课	甲	一①	甲	一①	课本、上课	
100	空	乙	一③	甲	一②	空气、天空	
101	*口	甲	一①	甲	一①	路口、门口	
102	苦	甲	一②	甲	一③	痛苦	
103	*块	甲	一①	甲	一①	一块儿	
104	快	甲	一①	甲	一②	快乐、赶快	
105	困	乙	一③	甲	一②	困难	
106	*来	甲	一①	甲	一①	出来、来到	
107	离	甲	一②	甲	一②	离开、离婚	
108	*里[2]	甲	一①	甲	一①	里边、心里	里[1]（公里、里程碑）
109	力	乙	一③	甲	一①	努力、力量	

续表

序号	传承语素	单用级别		构词级别		举例	备注
		《等级大纲》	《等级划分》	《等级大纲》	《等级划分》		
110	练	乙	一②	甲	一②	练习、训练	
111	凉	乙	一②	甲	一②	凉快	
112	领	乙	一③	甲	一③	领导、带领	
113	留	甲	一②	甲	一②	留学生、保留	
114	录	乙	一③	甲	一③	录音、记录	
115	*马	甲	一①	甲	一①	马路、马上	
116	满	甲	一②	甲	一②	满意、不满	
117	门	甲	一③	甲	一①	门口、部门	
118	米¹	乙	一②	甲	一②	米饭	米²（毫米、厘米）
119	名	乙	一③	甲	一①	名字、有名	
120	*南	甲	一①	甲	一①	南边、东南	
121	难 nán	甲	一①	甲	一②	难道、困难	
122	*能	甲	一①	甲	一①	可能、能力	
123	*年	甲	一①	甲	一①	明年、年级	
124	*牛	甲	一①	甲	一①	牛奶	
125	*女	甲	一①	甲	一①	女朋友、子女	
126	平	乙	一②	甲	一①	平安、和平	
127	期	乙	一②	甲	一①	星期天、长期	
128	齐	乙	一③	甲	一②	整齐	
129	*起	甲	一①	甲	一①	起来、对不起	
130	气	乙	一③	甲	一①	生气、气候	
131	*前	甲	一①	甲	一①	前边、以前	
132	轻	甲	一②	甲	一②	年轻	
133	*请	甲	一①	甲	一①	请问、请坐	
134	求	乙	一②	甲	一②	请求、要求	
135	取	乙	一②	甲	一②	取得、争取	
136	*去	甲	一①	甲	一①	去年、上去	
137	*全	甲	一①	甲	一①	安全、全部	
138	热	甲	一①	甲	一②	热烈、热情	
139	*人	甲	一①	甲	一①	别人、人民	

续表

序号	传承语素	单用级别《等级大纲》	单用级别《等级划分》	构词级别《等级大纲》	构词级别《等级划分》	举例	备注
140	*日¹	甲	一①	甲	一①	日期、生日	日²（日语、日元）
141	*上¹	甲	一①	甲	一①	车上、网上	名素，"上面"义
142	*上²	甲	一①	甲	一①	上车、上网	动素，"升、登"义
143	*少 shǎo	甲	一①	甲	一①	多少、少数	
144	生¹	乙	一②	甲	一①	生活、发生	生²（学生、先生）生³（生词、生人）
145	胜	乙	一③	甲	一②	胜利	
146	十	甲	一①	甲	一③	十分	
147	使¹	乙	一③	甲	一②	使用	使²（大使馆、使者）
148	市	甲	一②	甲	一②	超市、市场	
149	事	甲	一①	甲	一②	事情、没事儿	
150	试	甲	一②	甲	一②	考试、试验	
151	*是	甲	一①	甲	一①	是不是、可是	
152	室	乙	一③	甲	一②	办公室、教室	
153	收	甲	一①	甲	一②	收到、收费	
154	*手	甲	一①	甲	一①	手机、握手	
155	*书	甲	一①	甲	一①	书包、读书	
156	*水	甲	一①	甲	一①	水果、水平	
157	*睡	甲	一①	甲	一①	睡觉、午睡	
158	*说	甲	一①	甲	一①	说话、听说	
159	算	甲	一②	甲	一②	打算、计算机	
160	*他	甲	一①	甲	一①	其他、他们	
161	它	甲	一②	甲	一②	它们、其他	
162	太	甲	一①	甲	一②	太阳、老太太	
163	提	甲	一②	甲	一②	提出、提高	
164	题	乙	一②	甲	一②	问题、标题	
165	*天	甲	一①	甲	一①	天气、昨天	

续表

序号	传承语素	单用级别 《等级大纲》	单用级别 《等级划分》	构词级别 《等级大纲》	构词级别 《等级划分》	举例	备注
166	条	甲	一②	甲	一②	条件、面条儿	
167	跳	甲	一②	甲	一②	跳舞、跳高	
168	*听	甲	一①	甲	一①	听说、好听	
169	通	甲	一②	甲	一②	通知、交通	
170	痛	乙	一③	甲	一③	痛苦	
171	头¹	甲	一①	甲	一②	点头、老头儿	头²（木头、石头）
172	图	乙	一③	甲	一②	图书馆、地图	
173	团	乙	一③	甲	一③	团结、代表团	
174	*外	甲	一①	甲	一①	外边、另外	
175	完	甲	一①	甲	一②	完成、完全	
176	*玩	甲	一①	甲	一①	好玩儿、开玩笑	
177	*晚	甲	一①	甲	一①	晚饭、晚上	
178	围	乙	一③	甲	一②	周围、范围	
179	为 wéi	甲	一③	甲	一①	认为、成为	
180	为 wèi	甲	一②	甲	一①	为什么、因为	
181	闻	乙	一②	甲	一②	新闻	
182	*问	甲	一①	甲	一①	请问、问路	
183	*我	甲	一①	甲	一①	我们	
184	*西	甲	一①	甲	一①	西边、西医	
185	*洗	甲	一①	甲	一①	洗手间、洗澡	
186	系	甲	一②	甲	一①	没关系、联系	
187	*下¹	甲	一①	甲	一①	下边、楼下	名素，"下面"义
188	*下²	甲	一①	甲	一①	下车、坐下	动素，"降落"义
189	*先	甲	一①	甲	一①	先生、首先	
190	响	甲	一②	甲	一②	影响	
191	想	甲	一①	甲	一②	想到、理想	
192	*向¹	甲	一①	甲	一①	方向	向²（向来、一向）
193	像	甲	一②	甲	一②	好像	

续表

序号	传承语素	单用级别 《等级大纲》	单用级别 《等级划分》	构词级别 《等级大纲》	构词级别 《等级划分》	举例	备注
194	*小	甲	一①	甲	一①	小孩儿、小学	
195	*笑	甲	一①	甲	一①	开玩笑、笑话	
196	写	甲	一①	甲	一③	写作	
197	新	甲	一②	甲	一①	新年、重新	
198	信	甲	一②	甲	一②	信心、相信	
199	行 xíng	甲	一①	甲	一①	旅行、自行车	
200	姓	甲	一②	甲	一③	老百姓	
201	*学	甲	一①	甲	一①	学习、大学生	
202	眼	乙	一②	甲	一③	眼前	
203	演	乙	一②	甲	一②	演员、表演	
204	也	甲	一①	甲	一②	也许	
205	*一	甲	一①	甲	一①	一半、不一定	
206	银	乙	一③	甲	一②	银行、银行卡	
207	*用	甲	一①	甲	一①	没用、有用	
208	*有	甲	一①	甲	一①	有名、没有	
209	远	甲	一①	甲	一②	永远、跳远	
210	院	乙	一③	甲	一①	学院、医院	
211	月	甲	一①	甲	一②	月亮、月份	
212	*再	甲	一①	甲	一①	再见	
213	*在	甲	一①	甲	一①	在家、现在	
214	*早	甲	一①	甲	一①	早饭、早晨	
215	照	乙	一③	甲	一②	照片、护照	
216	*真	甲	一①	甲	一①	认真、真实	
217	*正 zhèng	甲	一①	甲	一①	正在、反正	
218	只 zhǐ	甲	一②	甲	一②	只要、只有	
219	直	乙	一③	甲	一②	直接、一直	
220	治	乙	一③	甲	一③	政治	
221	*中 zhōng	甲	一①	甲	一①	中间、其中	
222	钟	甲	一③	甲	一①	分钟	
223	种 zhǒng	甲	一②	甲	一②	种子、各种	

续表

序号	传承语素	单用级别		构词级别		举例	备注
		《等级大纲》	《等级划分》	《等级大纲》	《等级划分》		
224	*重 zhòng	甲	一①	甲	一①	重要、重点	
225	周	甲	一②	甲	一②	周围、上周	
226	准[1]	乙	一③	甲	一②	标准、准确	准[2]（批准、准许）
227	组	乙	一②	甲	一②	组成、小组	
228	*最	甲	一①	甲	一①	最好、最后	

参考文献

［美］爱德华·萨丕尔：《语言论——言语研究导论》，陆卓元译，商务印书馆 1985 年版。

北京大学中文系现代汉语教研室：《现代汉语》，商务印书馆 1993 年版。

北京语言大学汉语水平考试中心：《中国汉语水平考试大纲（初中等）》，现代出版社 2004 年版。

卞觉非：《略论语素、词、短语的分辨及其区分方法》，《语文研究》1983 年第 1 期。

［美］布龙菲尔德：《语言论》，袁家骅等译，商务印书馆 1980 年版。

曹炜：《现代汉语词汇研究》，北京大学出版社 2004 年版。

常敬宇：《汉语词汇的网络性与对外汉语词汇教学》，《暨南大学华文学院学报》2003 年第 3 期。

常敬宇：《汉语词汇文化》（增订本），北京大学出版社 2009 年版。

陈光磊：《汉语词法论》，学林出版社 1994 年版。

陈俊羽：《关于建立语素教学的几点意见》，《云南师范大学学报》（对外汉语教学与研究版）2006 年第 6 期。

陈望道等：《中国文法革新论丛》，中华书局 1958 年版。

陈望道：《文法简论》，上海教育出版社 1978 年版。

程湘清：《汉语史专书复音词研究》，商务印书馆 2003 年版。

程雨民：《汉语字基语法——语素层造句的理论和实践》，复旦大学出版社 2003 年版。

崔希亮：《崔希亮语言学论文集》，北京语言大学出版社 2012 年版。

崔永华：《词汇文字研究与对外汉语教学》，北京语言文化大学出版社 1997 年版。

董秀芳：《汉语的词库与词法》，北京大学出版社 2004 年版。
董秀芳：《词汇化：汉语双音词的衍生和发展》（修订本），商务印书馆 2011 年版。
段玉裁：《说文解字注》，上海古籍出版社 1981 年版。
方光焘：《方光焘语言学论文集》，江苏教育出版社 1986 年版。
冯凌宇：《汉语人体词汇研究》，中国广播电视出版社 2008 年版。
符淮青：《汉语词汇学史》，安徽教育出版社 1996 年版。
符淮青：《词义的分析和描写》，语文出版社 1996 年版。
符淮青：《现代汉语词汇》（增订本），北京大学出版社 2004 年版。
高更生：《汉语语法研究》，山东人民出版社 2001 年版。
高名凯、刘正埮：《现代汉语外来词研究》，文字改革出版社 1958 年版。
高名凯、石安石：《语言学概论》，中华书局 1963 年版。
高小方等：《古代汉语研究导引》，南京大学出版社 2006 年版。
葛本仪：《现代汉语词汇学》，山东人民出版社 2001 年版。
广东、广西、湖南、河南辞源修订组，商务印书馆编辑部：《辞源》（修订本），商务印书馆 1983 年版。
郭胜春：《汉语语素义在留学生词义获得中的作用》，《语言教学与研究》2004 年第 6 期。
郭曙纶：《对外汉语高级教材超纲词统计分析》，载《探索与创新——华东地区对外汉语教学论文集》，北京大学出版社 2006 年版。
郭熙：《华语研究录》，商务印书馆 2012 年版。
国家对外汉语教学领导小组办公室：《高等学校外国留学生汉语教学大纲》（短期强化），北京语言文化大学出版社 2002 年版。
国家汉办、教育部社科司：《汉语国际教育用音节汉字词汇等级划分》课题组：《汉语国际教育用音节汉字词汇等级划分》（国家标准·应用解读本），北京语言大学出版社 2010 年版。
国家汉办/孔子学院总部：《新汉语水平考试大纲》（1—6 册），商务印书馆 2010 年版。
国家汉语水平考试委员会办公室考试中心：《汉语水平词汇与汉字等级大纲》（修订本），经济科学出版社 2001 年版。
国家汉语国际推广领导小组办公室：《国际汉语能力标准》，外语教学与研究出版社 2007 年版。

汉语大词典编辑委员会：《汉语大词典》，汉语大词典出版社 1997 年版。

汉语大字典编辑委员会：《汉语大字典》（第二版），四川辞书出版社、崇文书局 2010 年版。

何九盈：《中国古代语言学史》，广东教育出版社 2005 年版。

何九盈：《中国现代语言学史》，广东教育出版社 2005 年版。

胡明扬：《对外汉语教学中语汇教学的若干问题》，《语言文字应用》1997 年第 1 期。

胡文仲：《文化与交际》，外语教学与研究出版社 1994 年版。

胡裕树：《现代汉语》，上海教育出版社 1962 年版。

胡裕树：《现代汉语》（重订本），上海教育出版社 1995 年版。

黄伯荣、廖序东：《现代汉语》（增订四版），高等教育出版社 2007 年版。

黄昌宁、李涓子：《语料库语言学》，商务印书馆 2002 年版。

黄金贵：《古代文化词语考论》，浙江大学出版社 2001 年版。

黄易青：《上古汉语同源词意义系统研究》，商务印书馆 2007 年版。

贾颖：《字本位与对外汉语词汇教学》，《汉语学习》2001 年第 4 期。

姜德梧：《关于〈汉语水平词汇与汉字等级大纲〉的思考》，《世界汉语教学》2004 年第 1 期。

江新、赵果等：《外国学生汉语字词学习的影响因素——兼论〈汉语水平大纲〉字词的选择与分级》，《语言教学与研究》2006 年第 2 期。

蒋绍愚：《古汉语词汇纲要》，北京大学出版社 1989 年版。

靳洪刚：《语言获得理论研究》，中国社会科学出版社 1997 年版。

柯彼德：《试论汉语语素的分类》，《世界汉语教学》1992 年第 1 期。

孔子学院总部/国家汉办：《国际汉语教学通用课程大纲》（修订版），北京语言大学出版社 2014 年版。

孔子学院总部/国家汉办：《国际汉语教师标准》，外语教学与研究出版社 2015 年版。

黎锦熙：《新著国语文法》，商务印书馆 1924 年版。

李红印：《〈汉语水平词汇与汉字等级大纲〉收"语"分析》，《语言文字应用》2005 年第 4 期。

李开：《汉语语言学和对外汉语教学论》，中国社会科学出版社 2002 年版。

李开：《对外汉语教学中的词汇教学与设计》，《语言教学与研究》2002 年第 5 期。

李泉：《对外汉语教学理论思考》，教育科学出版社 2005 年版。

李如龙、杨吉春：《对外汉语教学应以词汇教学为中心》，《暨南大学华文学院学报》2004 年第 4 期。

李如龙、吴茗：《略论对外汉语词汇教学的两个原则》，《语言教学与研究》2005 年第 2 期。

李绍林：《对外汉语教学基础词语的难度分析》，《语言文字应用》2007 年第 3 期。

李晓琪：《对外汉语虚词教学研究》，载《汉语教学学刊》（第 1 辑），北京大学出版社 2005 年版。

李行健：《现代汉语规范词典》，外语教学与研究出版社、语文出版社 2004 年版。

刘颂浩：《第二语言习得导论——对外汉语教学视角》，世界图书出版公司 2007 年版。

刘叔新：《汉语描写词汇学》，商务印书馆 1990 年版。

刘英林、宋绍周：《论汉语教学字词的统计与分级（代序）》，载《汉语水平词汇与汉字等级大纲》（修订本），经济科学出版社 2001 年版。

刘英林、马箭飞：《研制〈音节和汉字词汇等级划分〉探寻汉语国际教育新思维》，《世界汉语教学》2010 年第 1 期。

刘英林、马箭飞：《再论汉语国际教育新思维——解读和应用〈等级划分〉的若干问题》，载《第十届国际汉语教学研讨会论文选》，万卷出版公司 2012 年版。

刘云泉：《语素研究四十年》，载《语法研究与探索》（七），商务印书馆 1995 年版。

刘智伟、任敏：《近五年来对外汉语词汇教学研究综述》，《云南师范大学学报》（对外汉语教学与研究版）2006 年第 2 期。

刘座菁：《国际汉语词汇与词汇教学》，高等教育出版社 2013 年版。

柳士镇：《魏晋南北朝历史语法》，南京大学出版社 1992 年版。

鲁国尧：《鲁国尧语言学论文集》，江苏教育出版社 2003 年版。

鲁健骥：《对外汉语教学思考集》，北京语言文化大学出版社1999年版。

鲁健骥、吕文华：《编写对外汉语单语学习词典的尝试与思考》，《世界汉语教学》2006年第1期。

鲁迅：《鲁迅全集》，人民文学出版社1981年版。

陆俭明：《作为第二语言的汉语本体研究》，外语教学与研究出版社2005年版。

陆俭明：《在探索中前进——21世纪现代汉语本体研究和应用研究》，北京师范大学出版社2011年版。

陆志韦等：《汉语的构词法》，科学出版社1957年版。

罗常培：《语言与文化》，语文出版社1989年版。

吕必松：《对外汉语教学发展概要》，北京语言学院出版社1990年版。

吕必松：《对外汉语教学概论》（讲义），教育部汉语作为外语教学能力认定工作委员会办公室1996年内部印行。

吕必松：《汉语和汉语作为第二语言教学》，北京大学出版社2007年版。

吕叔湘：《汉语语法分析问题》，商务印书馆1979年版。

吕叔湘：《语文常谈》，生活·读书·新知三联书店1981年版。

吕文华：《对外汉语教学语法体系研究》，北京语言文化大学出版社1999年版。

[英]L. R. 帕默尔：《语言学概论》，李荣等译，商务印书馆1983年版。

潘文国：《字本位与汉语研究》，华东师范大学出版社2002年版。

潘允中：《汉语词汇史概要》，上海古籍出版社1989年版。

齐沪扬：《对外汉语教学语法》，复旦大学出版社2005年版。

商务印书馆辞书研究中心：《通用规范汉字字典》，商务印书馆2013年版。

邵敬敏：《现代汉语通论》（第二版），上海教育出版社2007年版。

施光亨：《语素研究述评》，《语文导报》1987年第6期。

苏宝荣：《词义研究与辞书释义》，商务印书馆2000年版。

苏新春：《汉语词汇计量研究》，厦门大学出版社2001年版。

苏新春：《对外汉语词汇大纲与两种教材词汇状况的对比研究》，《语言文字应用》2006年第2期。

束定芳：《认知语义学》，上海外语教育出版社2008年版。

孙常叙：《汉语词汇》（重排本），商务印书馆1956/2006年版。

孙德金：《对外汉语词汇及词汇教学研究》，商务印书馆2006年版。

孙菁：《〈汉语国际教育用音节汉字词汇等级划分〉中"非词成分"收录评析》，《华文教学与研究》2013年第4期。

孙晓明：《汉语国际推广背景下的词汇等级标准研究》，中央民族大学出版社2013年版。

孙银新：《现代汉语词素研究》，中国文史出版社2003年版。

［日］太田辰夫：《中国语历史文法》，蒋绍愚等译，北京大学出版社1987年版。

万献初：《汉语构词论》，湖北人民出版社2004年版。

万业馨：《中国字·认知》（汉英版），商务印书馆2014年版。

万艺玲：《汉语词汇教程》，北京语言文化大学出版社2000年版。

汪维辉：《东汉——隋常用词演变研究》，南京大学出版社2000年版。

王艾录、司富珍：《语言理据研究》，中国社会科学出版社2002年版。

王力：《古代汉语》（修订本），中华书局1981年版。

王力：《汉语词汇史》，商务印书馆1993年版。

王力：《王力古汉语字典》，中华书局2000年版。

王若江：《由法国"字本位"汉语教材引发的思考》，《世界汉语教学》2000年第3期。

王云路等：《汉语词汇核心义研究》，北京大学出版社2014年版。

温端政：《汉语语汇学》，商务印书馆2005年版。

夏征农：《辞海》（普及本），上海辞书出版社1999年版。

肖贤彬：《对外汉语词汇教学中"语素法"的几个问题》，《汉语学习》2002年第6期。

邢红兵：《留学生偏误合成词的统计分析》，《世界汉语教学》2003年第4期。

邢红兵：《〈（汉语水平）词汇等级大纲〉双音合成词语素统计分

析》,《世界汉语教学》2006 年第 3 期。

邢福义:《现代汉语》,高等教育出版社 1991 年版。

徐朝华:《上古汉语词汇史》,商务印书馆 2003 年版。

徐大明:《当代社会语言学》,中国社会科学出版社 1997 年版。

徐国庆:《现代汉语词汇系统论》,北京大学出版社 1999 年版。

徐通锵:《历史语言学》,商务印书馆 1991 年版。

徐通锵:《基础语言学教程》,北京大学出版社 2001 年版。

徐子亮:《汉语作为外语教学的认知理论研究》,华语教学出版社 2000 年版。

许慎:《说文解字》,中华书局 2013 年版。

杨惠元:《强化词语教学,淡化句法教学——也谈对外汉语教学中的语法教学》,《语言教学与研究》2003 年第 1 期。

杨惠元:《课堂教学理论与实践》,北京语言大学出版社 2007 年版。

杨锡彭:《汉语语素论》,南京大学出版社 2003 年版。

杨晓黎:《汉语词语与对外汉语研究》,安徽大学出版社 2007 年版。

杨晓黎:《汉语国际教育实训教程》,高等教育出版社 2015 年版。

杨亦鸣:《有关语素教学的几个问题》,《语文学习与研究》1985 年第 4 期。

叶蜚声、徐通锵:《语言学纲要》,北京大学出版社 1997 年版。

叶军:《国际汉语教学案例分析与点评》,外语教学与研究出版社 2015 年版。

尹斌庸:《汉语语素的定量研究》,《中国语文》1984 年第 5 期。

俞理明:《历史研究视角中的汉语词汇构成》,载河北师范大学文学院《燕赵学术——2007 年春之卷》,四川辞书出版社 2007 年版。

俞士汶等:《现代汉语语素库的开发及应用》,《世界汉语教学》1999 年第 2 期。

语言学名词审定委员会:《语言学名词》,商务印书馆 2011 年版。

袁晖:《现代汉语多义词词典》,书海出版社 2001 年版。

苑春法、黄昌宁:《基于语素数据库的汉语语素及构词研究》,《世界汉语教学》1998 年第 2 期。

翟颖华:《对外汉语词表研制的新进展——简评〈音节和汉字词汇等级划分〉词汇部分》,《江汉大学学报》2011 年第 6 期。

张斌：《新编现代汉语》，复旦大学出版社 2002 年版。

张博：《本义、词源义考释对于同义词教学的意义》，载赵金铭主编《汉语口语与书面语教学——2002 年国际汉语教学学术研讨会论文集》，北京大学出版社 2004 年版。

张博：《汉语同族词的系统性与验证方法》，商务印书馆 2006 年版。

张德鑫：《从"词本位"到"字中心"》，《汉语学报》2006 年第 2 期。

张和生：《外国学生汉语词汇学习状况计量研究》，《世界汉语教学》2006 年第 1 期。

张朋朋：《词本位教学法和字本位教学法的比较》，《世界汉语教学》1992 年第 3 期。

张寿康：《略论汉语构词法》，《中国语文》1957 年第 6 期。

张寿康：《构词法和构形法》，湖北人民出版社 1981 年版。

张永言：《词汇学简论》，华中工学院出版社 1982 年版。

张志公：《谈汉语的语素》，《语言教学与研究》1981 年第 4 期。

赵金铭、张博、程娟：《关于修订〈（汉语水平）词汇等级大纲〉的若干意见》，《世界汉语教学》2003 年第 3 期。

赵金铭：《对外汉语教学概论》，商务印书馆 2004 年版。

赵克勤：《古代汉语词汇学》，商务印书馆 1994 年版。

赵艳芳：《认知语言学概论》，上海外语教育出版社 2001 年版。

赵元任：《汉语口语语法》，商务印书馆 1979 年版。

赵元任：《语言问题》，商务印书馆 1980 年版。

中国社会科学院语言研究所词典编辑室：《现代汉语词典》（第 6 版），商务印书馆 2012 年版。

周荐：《汉语词汇研究史纲》，语文出版社 1995 年版。

周荐：《汉语词汇结构论》，上海辞书出版社 2004 年版。

朱德熙：《语法讲义》，商务印书馆 1982 年版。

朱彦：《汉语复合词语义构词法研究》，北京大学出版社 2004 年版。

朱志平：《汉语双音复合词属性研究》，北京大学出版社 2005 年版。

Allen, V. F., *Techniques in Teaching Vocabulary*《词汇教学技巧》（外语教学法丛书之十八），上海外语教育出版社 2002 年版。

Fromkin, V. & R. Rodman, *An Introduction to Language* (Fifth

Edition), Fort Worth: Harcourt Brace College Publishers, 1993.

Levine, D. R. & M. B. Adelman, *Beyond Language: Cross-Cultural Communication* (Second Edition), New Jersey: Prentice Hall Regents, 1993.

Lightbown, P. M. & N. Spada, *How Language are Learned* (Revised Edition), Oxford: Oxford University Press, 1999.

Nattinger, J. R. & J. S. DeCarrico, *Lexical Phrases and Language Teaching*《词汇短语与语言教学》(牛津应用语言学丛书),上海外语教育出版社 2000 年版。

Schmitt, N. & M. McCarthy, *Vocabulary: Description, Acquisition and Pedagogy*《词汇:描述、习得与教学》(外语教学法丛书之二十),上海外语教育出版社 2002 年版。

后 记

最早提出与传承语素相关的想法还是在 2004 年 11 月安徽省语言学会于凤阳召开的第十二届学术年会上，当时用的是"文言语素"。2005 年 7 月，我去北京参加"首届世界汉语大会"和"第八届国际汉语教学讨论会"，提交讨论会的文章首次使用了"传承语素"的概念，但当时对很多问题的认识是不清晰的，比如论文在考察了四组八个与人体相关的同义语素后曾得出"传承语素的能产性相对较弱"的结论，今天看来就是不准确的。①

2005 年 9 月，我进入南京大学中文系，师从李开先生攻读对外汉语教学专业博士学位。期间主修了李开先生《普通语言学原理》和汪维辉先生《中古汉语词汇研究》两门课程，最后完成的两篇课程作业均包含对传承语素问题的思考，得到了两位先生的点拨和肯定。2006 年 10 月，在由南京大学、台湾中央大学、香港中文大学联合举办的"首届两岸三地人文社会科学论坛"上，我有幸作为南京大学博士生代表参加了"中国文学与文化的传统及变革"学术专场研讨，并获得机会就传承语素问题在语言学分会场发言，得到了鲁国尧、李开、汪维辉、高小方、徐大明、刘晓南诸位先生的热忱指导。此后，李开先生鼓励我以"现代汉语传承语素研究"作为博士论文选题进一步展开深入研究，并就研究的范围与方法等提出了指导意见。在李开先生赴韩国讲学期间，柳士镇先生也参与指导了我的论文写作。博士学位论文《现代汉语传承语素研究——以〈汉语水平词汇等级大纲〉为例》，得到了评审专家和答辩委员会的指导和鼓励，同时也获得南京大学中文系第九届

---

① 论文《传承语素在现代汉语词语构成中使用情况的考察——以一组与人体相关的传承语素为例》，初稿曾在第八届国际汉语教学讨论会上宣读，后正式发表于《语言文字应用》2006 年第 3 期。

优秀学位论文奖。

  2009年至2011年,我赴智利圣托马斯大学孔子学院任中方院长。在创建智利中文教师协会和创办《智利中文通讯》的过程中,我与智利本土汉语教师和中国公派汉语教师讨论最多的是如何提高国际汉语教学的质量问题,这些讨论也促使我思考如何将传承语素研究的成果用于更广阔的海内外汉语教学。2010年我申报并获准立项国家社科基金项目《现代汉语传承语素研究》(项目编号:10BYY064),《汉语传承语素与国际汉语词汇教学》(结项证书号:20161882)就是该项目的最终成果。

  本书与博士论文有着一脉相承之处,包括对传承语素概念的理解与阐述、对汉语词汇语素化形成途径的揭示与探讨、对传承语素特点的分析与归纳等。随着课题研究的深入,在以下方面也有新的拓展:(1)研究范围从国内对外汉语教学扩大至全球范围的国际汉语教学;(2)研究内容从综合理论探讨延伸至具有教学示范性的传承语素个案分析;(3)相关附表从庞大繁杂逐步向量小质精和重视操作性转变,特别是研究获得的228个常用传承语素和95个最常用传承语素,实用性强且便于教学。课题研究的这些拓展和深化,希望能为汉语词汇研究和教学,尤其是国际汉语词汇教学提供一些参考。

  国家社科基金项目进行过程中曾指导8位硕士研究生参与项目个案研究并最终完成硕士毕业论文,[①]选题涉及人体、动植物、称谓、饮食、颜色、方位、服饰、时间等八个方面的词语和传承语素问题。这些研究对我们提出的一些理论进行了验证,对拓展和深化本课题的研究也是有积极意义的。由于篇幅所限,本书没有收录这些相关研究成果,但几年中师生共同就传承语素问题进行研究的历程却一直让我心存暖意,难以忘怀。

[①] 2013届5篇,包括曹梦芸《与人体相关的传承语素构词及其在对外汉语词汇教学中的应用》、杨柳《与动植物相关的传承语素构词及其在汉语二语词汇教学中的应用》、贺晶晶《与称谓相关的传承语素构词及其在对外汉语词汇教学中的应用》、芦洁媛《与饮食相关的传承语素构词及其在汉语二语词汇教学中的应用》、舒春晖《传承语素在现代汉语颜色词构成中的使用及对外汉语词汇教学》;2014届3篇,包括方冰《与方位相关的传承语素构词及其在对外汉语词汇教学中的应用》、张雅婧《与服饰有关的传承语素构词及其在对外汉语词汇教学中的应用》、徐杰《与时间有关的传承语素构词及其在对外汉语教学中的应用》。具体见中国硕士学位论文全文数据库。

在书稿即将付梓之际，谨向所有给我以指导和帮助的老师、学生和出版社编辑表示由衷的谢意，也期待我们的工作能对推进国际汉语教学略尽绵薄之力。

杨晓黎
2018 年 10 月 10 日于合肥磬苑